금융증권은
법으로 통한다

금융증권은 법으로 통한다

ⓒ 한상영, 2019

초판 1쇄 발행 2019년 9월 27일

지은이   한상영
펴낸이   이기봉
편집   좋은땅 편집팀
펴낸곳   도서출판 좋은땅
주소   서울 마포구 성지길 25 보광빌딩 2층
전화   02)374-8616~7
팩스   02)374-8614
이메일   gworldbook@naver.com
홈페이지   www.g-world.co.kr

ISBN   979-11-6435-651-5(03320)

이 도서의 국립중앙도서관 출판예정도서목록(CIP)은 서지정보유통지원시스템 홈페이지(http://seoji.nl.go.kr)와 국가자료공동목록시스템
(http://www.nl.go.kr/kolisnet)에서 이용하실 수 있습니다. (CIP제어번호 : CIP2019035517)

알기 쉬운 **금융증권법** 이야기

금융증권은 법으로 통한다

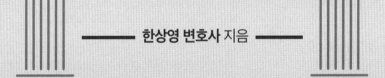

한상영 변호사 지음

FINANCE & SECURITY LAW

좋은땅

이 책은 얼마 전에 출간된 『기업 산책(알기 쉬운 기업법 이야기)』(좋은땅)의 자매편입니다. 이 책이 나오는 데는 가족의 격려와 사랑이 그 원천이 되었습니다. 책을 써 보라는 동기를 불어넣어 준 사람은 아내 선미와 두 딸 드림과 예림이었습니다. 어느 날 '책을 쓰기 위해 강의를 해 보면 어떨까?' 하는 아이디어를 아내가 산책 중에 내놓았습니다. 아내의 적극적인 추천과 지원에 힘입어 기업, 금융증권, 부동산 강좌 클래스를 만들어서 강의를 하기 시작했습니다. 그때 강의했던 내용들이 이 책의 기본적인 골격을 이루고 있습니다.

그렇게 해서 기업, 금융증권에 관한 두 권의 책을 내기 위해 원고 작성에 착수했고, 앞으로 출간될 부동산에 관한 계획도 세웠습니다. 하지만 변호사 업무가 바빠지면서 중도에 포기하고 싶은 마음이 들었습니다. 그때마다 아내는 현재보다 보이지 않는 미래를 바라보자며 계속해서 아낌없는 격려와 전폭적인 지지를 보냈습니다. 작은 딸 예림은 강의를 수강하면서 여러 문제점을 지적해 주어 책을 쓸 수 있는 큰 틀을 잡을 수 있게 하였습니다. 또 아빠의 업무를 요모조모 세심하게 보조해 주면서 업무로 인한 부담감을 많이 덜게 하였고, 아빠와 계속 대화하며 꾸준히 글을 쓸 수 있도록 성심껏 지원하였습니다.

큰딸 드림은 책을 출간하는 데 실질적인 큰 도움을 주었습니다. 처음에는 단순한 교정만을 부탁하였는데, 법률 문장인 판결문, 소장, 준비서면에 익숙한 나의 문체를 일반인이 쉽게 이해할 수 있는 문체로 바꾸어 주기까지 하였습니다. 또한 책 전체에 걸쳐서 본문 내용이 이상하거나 논리적인 모순이 있는 것들을 세심하게 발견하여 지적해 주었습니다. 어떤 주제에 대해서는 함께 토론을 벌여 이 책이 제대로 된 모습을 갖추는 데 결정적인 역할을 하였습니다. 딸과의 대화를 통해 어느새 나도 모르게 고착화된 편견과 오류가 있음을 깨닫기도 하였고, 우리를 이어 갈 젊은 세대의 무한한 가능성도 볼 수 있었습니다.

이 책은 우리 가족 모두가 사랑으로 만들어 낸 합작품입니다. 아내 선미와 딸 드림, 예림에게 깊은 감사를 드리며, 이 모든 과정에 함께하신 하나님께 영광을 돌립니다.

이명활(한국금융연구원 선임연구위원)

금융은 현대를 살아가는 우리가 반드시 알아야 할 대상이 지만, 조금만 깊이 들어가도 복잡하고 이해하기 쉽지 않은 분야로 여겨지기 마련이다. 더욱이 금융 관련 법은 웬만한 금융 분야 종사자들도 전체를 꿰기 힘든 전문적 영역이라 할 수 있다.

그런데 필자가 금융·경제와 관련한 연구를 20년 넘게 하면서 깨달은 것은 금융은 그 어느 분야보다도 법적 체제를 기본으로 한다는 점이다. 금융은 한편으로는 경제학 혹은 재무관리의 영역이지만, 또 다른 한편으로는 규제산업이라는 태생적 이유로 인해 큰 골격이 법으로 규정되어 있는 법률적 영역이기도 하다. 이에 따라 금융의 근간이 되는 금융 관련 법을 모르고서는 금융을 제대로 이해하는 데 한계가 있을 수밖에 없다. 주요국의 금융 분야 종사자들을 살펴보면 법을 전공한 사람들이 의외로 많은데, 그 이유도 여기에 있다 하겠다. 일례로 미국의 증권감독 분야를 담당하고 있는 증권거래위원회(SEC, Securities and Exchange Commission)의 경우 상당수의 직원이 변호사로 구성되어 있기도 하다.

이와 같이 금융에 대해 제대로 알기 위해서는 금융 관련 법체계를 이해하는 것이 무엇보다 중요하나, 그동안 일반인을 대상으로 금융을 법적 시각을 가미하여 서술한 금융 서적은 찾기가 어려워 늘 아쉬웠었다. 그런 의미에서 이번에 한상영 변호사가 『금융증권은 법으로 통한다』는 역작을 발간하게 된 것은 이와 같은 일반 독자들의 갈증을 해소시켜 줄 수 있는 매우 반가운 소식이 아닐 수 없다.

특히 한상영 변호사의 이번 신간은 필자와 같이 법을 전공하지 않은 독자들도 쉽게 이해할 수 있도록 간결하고 명쾌하게 법률적 관점에서 금융증권 분야를 설명하고 있는데, 이와 같은 탁월한 역작이 가능했던 것은 저자의 독특하고 다양한 이력에서 비롯되고 있다. 저자는 대학에서 경제학을 전공하고 종합금융회사에서 다양한 실무적 경험을 쌓았으며, 이후에는 변호사로서 활동한 우리나라의 진정한 경제 · 금융법 분야 전문가이다. 이와 같은 풍부한 이론적 지식과 실무적 경험, 그리고 법률적 전문성을 바탕으로 저자는 이미 『기업 산책 (알기 쉬운 기업법 이야기)』라는 기업법 책을 발간하여 호평을 받은 바 있다. 이번 신간은 그 후속작으로 금융증권 및 관련법을 체계적이고 종합적으로 이해할 수 있도록 소개하고 있다.

특히 이 책은 자칫 딱딱하고 지루할 수 있는 자본시장 분야를 정원과 꽃 및 나비 등에 은유적으로 비유하여 분류하고, 자본시장 및 관련법 내용을 단계적으로 쉽게 풀어 나감으로써 일반 독자들도 흥미를 갖고 금융증권법을 접할 수 있도록 배려하고 있다. 아울러 매 장마다 판례를 통해 생생한 사례를 제시하고 관련 법령도 수록함으로써, 이 책 한 권만으로 자본시장 관련 법의 기본적 내용을 꿸 수 있도록 한 것도 이 책만의 또 다른 장점이라 하겠다.

그런 의미에서 한상영 변호사의 이번 신간을 금융증권과 자본시장을 체계적으로 이해하고자 하는 일반 독자는 물론 금융 관련법을 본격적으로 공부하고자 하는 금융 분야 종사자 및 연구자들이 반드시 읽어야 하는 필독서로 강하게 추천하는 바이다. 필자도 앞으로 이 책을 곁에 두고 법의 시각에서 본 금융의 의미를 틈틈이 다시 음미하고자 한다.

금융증권은 왠지 접근하기 어렵다는 선입관이 있다. 아마도 법에 대한 이해가 필요하고 무수히 많은 낯선 전문용어를 접해야 하기 때문일 것이다. 이 책을 한 장 한 장 넘기며 어떻게 이렇게 편하게 설명할 수 있을까 감탄이 나온다. 여기에 판례와 사례를 곁들인 해설 그리고 관계법령까지 독자에 대한 친절함이 진하게 묻어난다. 아마도 경제와 법을 공부하고 금융인과 변호사로서 다양한 실무 경험을 갖춘 특이한 경력 때문일 것이다.

- 김대웅(웰컴저축은행장)

교과서나 이론 서적을 읽고 공부하는 것만으로는 금융증권의 원리를 제대로 파악하기 어렵고, 법과 제도에 대한 이해가 필수적이다. 종합적인 실무경험을 쌓은 한상영 변호사가 이 책에서 금융증권의 세계를 생동감 있게 묘사한다. 독자들은 이 책을 통해 금융증권을 체계적으로 이해하고 활용하는 단계까지 도달하려면 왜 법을 잘 알아야 하는지 깨닫게 될 것이다.

- 주상영(건국대 교수, 국민경제자문회의 위원)

금융증권시장에서 유리한 위치를 선점하려면 법을 규제로 이해하기보다는 시장의 운행을 촉진하는 윤활유로 활용해야 한다. 한상영 변호사의 이번 저작은 바로 이런 각도에서 접근하고 있다. 이 책을 통해 금융이론과 제도가 법률에서 어떻게 구현되고 있는가를 확인해보는 것만으로도 큰 소득이 될 것이다. 금융증권 관계자들의 일독을 강력히 권한다.

- 이석기(교보생명 CFO, 부사장)

이 책은 금융기관 직원, 기업 자금 담당자, 그리고 일반 투자자에게 필요한 복잡한 금융증권에 대한 법률 이슈를 요점 중심으로 잘 설명하고 있다. 특히 매 단락마다 제시하고 있는 관련 판례는 본문의 내용을 이해하는 데 많은 도움을 준다. 경제학을 전공한 후 합작 금융기관에서 직접 다양한 금융증권 업무를 취급해 본 한상영 변호사가 쓴 이 책을 적극 추천하고 싶다.

- 박용덕(한국투자공사 수석부장)

금융상품은 나날이 진화하며 실물경제뿐만 아니라 우리의 생활에도 지대한 영향을 미치고 있다. 하지만 전문성과 복잡함 때문에 전문가조차도 금융증권의 세계를 체계적으로 이해하는 것은 쉬운 일이 아니다. 이 책은 30여 년간 법과 경제에 종사한 저자의 통찰을 바탕으로 법을 중심으로 금융증권의 본질을 명확하고 알기 쉽게 밝히고 있다.

- 김성기(HSBC은행 기업금융부 본부장)

금융증권은 법으로 통한다

이 책은 저자가 금융증권회사 실무자와 법률가로서 활동한 경험을 바탕으로 각종 금융상품과 제도를 친절히 소개하고 있다. 실제 판례와 관련 법령을 덧붙이면서 일반 투자자에게는 등불이 되어줄 수 있고, 금융업계 종사자들에게는 마치 영어사전처럼 궁금한 사항이 생기면 찾아볼 수 있는 사전과 같은 책이다.

- 김홍중(한양증권 채권운용부장)

어떻게 하면 자본주의 경제를 온전히 이해할 수 있을까? 이 물음에서 출발하여 자본주의 경제의 생산주체인 기업에 대하여 『기업 산책(알기 쉬운 기업법 이야기)』(좋은땅)을 얼마 전에 출간하였습니다. 금융증권에 관한 이 책은 『기업 산책』과 더불어 자본주의 경제를 체계적으로 이해하는 데 도움을 줄 수 있는 자매편이라고 할 수 있습니다.

이처럼 특별히 기업과 금융증권에 대하여 책을 내게 된 것은 개인적인 삶의 궤적과 연관이 있습니다. 20대 초반에 대학에서 경제학을 전공하고, 이후 30대 중반까지 기업·금융증권 현장에서 실무 경험을 쌓고, 이어서 40대부터는 변호사가 되어 현재까지 법률가로서 일해 왔습니다. 지금은 50대 중반에 접어들어 어림잡아 30년 넘게 경제와 법을 다루며 살아온 것 같습니다.

이 책은 그동안 경제와 법을 함께 소재로 삼아 살아온 경험을 조합하여 정리한 것입니다. 어떤 면에서는 지금까지 살아온 발자취를 한 번 정리하고, 이를 계기로 앞으로 다가올 미래에 대한 새로운 준비를 시작한다는 의미도 있습니다. 또 이와 같은 나만의 개인적 경험을 잘 정리하여 다른 사람에게 도움이 되고자 하기도 합니다.

흔히 금융증권을 자본주의 꽃이라고 부릅니다. 금융증권이 자본주의에서 매우 중요할 역할을 하고 있을 뿐만 아니라, 전문성, 다양성, 기술성을 띠고 있어서 마치 정원에 활짝 핀 꽃처럼 고도화된 자본주의를 상징하는 의미로 그렇게 부르는 것 같습니다. 이런 금융증권을 일반인이 쉽게 접근할 수 있는 방법은 무엇일까요?

금융증권은 다양한 이해관계로 얽혀 있기 때문에 법의 규율을 받지 않을 수 없습니다. 즉 법이 정하는 테두리 안에서 움직입니다. 어떻게 보면 "모든 금융증권은 법으로 통한다."라고까지 말할 수 있습니다. 따라서 법을 이해하면 금융증권의 원리가 쉽게 파악될 수 있습니다.

이런 문제의식에서 이 책은 금융증권을 법의 관점에서 분석하였습니다. 이를 마치 산책하듯이 단계적으로 설명하였습니다. 매장의 서두에서는 금융증권에 관련된 경제기사를 짧게 게재하여 우리 경제에서 실제 어떻게 이슈가 되고 있는지 제시했습니다. 본문 말미에는 독자들이 실제 분쟁이 되었던 사례들을 실감 있게 알아볼 수 있도록 대법원 판례의 요지를 저자의 간단한 해설, 도식과 함께 소개하였습니다. 그리고 매장의 마지막에는 금융증권에 대한 체계적인 이해를 원하는 독자들의 편의를 위해 본문 내용에 소개되거나 연관된 법령을 수록하였습니다.

제1부(금융증권의 정원 입구에서)에서는 금융증권의 기초 배경을 설명하였습니다. 먼저 경제에서 금융증권이 차지하는 위치와 역할을 살펴보고, 이어서 금융증권의 일반 종류를 자본시장법과 상법을 기준으로 개관하였습니다.

제2부(정원과 꽃들)에서는 증권제도와 증권을 분석하였습니다. 금융증권 중에서 복합적인 의미와 특징이 내포되어 있는 전환사채, 신주인수권부사채, 자사주에 대하여 다룬 후, 자본시장의 특이한 제도라고 할 수 있는 의무보호예수, 증권대체결제, 우회상장제도에 대하여 서술하였습니다.

제3부(정원에 날아온 나비)에서는 금융증권시장에 참여하는 투자자에 대한 내용을 기술하였습니다. 다수의 투자자에 의한 간접투자 형태인 '집합투자', 소수만의 간접투자 형태인 '사모펀드', 부동산 투자를 전문으로 하는 '릿츠', M&A를 전문으로 투자하는 '스팩', 복층구조의 펀드인 '모태펀드'에 대하여 차례로 살펴본 후, 마지막으로 이런 투자자를 보호하는 기본 원칙은 무엇인지에 대하여 설명하였습니다.

제4부(정원에 흐르는 강물)에서는 특이한 금융기법을 살펴보았습니다. 전통적인 기업금융에 대비되는 프로젝트 파이낸싱 기법, 부실

채권을 우량증권으로 바꾸어 주는 자산유동화 기법, 마지막으로 구조화된 금융기법에 대해 서술했습니다.

제5부(국경너머의 꽃)에서는 국제영역으로 시야를 넓혀 서술하였습니다. 먼저 국제채권의 종류를 개관하고, 이어 해외투자자를 위한 주식예탁증서, 그리고 편법적으로 이용되기도 하는 국제변동금리채권에 대하여 설명했습니다.

제6부(특이한 변종의 꽃들)에서는 기초상품에서 유래된 파생금융상품에 대하여 기술하였습니다. 계약 시점과 이행 시점 간에 차이가 나는 선물거래, 그리고 그와 같은 선물거래의 계약체결 여부가 미확정적인 옵션거래, 계약을 서로 맞바꾸는 스왑거래에 대하여 분석하였습니다.

이 책을 통해 독자들이 경제와 법 두 마리의 토끼를 한꺼번에 잡을 수 있는 계기가 되길 기대합니다.

목차

1부

금융증권의
정원 입구에서

: 금융증권의 기초

FINANCE &
SECURITY LAW

1장

금융증권의 역할은 무엇일까?

- 금융증권 시스템(System)

금융당국, 여신전문금융회사 자금조달 실태 점검 나선다

非은행 거시건전성 관리 시스템 점검 강화

금융당국이 비(非)은행권의 거시건전성 관리 시스템을 점검하고 나섰다. 다음 금융 위기는 머니마켓펀드(MMF)나 환매조건부채권(RP) 등 단기자금시장에서 촉발될 수 있다는 우려에 따른 것이다. 금융위원회는 17일 김용범 부위원장 주재로 "비은행 권 거시건전성 관리 태스크포스(TF) 1차 회의"를 열어 비은행권 건전성 관리 강화 방 안에 대해 논의했다.

서울경제 2018. 9. 17.

1. 경제에서 금융의 역할은 무엇일까?

경제는 인간의 물질생활을 영위하는 데 필요한 재화와 용역을 생산, 소비, 분배하는 활동을 말합니다. 이런 생산, 소비, 분배 과정의 이면에는 항상 돈(화폐, 자금)의 흐름이 뒤따르게 마련입니다. 즉, 생산, 소비, 분배를 위해서는 경제 주체 간의 거래행위가 필요하고, 그 거래행위를 가능하게 하는 수단으로서 돈(화폐, 자금)이 필수적인 것입니다. 만약 경제에 돈이 없다면 경제 활동 자체가 불가능할 것입니다. 그렇기 때문에 흔히 경제에서 돈의 역할을 인체 내부에서 순환하는 혈액에 비유하곤 합니다.

이처럼 경제에 필수적인 돈(화폐, 자금)은 재화와 용역의 이면 거래에 사용됨과 동시에, 그 자체의 시장을 가지고 그 시장 내에서 거래가 되기도 합니다. 경제는 재화와 용역의 움직임과 관련되는 "실물경제"와 돈(화폐, 자금)의 움직임과 관련되는 "금융경제"로 나눌 수 있습니다.

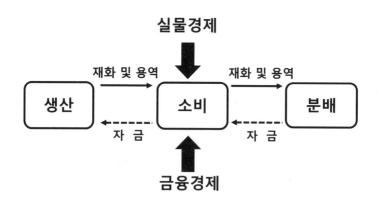

금융증권은 법으로 통한다

2. 금융경제의 구성 요소

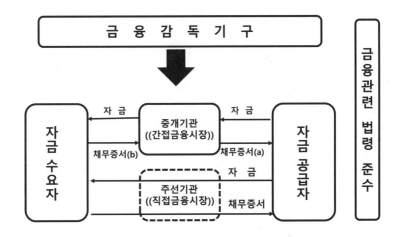

금융경제는 3가지 요소로 구성됩니다.

즉, 금융행위의 주체로서 자금의 수요자(borrower)와 공급자(lender)가 있고, 객체로서 금융수단(financial instruments)이 있습니다. 그리고 자금의 수요자와 공급자 사이에서 금융중개기관(financial institution)이 활동합니다. 이런 금융경제의 3요소의 활동은 금융시장(financial market)을 기반으로 이루어지며, 금융관련 법 제도와 감독기구의 관리와 통제를 받습니다. 금융경제는 이런 요소들이 하나의 체계를 이루기 때문에 흔히 금융시스템(financial system)이라고 부릅니다.

3. 금융의 주체

금융행위를 하는 주체는 자금의 수요자와 공급자입니다. 통상적으로 자금의 수요자는 경제에서 생산 활동을 담당하는 기업이고, 기업에 자금을 공급하는 공급자는 소득 중에서 저축을 한 가계입니다. 물론, 기업 중에도 자금에 여력이 있는 기업은 자금의 공급자가 될 수 있을 것이며, 마찬가지로 가계도 자금이 부족한 가계는 자금의 수요자가 될 것입니다.

4. 금융의 객체

금융행위를 하는 주체인 자금의 수요자와 공급자는 일정한 매개수단을 통해서 금융행위(거래행위)를 합니다. 그 매개체에는 다양한 금융상품이 있습니다. 금융기관에서 발행하는 예금증서나, 직접 자금의 수요자인 기업이 발행하는 주식, 채권과 같은 유가증권이 매개체에 해당합니다. 금융자본주의가 발달할수록 이런 매개체는 더 다양하고 복잡한 구조를 가지고 금융거래에 사용됩니다.

5. 금융의 중개기관

금융행위의 주체인 자금의 수요자와 공급자가 그 객체인 일정한

금융증권은 법으로 통한다

매개수단(금융수단)을 통해서 금융거래 행위를 할 때, 그 거래가 원활하게 이루어지도록 도와주는 중개기관이 있습니다. 중개기관 자체는 직접적인 자금의 수요자와 공급자가 아니고, 단지 중간에서 이들 금융 주체들의 자금거래 행위를 도와주는 역할을 합니다.

금융중개기관에는 은행과 같이 직접 자신이 일정한 증서를 발행하여 자금의 공급자로부터 자금을 모집하여 이런 자금을 자금 수요자에게 공급하는 중개기관이 있는가 하면(간접중개기관이라 함), 증권사와 같이 자신은 직접 채무증서를 발행하지 않고 단지 자금의 수요자가 주식이나 채권과 같은 채무증서를 발행하는 것을 중간에서 주선하는 역할만을 하는 기관(주선기관)이 있습니다.

6. 금융시장의 종류

금융행위의 주체인 자금의 수요자와 공급자, 그리고 금융중개기관은 금융 매개체를 가지고 금융시장에서 금융거래를 합니다. 이런 금융시장으로는 직접금융시장과 간접금융시장이 있습니다. "직접금융시장"은 자금의 수요자가 직접 주식, 채권과 같은 채무증서를 발행하여 자금의 공급자에게 양도하여 자금을 조달합니다. 중개기관은 이런 거래에서 직접적인 거래 당사자가 되지 않고 단지 중간에서 주선 내지는 조력을 하는 역할만 합니다. 전통적인 주식시장과 채권시장과 같은 증권시장이 이런 직접금융시장이며, 이 시장을 "자본시장"이라고도 합니다.

"간접금융시장"은 금융중개기관이 거래의 당사자로서 직접 채무증서를 발행하여 자금의 공급자로부터 자금을 모집하고, 이렇게 모집한 자금을 금융중개기관이 자금의 수요자에게 직접 공급합니다. 자금의 수요자와 자금의 공급자는 직접적인 거래 당사자가 될 수 없고 단지 간접적으로만 연결되어 있습니다.

금융거래 기간의 장단기에 따라 단기금융시장(콜, 환매조건부채권, 양도성예금, 기업어음, 표지어음, 통화안정증권)과 장기금융시장(주식, 채권, 자산유동화증권)이 있습니다. 장기금융시장에 해당하는 직접금융시장을 자본시장이라고도 합니다. 한편, 금융시장에는 금융수단의 현물이 거래되는 "현물시장"이 있고, 현물시장의 현물상품을 기초자산으로 하여 파생된 "파생상품시장"이 있습니다. "파생상품시장"에는 이행기가 장래인 상품을 거래하는 "선물시장"과 이행 여부를 선택권자가 선택할 수 있는 옵션이 거래되는 "옵션시장", 그리고 채권이나 채무의 장래 흐름을 서로 간에 교환하는 "스왑시장"이 있습니다. 또, 거래금융수단이 국내통화가 아닌 외화로 거래가 이루어지는 외환시장도 있습니다.

7. 금융 관련 법 제도와 금융감독기구

금융거래는 자금의 수요자와 공급자, 금융수단, 금융중개기관이 개입되어 있는 복잡한 거래행위이고, 이와 같은 금융거래에 문제가 발생할 경우 실물경제에까지 직접 파급효과를 가져오고 불특정 다수의 피해자가 발생하기 때문에, 금융과 관련된 법이 시행되고 있습니다. 직접금융시장에서는 자본시장법이 가장 중요한 법규범으로 작용되고, 간접금융시장에서는 각 금융기관별로 해당 법이 적용되고 있습니다. 그리고 금융감독기구는 금융행위자, 금융수단, 중개자, 금융 관련 법들을 관리하고 감독하여 금융경제가 원활하게 작동할 수 있도록 역할을 합니다. 우리나라의 경우 금융위원회와 금융감독원이 금융감독기구에 해당합니다.

8. 맺음말

위에서 살펴본 것처럼 금융증권을 제대로 이해하기 위해서는 실물경제와 금융경제의 관계를 알고, 금융경제의 구조를 정확하게 파악하고 있어야 합니다. 금융행위를 하는 주체, 그 수단인 객체, 그리고 중개기관, 감독기구, 관련 법령으로 이루어지는 금융경제구조는 하나의 System이 되어 체계적으로 작동하는 것이기 때문에, 이에 대한 종합적인 분석과 이해가 요구됩니다.

📖 판례

A. 자본시장 교란행위와 그 처벌

대법원 2018. 4. 12. 선고 2013도6962 판결[자본시장과금융투자업에관한법률위반]

[1] 자본시장과 금융투자업에 관한 법률 제176조 제2항 제2호, 제3호는 **상장증권 또는 장내파생상품의 매매를 유인할 목적으로, 시세가 자기 또는 타인의 시장 조작에 의하여 변동한다는 말을 유포하는 행위(제2호), 매매를 함에 있어서 중요한 사실에 관하여 거짓의 표시 또는 오해를 유발시키는 표시를 하는 행위(제3호)를 금지하고 있고,** 제443조 제1항 제5호는 위와 같은 시장오도행위를 한 자를 처벌하도록 규정하고 있다.

여기서 "시세가 자기 또는 타인의 시장 조작에 의하여 변동한다는 말"이란 정상적인 수요·공급에 따라 자유경쟁시장에서 형성될 시세 및 거래량을 시장요인에 의하지 아니한 다른 요인으로 인위적으로 변동시킬 수 있다는 말을 의미한다. 그리고 "매매를 함에 있어서 중요한 사실"이란 당해 법인의 재산·경영에 관하여 중대한 영향을 미치거나 상장증권 등의 공정거래와 투자자 보호를 위하여 필요한 사항으로서 투자자의 투자판단에 영향을 미칠 수 있는 사항을 의미한다.

또한 "매매를 유인할 목적"이란 시장오도행위를 통해 투자자들로 하

금융증권은 법으로 통한다

여금 시장의 상황이나 상장증권의 가치 등에 관하여 오인하도록 하여 상장증권 등의 매매에 끌어들이려는 목적을 말한다. 위와 같은 목적은 그것이 행위의 유일한 동기일 필요는 없으므로, 다른 목적과 함께 존재하여도 무방하고, 그 경우 어떤 목적이 행위의 주된 원인인지는 문제 되지 아니한다. 그 목적에 대한 인식의 정도는 적극적 의욕이나 확정적 인식임을 요하지 아니하고, 미필적 인식이 있으면 족하다. 투자자의 오해를 실제로 유발하였는지나 실제로 시세 변경의 결과가 발생하였는지, 타인에게 손해가 발생하였는지 등도 문제가 되지 아니한다. 피고인이 목적의 존재를 부인하는 경우, 이러한 주관적 구성요건 요소인 사실은 그 성질상 상당한 관련성이 있는 간접사실 또는 정황사실을 분석하는 방법에 의하여 그 존부를 판단할 수밖에 없다. 이때 무엇이 목적의 존재를 뒷받침할 수 있는 상당한 관련성이 있는 간접사실 또는 정황사실에 해당하는 것인지는 정상적인 경험칙에 바탕을 두고 치밀한 관찰력 및 분석력에 의하여 합리적으로 판단하여야 한다.

나아가 유사투자자문업자라 하더라도 상장증권 등에 대한 투자판단 또는 상장증권 등의 가치에 관하여 조언을 하면서 자본시장과 금융투자업에 관한 법률 제176조 제2항 제2호, 제3호에서 정한 시장오도행위를 하는 것은 사회통념상 허용되는 투자조언을 넘는 것으로서 허용될 수 없다.

[2] 자본시장과 금융투자업에 관한 법률 제178조 제1항 제1호는 **금융**

투자상품의 매매, 그 밖의 거래와 관련하여 부정한 수단, 계획 또는 기교를 사용하는 행위를 금지하고 있고, 제443조 제1항 제8호는 위와 같은 행위를 한 자를 처벌하도록 규정하고 있다. 여기서 "부정한 수단, 계획 또는 기교"란 사회통념상 부정하다고 인정되는 일체의 수단, 계획 또는 기교를 말한다. 이때 어떠한 행위를 부정하다고 할지는 그 행위가 법령 등에서 금지된 것인지, 다른 투자자들로 하여금 잘못된 판단을 하게 함으로써 공정한 경쟁을 해치고 선의의 투자자에게 손해를 전가하여 자본시장의 공정성, 신뢰성 및 효율성을 해칠 위험이 있는지를 고려해야 한다.

[3] 자본시장과 금융투자업에 관한 법률 제178조 제2항은 **금융투자상품의 매매, 그 밖의 거래를 할 목적이나 그 시세의 변동을 도모할 목적으로 한 풍문의 유포, 위계의 사용 등을 금지하고 있고**, 제443조 제1항 제9호는 위와 같은 행위를 한 자를 처벌하도록 규정하고 있다. 여기서 "위계"란 거래 상대방이나 불특정 투자자를 기망하여 일정한 행위를 유인할 목적의 수단, 계획, 기교 등을 말한다.

[4] 시세조종행위 등의 금지와 부정거래행위 등의 금지를 규정하고 있는 자본시장과 금융투자업에 관한 법률 제176조와 제178조의 보호법익은 상장증권 등 거래의 공정성 및 유통의 원활성 확보라는 사회적 법익이고, 상장증권의 소유자 등 개개인의 재산적 법익은 그 직접적인 보호법익이 아니다. 상장증권의 시세변동, 부정거래 등의 목적으로 같은 법 제176조와 제178조에 해당하는 수 개의 행위를 단일하

금융증권은 법으로 통한다

고 계속된 범의 아래 일정 기간 계속하여 반복한 경우, 같은 법 제176조와 제178조에서 정한 시세조종행위 등 금지 위반 및 부정거래행위 등 금지 위반의 포괄일죄가 성립한다.

[5] **자본시장과 금융투자업에 관한 법률 제178조 제2항에서 사기적 부정거래행위를 금지하는 것은, 상장증권 등의 거래에 관한 사기적 부정거래가 다수인에게 영향을 미치고, 증권시장 전체를 불건전하게 할 수 있기 때문에, 상장증권 등의 거래에 참가하는 개개 투자자의 이익을 보호함과 함께 투자자 일반의 증권시장에 대한 신뢰를 보호하여, 증권시장이 국민경제의 발전에 기여할 수 있도록 하는 데 목적이 있다.** 그러므로 상장증권의 매매 등 거래를 할 목적인지 여부나 위계인지 여부 등은 행위자의 지위, 행위자가 특정 진술이나 표시를 하게 된 동기와 경위, 그 진술 등이 미래의 재무상태나 영업실적 등에 대한 예측 또는 전망에 관한 사항일 때에는 합리적인 근거에 기초하여 성실하게 행하여진 것인지, 그 진술 등의 내용이 거래 상대방이나 불특정 투자자들에게 오인 · 착각을 유발할 위험이 있는지, 행위자가 그 진술 등을 한 후 취한 행동과 주가의 동향, 행위 전후의 제반 사정 등을 종합적 · 전체적으로 고려하여 객관적인 기준에 따라 판단하여야 한다.

🖹7 해설

Y1: 유사투자자문회사(피고인1), Y2: Y1의 대표이사(피고인2), A: 주식발행

회사, B: 주식투자연구소, C: B의 인터넷회원(일반투자자)

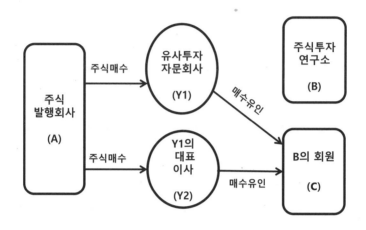

Y1, Y2(피고인1, 2)는 A회사의 주식을 다량 매수하여 보유하고 있었는데, 인터넷 증시게시판과 포털사이트 등에, A회사 주가가 폭등할 것이나 매수하라고 단정적으로 추천하면서, 주식을 매입만 하고 팔지는 않는 이른바 "물량 잠그기"를 하면 무조건 주가가 상승하여 3만원대까지 갈 수 있다거나, "우리의 지분비율이 26.91%에 이르고 투자액이 3,000억원에 이르러 사실상 A회사의 대주주여서 A회사의 주가를 좌우할 수 있으니 물량 잠그기를 계속하라"는 취지의 글 등을 지속적으로 게시하였습니다.

또한, Y2(피고인2)는 A회사의 경영에 참여할 의사나 이를 실현할 구체적 방안 등이 없었음에도, 대학동문에 불과한 A회사의 대표이사와 마치 가까운 사이인 것처럼 강조하면서, B연구소의 회원(C)들을 대리하여 A회사의 경영에 참여하여 주가에 악영향을 미치는 요소들을 관리하겠다는 등의 글을 같은 방법으로 지속적으로 게시하는 등의 행위를 하였습니다.

대법원은 피고인 Y1, Y2의 위와 같은 행위에 대하여, 단순히 유사투자자문업자로서 일반적인 투자자문으로 유망 종목에 대한 투자를 추천하는 차원을 넘어서, Y1회사의 대표이사인 Y2(피고인 2)가 A회사 주식의 매매를 유인할 목적으로, A회사 주식의 시세가 자기의 시장 조작에 의하여 변동한다는 말을 유포하고, A회사 주식의 매매에 있어 중요한 사실인 경영 참여에 관하여 거짓의 표시 또는 오해를 유발시키는 표시를 한 것이므로, 자본시장과 금융투자업에 관한 법률 제176조, 제178조의 금지규정에 위반하여, 자본시장과 금융투자업에 관한 법률 제443조에 의해 처벌된다고 판시하여 Y1, Y2(피고인1, 2)의 유죄를 인정하였습니다.

금융투자상품에는 무엇이 있을까?

- 자본시장법을 기준으로(Capital Market Act)

금감원 ICO 보고서 뭘 의미하나

유사수신 여부 구분용 …… "확대해석 금물"

금융감독원이 블록체인 및 코인공개상장(ICO)을 해외서 진행하거나 이를 예정하고 있는 국내 20여 개 업체에 "ICO 실태 점검 관련 질문서"를 송부, 오는 21일까지 회신을 당부한 것으로 확인됐다. 이와 관련해 업체들은 국내업체가 시행한 ICO 대부분이 증권형 코인(토큰)인 경우가 많다는 점을 들어 ICO가 자본시장법의 지배를 받는 게 아니냐고 의문을 표했다. 금감원은 자본시장법상 규제 대상이 되거나 제도권 안에 암호화폐를 편입하기 위한 목적의 질문서는 아니라고 선을 그었다.

2018. 9. 17. ZDNet Korea

---

1. 자본시장법에 의한 분류 기준은 어떻게 되나?

　구 증권거래법은 "유가증권"에 대하여 "국채, 지방채, 특수채, 출자증권, 주권, 신주인수권증서, 외국증권, 주식예탁증서, 기타 위 증권과 유사하거나 관련된 것으로서 대통령령이 정하는 것"(구증권거래법 제2조 제1항)이라고 규정하였습니다. 이는 유가증권에 대해 포괄적으로 정의하지 않고, 증권의 종류를 한정적으로 나열하며 개념을 정의함으로써 위의 열거되지 않은 다양한 금융상품 개발에 장애를 초래하고 있었습니다(열거주의). 그에 따라 자금을 조달하는 기업 입장에서도 그만큼 자금조달 수단과 방법에 제약이 생기는 문제가 있었습니다.

　이에, 새로 시행되고 있는 자본시장법은 "유가증권" 대신에 "금융투자상품"이라는 용어를 사용하고, 규정 방식도 과거의 "열거주의"에서 "포괄주의"로 전환하였습니다. 즉, "원본 손실 가능성"을 의미하는 "투자성"의 개념을 도입하여, 투자성이 있는 모든 금융상품을 "금융투자상품"이라고 포괄적으로 정의하였습니다. 이를 통해 증권 발행회사 및 투자자의 필요에 맞는 다양한 신종 증권이 출현할 수 있는 계기가 마련되었고, 기업의 자금조달 방법도 다양화될 수 있게 되었습니다.

◆자본시장법 제3조 제1항

　이 법에서 "금융투자상품"이란 이익을 얻거나 손실을 회피할 목적으로 현재 또는 장래의 특정(特定) 시점에 금전, 그 밖의 재산적 가치가 있는 것(이하 "금전 등"이라 한다)을 지급하기로 약정함으로써 취득하는 권리로서, 그 권리를 취득하기 위하여 **지급하였거나 지급하여야 할 금전 등의 총액(판매수수료 등 대통령령으로 정하는 금액을 제외한다)이 그 권리로부터 회수하였거나 회수할 수 있는 금전 등의 총액(해지수수료 등 대통령령으로 정하는 금액을 포함한다)을 초과하게 될 위험(이하 "투자성"이라 한다)**이 있는 것을 말한다. 다만, 다음 각 호의 어느 하나에 해당하는 것을 제외한다.

2. 자본시장법에 의한 금융투자상품에는 무엇이 있나?

기업은 금융투자상품을 이용하여 불특정 다수의 투자자들로부터 다양한 방법으로 기업에 필요한 자금을 조달할 수 있으므로, 자본시장법이 정의하는 금융투자상품의 내용을 잘 이해하고 있어야 합니다. 위에서 본 것처럼 자본시장법은 금융투자상품의 개념 정의 방식을 열거주의에서 포괄주의로 전환하였습니다. 하지만 포괄주의 또한 애매모호하다는 단점을 가지고 있어, 이를 보완하기 위해 금융투자상품의 구체적인 예를 구분하여 정의하였습니다.

자본시장법은 투자성 있는 금융투자상품에 대해 크게 "증권"과 "파생상품"으로 명시적으로 구분하고 있습니다(자본시장법 제3조 제2항). 여기에서의 "증권"은 증권의 취득자가 최초의 취득자금 이외에는 추가지급 의무가 없는 것이고, "파생상품"은 취득자금뿐만 아니라 추가지급 의무도 있는 것을 말합니다(자본시장법 제4조 제1항). 즉, 증권은 손실의 최대한도가 최초 원본까지이지만, 파생상품은 원본 손실 이외에도 추가 손실가능성이 있는 것을 말합니다.

"증권"에는 채무증권, 지분증권, 수익증권, 투자계약증권, 파생결합증권, 증권예탁증권이 있고, "파생상품"에는 선물, 옵션, 스왑이 있습니다(자본시장법 제4조, 제5조).

3. 금융투자상품의 구체적인 내용은 무엇인가?

◆증권

(1) 채무증권(자본시장법 제4조 제3항)

채무증권은 부채로서, 이를 발행한 주체(기업)가 변제기에 변제의무를 부담하는 것을 말합니다. 자본시장법은 발행주체의 종류에 따라 국채, 지방채, 특수채, 회사채, 기업어음 등으로 열거하고 있습니다.

(2) 지분증권(자본시장법 제4조 제4항)

지분증권은 자본으로서, 이를 발행한 주체는 변제의무를 부담하지 않으며, 단지 발행주체의 청산 시에 잔여재산 분배를 해 줄 의무만 있습니다. 자본시장법은 주권, 신주인수권, 특수법인의 출자증권, 상법상의 출자지분(합자회사, 유한책임회사, 유한회사, 합자조합, 익명조합 등) 등을 열거하고 있습니다.

(3) 수익증권(자본시장법 제4조 제5항)

수익증권은 위탁자가 수탁자에게 재산을 신탁하면, 위탁자가 지정한 수익자(대부분 위탁자와 수익자가 동일)가 신탁재산으로부터 받을 권리(수익권)를 말합니다. 수익증권은 신탁법상의 신탁행위를 전제로 발생합니다.

(4) 투자계약증권(자본시장법 제4조 제6항)

투자계약증권은 공동사업에 금전 등을 투자하여 그 투자손익을 분배받을 계약상의 권리를 말합니다. 단, 투자자가 공동사업을 직접 수행하는 것은 아닙니다. 이런 투자 형식으로는 상법상의 익명조합, 합자조합 등이 있습니다. 공동사업 운영에 직접 관여하는 무한책임조합원(업무집행조합원)(General Partner)의 권리는 투자계약증권이 될 수 없고, 공동사업 운영에 직접 참여하지 않는 유한책임조합원(Limited Partner)의 권리만 투자계약증권이라고 할 수 있습니다.

(5) 파생결합증권(자본시장법 제4조 제7항)

파생결합증권은 기초자산과 연계하여 금전의 지급이 결정되는 권리입니다. 파생상품도 기초자산과 연계하여 금전의 지급이 결정되지만 원본을 초과하여 손실가능성이 있는 반면에, 파생결합증권은 기초자산과 연계가 되면서도 손실가능성이 원본 범위 내로 제한된다는 점에서 차이가 있습니다(예: ELS증권 등).

(6) 증권예탁증권(자본시장법 제4조 제8항)

증권예탁증권은 예탁기관이 증권 원본을 예탁받은 것에 대한 증거로 발행한 증서(Depositary Receipt)("DR"이라고 함)입니다. 국내 예탁기관인 한국예탁결제원이 발행한 예탁증서나 해외예탁기관이 발행한 해외예탁증서 모두 증권예탁증권에 해당합니다.

◆파생상품(자본시장법 제5조)

파생상품은 기초자산과 연계하여 금전의 지급이 결정되면서, 원본을 초과하는 손실가능성이 있는 투자상품을 말합니다.

(1) 선물

선물거래(future) 또는 선도거래(forward)는 거래(계약) 자체는 현재 시점에서 성립되나, 그 거래(계약)의 이행 시점은 현재가 아니라 장래 특정 시점에 합니다. 따라서 선물거래 또는 선도거래를 하게 되면 장래 이행 시점에서 기초자산의 가격이 당초 계약 당시의 예상과 다르게 형성될 수 있고, 그 경우 최초의 투자원금보다 더 큰 손해가 발생할 수 있습니다.

(2) 옵션

옵션(option)은 장래의 특정 시점에 기초자산의 거래를 성립시킬 수 있는 선택권(option)을 어느 일방에게 부여하는 것을 말합니다. 선물거래나 선도거래는 장래의 특정 시점에 반드시 기초자산의 거래를 해야 하지만, 옵션거래는 옵션을 행사할 때만 기초자산의 거래를 하고, 옵션을 행사하지 않으면 기초자산의 거래를 할 필요가 없다는 점에서 차이가 있습니다.

장래 특정 시점의 금융시장이 옵션 매입자에게 유리하게 변동되어 옵션 매입자가 옵션을 행사해 기초자산 거래를 성립시키면, 역으로 옵션 매도자는 그 기초자산의 거래 이행에 응하여야 하고, 그로 인해 최초의 투자금(옵션매도대금)(옵션프리미엄)을 초과하는 손실을 볼 수 있습니다.

(3) 스왑

스왑(swap)은 기초자산을 전제로 하여 장래 일정 기간에 그 기초자산의 거래를 서로 교환하는 것을 말합니다. 스왑으로 기초자산의 거래를 교환하였는데, 장래에 금융시장의 상황이 예상과 다르게 변동하여 당초의 기초자산 거래보다 더 불리하게 되면, 최초의 투자원금을 초과하는 손실을 볼 수 있습니다.

4. 특수한 증권에는 어떤 것이 있나?

지금까지 자본시장법이 정의한 금융투자상품의 종류에 대하여 살펴보았습니다. 이제 주식과 채권 중 특수한 내용의 증권을 살펴보기로 합시다.

◆ 특수한 내용의 주식(종류주식)(상법 제344조)

(1) 이익배당 관련 종류주식(상법 제344조의2)

- 보통주(common share)

  이익배당이나 잔여재산 분배에서 제한이나 우선권이 붙어 있지 않은 일반 주식.

- 우선주(preference share)

  다른 주식에 우선하여 이익배당을 받을 수 있는 주식.

- 누적적 우선주(cumulative)

  당기에 약정된 배당금을 받지 못한 경우, 차기에 이월하여 그 부족분을 배당받음.

- 비누적적 우선주(non-cumulative)

  당기에 약정된 배당금을 받지 못한 경우, 부족분은 차기로 이월되지 않고 소멸됨.

- 참가적 우선주(participating)

  약정된 배당금을 우선적으로 받은 후에, 잔여이익 배당에 대해서도 참가하여 추가 배당받을 수 있음.

- 비참가적 우선주(non-participating)

  약정된 배당금을 우선적으로 받은 후에, 잔여이익 배당에 대해서는 추가배당을 받을 수 없음.

- 후배주(deferred share)

  이익배당과 잔여재산 분배에 있어 보통주보다 열위에 있음.

- 혼합주

  보통주와 비교하여 우선적 권리와 열위적 권리가 혼합되어 있음.

(2) 의결권 관련 종류주식(상법 제344조의3)

- 무의결권주

  우선주뿐만 아니라 보통주도 무의결권으로 할 수 있음.

- 의결권 제한주식

(3) 상환 관련 종류주식(redeemable)(callable)(상법 제345조)

주식은 본래 발행주체가 청산되기 전에는 변제(상환) 의무가 없습니다. 하지만 상환주식은 발행주체가 일정 시기에 스스로(임의상환) 혹은 주주의 청구(강제상환)에 의해 이익금으로 상환하여 그 주식을 소멸시킵니다. 보통주나 우선주 모두 상환주식으로 할 수 있습니다.

(4) 전환주식(convertible)(상법 제346조)

전환주식은 다른 종류의 주식으로 전환할 수 있는 권리가 부여된 주식입니다.

주주에게 전환권이 부여되어 있거나(주주 전환방식), 발행주체가 전환권을 행사할 수 있습니다(회사 전환방식). 전환사채는 전환권 행사로 사채가 주식으로 전환하는 것이지만, 전환주식은 주식에서 주식으로 전환됩니다.

금융증권은 법으로 통한다

◆ 특수한 내용의 사채

(1) 전환사채(Convertible Bond)(CB)(상법 제513조)

발행 당시에는 사채이지만 일정한 기간 내에 주식으로의 전환권을 행사하면 주식으로 전환될 수 있으며, 전환권을 행사하지 않으면 사채로 존속합니다.

(2) 신주인수권부사채(Bond with Warrant)(BW)(상법 제516조의2)

사채로 발행되어 만기 시까지 사채로 존속하지만, 별도로 사채권자에게 신주인수권을 부여합니다. 사채권자는 신주인수권의 행사 여부를 선택할 수 있고, 분리형의 경우 신주인수권이 표시된 증권(신주인수권증권)을 제3자에게 양도할 수도 있습니다.

(3) 이익참가부사채(상법 제469조 제2항 제1호)

사채권자가 주식처럼 이익배당에 참가할 수 있는 사채입니다.

(4) 교환사채(Exchangeable Bond)(EB)(상법 제469조 제2항 제2호)

사채로 발행되지만, 사채권자가 사채 이외의 다른 유가증권(주식이나 기타 증권)으로 교환 청구할 수 있는 사채입니다.

(5) 상환사채(상법시행령 제23조 제1항)

사채로 발행된 후, 발행기업이 임의로 다른 유가증권으로 상환할 수 있습니다. 교환사채는 사채권자가 발행기업을 상대로 교환 청구할 권리를 가지는 반면에, 상환사채는 발행기업이 임의로 사채권자에게 상환할 수 있는 권리가 있습니다.

(6) 담보부사채(Secured Corporate Bond)(담보부사채신탁법 제3조)

사채에 물적 담보가 제공되는 것입니다. 사채의 경우 통상적인 대여금 채권과는 달리 불특정 다수의 채권자를 전제로 하기에 담보권자를 확정하는 것이 곤란합니다. 다시 말해 민법상의 담보권(질권, 저당권)을 설정하는 것이 어렵기 때문에, 담보부사채신탁법에 의해 담보재산을 수탁자에게 이전하여 불특정 다수의 사채권자들을 위한 담보가 되게 하고 있습니다.

•••참고 •••

이중상환청구권부채권(Covered Bond)

2014년 4월 14일 「이중상환청구권부채권의 발행에 관한 법률」(이중상환채권법이라 약칭)이 제정되어 2014년 4월 15일부터 시행 중입니다.

채권자가 채무자인 발행기업에 대하여 채무상환을 청구할 권리(상환청구권)는 채권의 본질적 특성으로 모든 채권에 공통적인 요소입니다. 다만, 이중상환청구권부채권의 채권자는 상환청구권 이외에도, 채무자인 발행기업 소유의 일정자산(기초자산 집합)에 대하여 민법상 담보권의 특징인 우선변제권을 추가적으로 가집니다(동법 제2조 제3호).

금융증권은 법으로 통한다

민법상의 질권은 질물을 채권자가 점유하여야 하고, 저당권은 담보물이 각종 등기법에 의한 등기가 되어야 우선변제권이 가능합니다. 하지만 이중상환채권법의 담보물은 그런 점유취득이나 등기가 없어도 동법이 정하는 일정 요건하에 우선변제권을 인정한다는 점에서 차이가 있습니다.

자산유동화의 경우, 담보자산이 유동화전문회사에 양도되지만, 이중상환채권법은 그러한 양도 없이 발행기업의 소유인 상태에서 우선변제권이 인정됩니다. 담보부사채의 경우, 담보재산을 별도의 수탁회사에 신탁하여 신탁법상의 우선수익권을 채권자가 갖게 되지만, 이중상환채권법은 그러한 신탁행위가 없다는 점에서 차이가 있습니다.

•••

(7) 조건부자본증권(Contingent Convertible Bond)(CoCo Bond라고 함)(자본시장법 제165조의11)

주식 전환이나(전환형) 그 사채의 상환과 이자지급 의무의 감면(상각형)의 사유 조건을 객관적이고 합리적인 기준에 따라 미리 정하는 사채로, 이는 상장사만 발행할 수 있습니다. 전환사채나 상환사채는 전환권이나 상환권 자체에 조건이 없지만, 조건부자본증권은 전환이나 상환에 일정한 조건이 부착되어 있다는 점에서 차이가 있습니다.

보통 금융기관이 BIS비율에 문제가 생기는 것에 대비하기 위해 이를 조건으로 발행합니다. BIS비율이 일정 비율 이하로 하락 시, 주식으로 전환하거나 상환하여 자기자본을 증대시켜 BIS비율을 제고시키는 목적인 경우가 많습니다.

(8) 영구채(Perpetual Bond)

사채의 만기가 아예 없거나 매우 장기인 채권으로, 상환의무가 거의 없어 사실상 주식과 같은 자기자본과 유사하므로, BIS비율 산정 시 자기자본에 포함됩니다. 실무에서는 신종자본증권 또는 하이브리드채권(hybrid bond)이라고 불립니다.

5. 맺음말

위에서 자본시장법과 상법이 규정하고 있는 다양한 금융투자상품의 종류들을 살펴보았습니다. 기업들이 개별적인 형편과 상황에 맞추어 가장 최적의 것을 선택하여 적은 비용으로 신속하게 자금을 조달하기 위해 노력하는 과정에서 각양각색의 금융투자상품들이 출현하고, 그에 맞추어 투자자들도 다양한 금융투자상품에 투자할 기회를 더 많이 얻게 될 것입니다.

금융증권은 법으로 통한다

📖 판례

A. 금융투자상품(파생결합상품 중 주가연계증권)

대법원 2015. 4. 9. 자 2013마1052, 1053 결정

어느 행위가 금융투자상품의 거래와 관련하여 자본시장과 금융투자업에 관한 법률(이하 "자본시장법"이라 한다) 제178조에서 금지하고 있는 부정행위에 해당하는지 여부는, 해당 금융투자상품의 구조와 거래 방식 및 거래 경위, 금융투자상품이 거래되는 시장의 특성, 금융투자상품으로부터 발생하는 투자자의 권리 · 의무 및 종료 시기, 투자자와 행위자의 관계, 행위 전후의 제반 사정 등을 종합적으로 고려하여 판단하여야 한다.

따라서 특정 시점의 기초자산 가격 또는 그와 관련된 수치에 따라 권리행사 또는 조건성취의 여부가 결정되거나 금전 등이 결제되는 구조로 되어 있는 금융투자상품의 경우에 사회통념상 부정하다고 인정되는 수단이나 기교 등을 사용하여 금융투자상품에서 정한 권리행사나 조건성취에 영향을 주는 행위를 하였다면, 이는 금융투자상품의 거래와 관련하여 부정행위를 한 것으로서 자본시장법 제178조 제1항 제1호를 위반한 행위에 해당하고, 위반행위로 인하여 금융투자상품 투자자의 권리 · 의무의 내용이 변경되거나 결제되는 금액이 달라져 투자자가 손해를 입었다면 투자자는 부정거래행위자에 대하여 자본시장법 제179조 제1항에 따라 손해배상을 청구할 수 있다.

☰7 해설

X: 투자자(피해자)(원고), Y: 주가연계증권 거래 상대방(피고)

금융투자상품 중 파생결합증권인 주가연계증권(Equtity Linked Security)에 투자한 피해자 X(원고)들이 부정한 방법으로 주가조작을 한 상대방 Y(피고)를 상대로 증권집단소송을 제기한 사례입니다.

위 투자상품은 포스코 보통주와 SK보통주를 기초자산으로 정하여, 3개월 단위로 두 기초자산 모두의 종가가 상환기준가격(포스코 보통주는 494,000원, 에스케이 보통주는 159,500원을 기준가격으로 하여 3개월 단위로 기준가격의 90%, 85%, 80%, 75%에 해당하는 금액) 이상으로 결정되면 투자자는 액면금에 연 22%의 수익금을 더하여 투자금을 상환받을 수 있습니다. 그러나 만약 두 종목 중 어느 하나라도 만기 상환기준일의 종가가 만기 상환기준가격 미만에서 결정되는 경우에는 투자자 X(원고)는 원금손실을 보도록 설계된 상품이었습니다.

이 투자상품은 기초자산의 가격과 연계되어 있으나 투자자의 투자손실한도가 원금에 한정되어 있어서 자본시장법상 파생결합증권으로 분류됩니다. 그런데 이 투자상품의 거래 상대방 Y(피고)가 상환기준일에 SK보통주의 종가를 인위적으로 낮추기 위해 당일 동 주식을 대량 매도하는 방법으로 주가를 조작하여 이 사건 주가연계증권의 상환조건이 성취되지 아니하도록 방해행위를 하였습니다. 그 결과 투자자 X(원고)들은 투자원금의 30%에 해당하는 손실을 보았고, 이에 투

금융증권은 법으로 통한다

자자 X(원고)들이 상대방 Y(피고)에 대해 자본시장법 위반을 이유로 집단소송을 제기하였는데, 대법원은 이 사건이 증권집단소송을 제기할 요건이 충족된다고 판시하였습니다.

B. 수종의 주식

대법원 2006. 1. 27. 선고 2004다44575, 44582 판결(주주총회결의불발효확인등)

상법 제435조 제1항은 "회사가 수종의 주식을 발행한 경우에 정관을 변경함으로써 어느 종류의 주주에게 손해를 미치게 될 때에는 주주총회의 결의 외에 그 종류의 주주의 총회의 결의가 있어야 한다."라고 규정하고 있는바, 위 규정의 취지는 주식회사가 보통주 이외의 수종의 주식을 발행하고 있는 경우에 보통주를 가진 다수의 주주들이 일방적으로 어느 종류의 주식을 가진 소수주주들에게 손해를 미치는 내용으로 정관을 변경할 수 있게 할 경우에 그 종류의 주식을 가진 소수주주들이 부당한 불이익을 받게 되는 결과를 방지하기 위한 것이므로, 여기서의 "어느 종류의 주주에게 손해를 미치게 될 때"라 함에는, 어느 종류의 주주에게 직접적으로 불이익을 가져오는 경우는 물론이고, 외견상 형식적으로는 평등한 것이라고 하더라도 실질적으로는 불이익한 결과를 가져오는 경우도 포함되며, 나아가 어느 종류주주의 지위가 정관의 변경에 따라 유리한 면이 있으면서 불이익한 면을 수반하는 경우도 이에 해당된다.

📖 해설

Y: 주식회사(피고), X: 우선주 보유주주(원고)

Y주식회사(피고)가 우선주의 무상증자 방법에 대하여 정관변경을 하였는데, 우선주를 가지고 있던 주주X(원고)들이 피고의 정관변경이 원고들에게 불리하다고 보아 우선주주들로 구성된 종류주주총회의 개최 사유가 된다고 주장한 사례입니다.

Y주식회사의 정관변경을 통해 기존의 우선주주들이 무상증자 등에 의하여 향후 새로 배정받게 될 우선주는 구우선주와는 다르게 10년 후에도 보통주로 전환할 수 없게 변경된 것이었습니다. 이 경우 보통주로의 전환에 의한 의결권의 취득을 바라고 있던 우선주주 입장에서는 이러한 정관 변경이 자신에게 불리하게 작용하고, 반면에 의결권의 취득에는 관심이 적고 그보다는 이익배당에 더 관심이 있던 우선주주 입장에서는 특정 비율 이상의 우선배당권이 10년의 제한을 받지 아니하고 언제까지나 보장되는 것이어서 유리하기 때문에, 우선주주 각자의 입장에 따라 유리한 점과 불리한 점이 공존하고 있는 상황이었습니다.

대법원은 이렇게 특정 종류의 주주들에게 유리한 상황과 불리한 상황이 공존하고 있는 경우에도 상법 제435조에 규정한 "어느 종류의 주주에게 손해를 미치게 될 때"에 해당하여 우선주주들로 구성된 종류주주총회(우선주 주주총회)의 결의가 필요하다고 판시하여 X(원고)가 승소하였습니다.

C. 교환사채

대법원 2012. 11. 29. 선고 2010두19294 판결[법인세부과처분취소]

갑 주식회사가 경영권 관련 합의 이행을 위하여 특수관계자인을 주식회사가 발행한 교환사채를 이자율 연 8%로 인수하자 과세관청이 특수관계자에게 인정이자율보다 낮은 이자율로 금전을 대여하여 조세부담을 부당히 감소시킨 것으로 보아 인정이자를 익금산입한 사안에서, 교환사채는 교환청구권이 부여되어 있어 보통의 사채보다 이자율이 낮은 것이 일반적이고, 교환사채 발행 당시 을 회사와 동일한 신용평가등급 기업이 발행한 사채의 채권가격평가기관 공시수익률이 7.73%로서 8%와 차이가 크지 않은 점, 갑 회사는 교환사채 매각과정에서 교환청구권의 가치를 일부 실현한 점 등에 비추어 갑 회사가 국세청장 고시 당좌대출이자율보다 낮은 이자율로 교환사채를 인수하였다고 하여 이를 건전한 사회통념이나 상관행에 비추어 경제적 합리성을 결여한 비정상적인 자금의 저율대여로서 부당행위계산 부인대상에 해당한다고 단정하기 어렵다는 이유로, 이와 달리 본 원심판결에 법리오해의 위법이 있다고 한 사례.

⊟𝄢 해설

X: 삼남이 상속받은 주식회사(원고), A: 장남이 상속받은 주식회사, Y: 세무서장(피고)

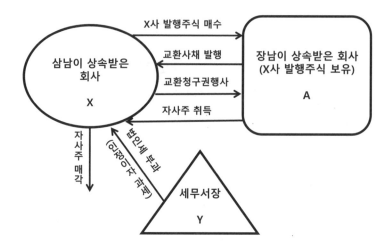

    ○○그룹의 창업자가 사망하여 그 자녀들이 그룹을 분리하여 각자 주식회사를 상속받았습니다. 그 과정에서 3남이 상속받은 X주식회사(원고)가 장남이 상속받은 A주식회사에서 발행한 교환사채를 인수한 것과 관련된 사례입니다.

    장남이 지배하는 A주식회사는 이 당시 X주식회사(원고)가 발행한 주식을 자산(투자유가증권)으로 보유하고 있었습니다. A주식회사는 이를 이용하여 낮은 이자율로 교환사채를 발행하여 X주식회사(원고)에게 인수시켰는데, 교환사채를 인수한 X주식회사(원고)가 A주식회사를 상대로 교환청구를 할 수 있는 권리의 내용은 A주식회사가 보유한 X주식회사(원고) 주식을 일정 수량만큼 일정 가격으로 X주식회사(원고)가 교환받을 수 있는 것이었습니다. X주식회사(원고) 입장에서는 자사주를 취득할 수 있는 기회를 갖게 된 것입니다. 실제로 X주식

금융증권은 법으로 통한다

회사(원고)는 A주식회사를 상대로 교환사채에 의한 교환청구권을 행사하여 자사주를 취득한 후, 이를 제3의 주식회사(A주식회사의 계열사)에게 매각하여 매매차익을 거두었습니다.

이에 대해, 세무서장 Y(피고)는 이 사건 교환사채의 거래가 X주식회사(원고)를 지배하고 있는 삼남이 A주식회사를 지배하고 있는 장남을 지원할 목적으로 이루어졌고, 위 교환사채의 이자가 당시의 국세청장이 고시한 이율(은행 당좌대출이율)보다 낮다는 이유로, 두 이율의 차이 부분에 대하여 X주식회사(원고)는 인정이자로써 익금산입 하여 법인세를 납부해야 한다면서, 구 법인세법 제52조에서 규정한 부당행위계산부인 규정을 적용하여 X주식회사(원고)를 대상으로 과세부과 처분하였습니다.

대법원은 판례 요지에 열거한 여러 가지 상황들을 고려하여 X 주식회사(원고)의 과세부과처분 취소청구를 인용하여 X(원고)가 승소하였습니다.

법령

• 자본시장과 금융투자업에 관한 법률(약칭: 자본시장법)

제3조(금융투자상품)

① 이 법에서 "금융투자상품"이란 이익을 얻거나 손실을 회피할 목적으로 현재 또는 장래의 특정(特定) 시점에 금전, 그 밖의 재산적 가치가 있는 것(이하 "금전등"이라 한다)을 지급하기로 약정함으로써 취득하는 권리로서, 그 권리를 취득하기 위하여 지급하였거나 지급하여야 할 금전등의 총액(판매수수료 등 대통령령으로 정하는 금액을 제외한다)이 그 권리로부터 회수하였거나 회수할 수 있는 금전등의 총액(해지수수료 등 대통령령으로 정하는 금액을 포함한다)을 초과하게 될 위험(이하 "투자성"이라 한다)이 있는 것을 말한다.

② 제1항의 금융투자상품은 다음 각호와 같이 구분한다.

  1. 증권

  2. 파생상품

    가. 장내파생상품

    나. 장외파생상품

제4조(증권)

① 이 법에서 "증권"이란 내국인 또는 외국인이 발행한 금융투자상품으로서 투자자가 취득과 동시에 지급한 금전등 외에 어떠한 명목으로든지 추가로 지급의무(투자자가 기초자산에 대한 매매를 성립시킬 수 있는 권리를 행사하게 됨으로써 부담하게 되는 지급의무를 제외한다)를 부담하지 아니하는 것을 말한다(단서조항은 기재 생략).

② 제1항의 증권은 다음 각호와 같이 구분한다.

금융증권은 법으로 통한다

1. 채무증권

2. 지분증권

3. 수익증권

4. 투자계약증권

5. 파생결합증권

6. 증권예탁증권

③ 이 법에서 "채무증권"이란 국채증권, 지방채증권, 특수채증권(법률에 의하여 직접 설립된 법인이 발행한 채권을 말한다. 이하 같다), 사채권(「상법」 제469조제2항제3호에 따른 사채의 경우에는 제7항제1호에 해당하는 것으로 한정한다. 이하 같다), 기업어음증권(기업이 사업에 필요한 자금을 조달하기 위하여 발행한 약속어음으로서 대통령령으로 정하는 요건을 갖춘 것을 말한다. 이하 같다), 그 밖에 이와 유사(類似)한 것으로서 지급청구권이 표시된 것을 말한다.

④ 이 법에서 "지분증권"이란 주권, 신주인수권이 표시된 것, 법률에 의하여 직접 설립된 법인이 발행한 출자증권, 「상법」에 따른 합자회사·유한책임회사·유한회사·합자조합·익명조합의 출자지분, 그 밖에 이와 유사한 것으로서 출자지분 또는 출자지분을 취득할 권리가 표시된 것을 말한다.

⑤ 이 법에서 "수익증권"이란 제110조의 수익증권, 제189조의 수익증권, 그 밖에 이와 유사한 것으로서 신탁의 수익권이 표시된 것을 말한다.

⑥ 이 법에서 "투자계약증권"이란 특정 투자자가 그 투자자와 타인

(다른 투자자를 포함한다. 이하 이 항에서 같다) 간의 공동사업에 금전등을 투자하고 주로 타인이 수행한 공동사업의 결과에 따른 손익을 귀속받는 계약상의 권리가 표시된 것을 말한다.

⑦ 이 법에서 "파생결합증권"이란 기초자산의 가격·이자율·지표·단위 또는 이를 기초로 하는 지수 등의 변동과 연계하여 미리 정하여진 방법에 따라 지급하거나 회수하는 금전등이 결정되는 권리가 표시된 것을 말한다(단서조항은 기재 생략함).

⑧ 이 법에서 "증권예탁증권"이란 제2항제1호부터 제5호까지의 증권을 예탁받은 자가 그 증권이 발행된 국가 외의 국가에서 발행한 것으로서 그 예탁받은 증권에 관련된 권리가 표시된 것을 말한다.

⑨ 제2항 각호의 어느 하나에 해당하는 증권에 표시될 수 있거나 표시되어야 할 권리는 그 증권이 발행되지 아니한 경우에도 그 증권으로 본다.

⑩ 이 법에서 "기초자산"이란 다음 각호의 어느 하나에 해당하는 것을 말한다.

1. 금융투자상품

2. 통화(외국의 통화를 포함한다)

3. 일반상품(농산물·축산물·수산물·임산물·광산물·에너지에 속하는 물품 및 이 물품을 원료로 하여 제조하거나 가공한 물품, 그 밖에 이와 유사한 것을 말한다)

4. 신용위험(당사자 또는 제삼자의 신용등급의 변동, 파산 또는 채무재조정 등으로 인한 신용의 변동을 말한다)

5. 그 밖에 자연적·환경적·경제적 현상 등에 속하는 위험으로서

합리적이고 적정한 방법에 의하여 가격·이자율·지표·단위의 산출이나 평가가 가능한 것

제5조(파생상품)

① 이 법에서 "파생상품"이란 다음 각호의 어느 하나에 해당하는 계약상의 권리를 말한다. 다만, 해당 금융투자상품의 유통가능성, 계약당사자, 발행사유 등을 고려하여 증권으로 규제하는 것이 타당한 것으로서 대통령령으로 정하는 금융투자상품은 그러하지 아니하다.

   1. 기초자산이나 기초자산의 가격·이자율·지표·단위 또는 이를 기초로 하는 지수 등에 의하여 산출된 금전등을 장래의 특정 시점에 인도할 것을 약정하는 계약

   2. 당사자 어느 한쪽의 의사표시에 의하여 기초자산이나 기초자산의 가격·이자율·지표·단위 또는 이를 기초로 하는 지수 등에 의하여 산출된 금전등을 수수하는 거래를 성립시킬 수 있는 권리를 부여하는 것을 약정하는 계약

   3. 장래의 일정 기간 동안 미리 정한 가격으로 기초자산이나 기초자산의 가격·이자율·지표·단위 또는 이를 기초로 하는 지수 등에 의하여 산출된 금전등을 교환할 것을 약정하는 계약

   4. 제1호부터 제3호까지의 규정에 따른 계약과 유사한 것으로서 대통령령으로 정하는 계약

제344조(종류주식)

① 회사는 이익의 배당, 잔여재산의 분배, 주주총회에서의 의결권
의 행사, 상환 및 전환 등에 관하여 내용이 다른 종류의 주식(이하
"종류주식"이라 한다)을 발행할 수 있다.

③ 회사가 종류주식을 발행하는 때에는 정관에 다른 정함이 없는 경
우에도 주식의 종류에 따라 신주의 인수, 주식의 병합 · 분할 · 소
각 또는 회사의 합병 · 분할로 인한 주식의 배정에 관하여 특수하
게 정할 수 있다.

제344조의2(이익배당, 잔여재산분배에 관한 종류주식)

① 회사가 이익의 배당에 관하여 내용이 다른 종류주식을 발행하는
경우에는 정관에 그 종류주식의 주주에게 교부하는 배당재산의 종
류, 배당재산의 가액의 결정방법, 이익을 배당하는 조건 등 이익배
당에 관한 내용을 정하여야 한다.

② 회사가 잔여재산의 분배에 관하여 내용이 다른 종류주식을 발행하
는 경우에는 정관에 잔여재산의 종류, 잔여재산의 가액의 결정방
법, 그 밖에 잔여재산분배에 관한 내용을 정하여야 한다.

제344조의3(의결권의 배제 · 제한에 관한 종류주식)

① 회사가 의결권이 없는 종류주식이나 의결권이 제한되는 종류주식
을 발행하는 경우에는 정관에 의결권을 행사할 수 없는 사항과, 의

결권행사 또는 부활의 조건을 정한 경우에는 그 조건 등을 정하여
야 한다.

② 제1항에 따른 종류주식의 총수는 발행주식총수의 4분의 1을 초과
하지 못한다. 이 경우 의결권이 없거나 제한되는 종류주식이 발행
주식총수의 4분의 1을 초과하여 발행된 경우에는 회사는 지체 없
이 그 제한을 초과하지 아니하도록 하기 위하여 필요한 조치를 하
여야 한다.

제345조(주식의 상환에 관한 종류주식)

① 회사는 정관으로 정하는 바에 따라 회사의 이익으로써 소각할 수
있는 종류주식을 발행할 수 있다. 이 경우 회사는 정관에 상환가
액, 상환기간, 상환의 방법과 상환할 주식의 수를 정하여야 한다.

③ 회사는 정관으로 정하는 바에 따라 주주가 회사에 대하여 상환을
청구할 수 있는 종류주식을 발행할 수 있다. 이 경우 회사는 정관
에 주주가 회사에 대하여 상환을 청구할 수 있다는 뜻, 상환가액,
상환청구기간, 상환의 방법을 정하여야 한다.

제346조(주식의 전환에 관한 종류주식)

① 회사가 종류주식을 발행하는 경우에는 정관으로 정하는 바에 따라
주주는 인수한 주식을 다른 종류주식으로 전환할 것을 청구할 수
있다. 이 경우 전환의 조건, 전환의 청구기간, 전환으로 인하여 발
행할 주식의 수와 내용 정하여야 한다.

② 회사가 종류주식을 발행하는 경우에는 정관에 일정한 사유가 발생

할 때 회사가 주주의 인수 주식을 다른 종류주식으로 전환할 수 있음을 정할 수 있다. 이 경우 회사는 전환의 사유, 전환의 조건, 전환의 기간, 전환으로 인하여 발행할 주식의 수와 내용을 정하여야 한다.

제513조(전환사채의 발행)
① 회사는 전환사채를 발행할 수 있다.

제516조의2(신주인수권부사채의 발행)
① 회사는 신주인수권부사채를 발행할 수 있다.

제469조(사채의 발행)
② 제1항의 사채에는 다음 각호의 사채를 포함한다.
　　2. 주식이나 그 밖의 다른 유가증권으로 교환 또는 상환할 수 있는 사채

• 상법시행령

23조(상환사채의 발행)
① 법 제469조제2항제2호에 따라 회사가 그 소유의 주식이나 그 밖의 다른 유가증권으로 상환할 수 있는 사채(이하 "상환사채"라 한다)를 발행하는 경우에는 이사회가 다음 각호의 사항을 결정한다.

• 담보부사채신탁법

제3조(사채의 발행)

사채에 물상담보(物上擔保)를 붙이려면 그 사채를 발행하는 회사(이하 "위탁회사"라 한다)와 신탁업자 간의 신탁계약에 의하여 사채를 발행하여야 한다.

• 이중상환청구권부 채권 발행에 관한 법률(약칭: 이중상환채권법)

제2조(정의)

가. 법에서 사용하는 용어의 뜻은 다음과 같다.

   2. "적격 발행기관"이란 제1호의 자 중 제4조에 따른 요건을 갖춘 자로서 이 법에 따른 이중상환청구권부 채권을 발행할 수 있는 자를 말한다.

   3. "이중상환청구권부 채권"(커버드본드, Covered Bond)이란 발행기관에 대한 상환청구권과 함께 발행기관이 담보로 제공하는 기초자산집합에 대하여 제3자에 우선하여 변제받을 권리를 가지는 채권으로서 이 법에 따라 발행되는 것을 말한다.

   4. "기초자산집합"(커버풀, Cover Pool)이란 이중상환청구권부 채권의 원리금 상환을 담보하는 자산으로서 제5조에 따라 구성되어 제6조제1항제2호에 따라 등록된 것을 말한다.

• 자본시장법

제165조의11(조건부자본증권의 발행 등)

① 주권상장법인(「은행법」 제33조제1항제2호 · 제3호 또는 「금융지주
회사법」 제15조의2제1항제2호 · 제3호에 따라 해당 사채를 발행할
수 있는 자는 제외한다)은 정관으로 정하는 바에 따라 이사회의 결
의로 「상법」 제469조제2항, 제513조 및 제516조의2에 따른 사채와
다른 종류의 사채로서 해당 사채의 발행 당시 객관적이고 합리적
인 기준에 따라 미리 정하는 사유가 발생하는 경우 주식으로 전환
되거나 그 사채의 상환과 이자지급 의무가 감면된다는 조건이 붙
은 사채, 그 밖에 대통령령으로 정하는 사채를 발행할 수 있다.

금융증권은 법으로 통한다

2부

정원과 꽃들

: 증권 제도와 증권

FINANCE &
SECURITY LAW

========================= 3장 =========================

주식일까? 사채일까?

- 전환사채 및 신주인수권부사채(CB, BW)

A. 신주인수권 증권

금호HT, 250억 BW 모집에 1.7조 몰려

금호HT(BB0, BBB-스플릿)가 250억원 규모의 **신주인수권부사채(BW)** 일반청약
에서 "초대박"을 쳤다. 첫 시장성 조달에서 1조원이 넘는 자금을 모으며 흥행에 성공
했다. 금호HT는 9일부터 10일까지 양일에 걸쳐 **250억원 규모의 신주인수권부사채
(BW) 발행을 위한 일반 공모청약을 진행했다.** 오는 12일 채권 상장에 이어 신주인
수권 증권은 이달 30일 상장한다. 표면과 만기 이자율은 각각 2%, 3%다. 조기 상
환이 가능한 풋옵션 조항이 포함됐다. 이베스트투자증권이 채권 발행 업무를 맡았다.

2018. 7. 11. 더벨

B. 신주인수권 증서

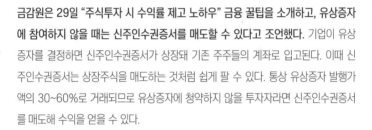

금감원 "유상증자 참여 안할 땐 신주인수권증서 매도하세요"
금감원, 금융 꿀팁 "주식투자 수익률 높이기" 소개

금감원은 29일 "주식투자 시 수익률 제고 노하우" 금융 꿀팁을 소개하고, 유상증자
에 참여하지 않을 때는 신주인수권증서를 매도할 수 있다고 조언했다. 기업이 유상
증자를 결정하면 신주인수권증서가 상장돼 기존 주주들의 계좌로 입고된다. 이때 신
주인수권증서는 상장주식을 매도하는 것처럼 쉽게 팔 수 있다. 통상 유상증자 발행가
액의 30~60%로 거래되므로 유상증자에 청약하지 않을 투자자라면 신주인수권증서
를 매도해 수익을 얻을 수 있다.

2017. 6. 29. 뉴스토마토

1. 채권과 주식의 속성을 혼합한 증권

주식은 기업(주식회사)이 종자돈(자기자본)을 출자받은 것을 증명
하기 위해 발행하는 지분증권이고, 채권은 기업이 차용금(타인자본)
을 받은 것을 증명하기 위해 발행하는 채무증권입니다. 기업은 주식
에 대해서는 상환의무가 없고, 채권은 변제기에 반드시 상환해야 합
니다. 이와 같이 주식과 채권은 둘 다 기업의 자금조달 수단이기는 하
지만 서로 다른 특징을 가진 증권입니다. 이런 주식과 채권의 특징을
혼합하여 양면성을 갖추도록 만든 것이 전환사채와 신주인수권부사

금융증권은 법으로 통한다

채입니다.

전환사채(convertible bond)는 발행 당시에는 사채이지만, 일정한 기간(전환권 행사기간)에 사채권자가 주식으로의 전환권을 행사하면 사채가 주식으로 전환되고 사채의 속성은 소멸되는 채권입니다. 물론, 사채권자가 이러한 전환권을 행사하지 않으면 전환사채는 만기에 본래의 사채로서 상환됩니다.

신주인수권부사채(bond with warrant)는 발행 당시부터 만기 시까지 사채로 존속하지만, 전환사채와는 다르게 사채권자에게 신주에 대한 인수권(신주인수권)을 추가로 부여합니다. 물론, 이 신주인수권은 하나의 옵션이기 때문에 사채권자가 신주인수권을 행사하지 않으면 신주인수 없이 만기에 사채로서만 상환이 됩니다.

물론, 전환사채에 주식으로의 전환권을 부여하고, 신주인수권부사채에 신주인수권을 부여하는 대가로, 이들 채권의 이자율은 일반적인 채권에 비하여 상대적으로 낮게 조정됩니다. 이에 기업은 저렴한 비용으로 자금을 조달할 수 있게 됩니다. 만약, 사채권자가 사채만기까지 전환권을 행사하지 않거나 신주인수권을 행사하지 않고 그대로 계속 사채로만 보유할 경우, 기업은 만기보장수익률이라고 하여 만기까지 사채를 계속 보유할 경우의 이자율을 채권자에게 보장해 주기는 하지만, 그래도 그 이율은 일반 채권에 비하여 상대적으로 낮습니다.

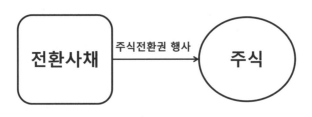

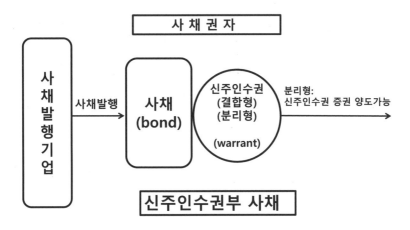

  한편, 이들 특수사채(전환사채, 신주인수권부사채)를 보유한 채권자 입장에서 보면, 이들은 채권자이면서도 언제든지 전환권과 신주인수권을 행사하여 주식을 받을 수 있기 때문에 동시에 주식 투자자로서의 이익을 누릴 수 있기도 합니다. 이와 같이 이들 특수사채는 이를 발행한 기업과 이를 소지한 채권자 모두에게 경제적 이익을 주므로 마치 "누이 좋고 매부 좋은" 결과를 가져다주는 증권입니다.

금융증권은 법으로 통한다

2. 신주인수권부사채의 특징

신주인수권부사채가 전환사채와 다른 점은 전환사채는 사채권자가 주식으로의 전환권을 행사하면 사채는 소멸되고 주식만 남아 있게 되지만, 신주인수권부사채는 처음 발행 시부터 만기 시까지 계속해서 사채로 존속하고 있으며, 단지 사채권자가 신주인수권을 행사하는 것은 추가적인 혜택이라는 점입니다.

신주인수권부사채에서 신주인수권은 "결합형"과 "분리형"이 있습니다. "결합형"은 신주인수권을 사채권 증서에 결합시켜서 사채권 증서와 일체형으로 만든 것이고(결합형 신주인수권), "분리형"은 신주인수권을 사채권 증서에서 분리하여 별도의 증권인 신주인수권 증권으로 만들어 이를 따로 양도할 수 있게 만든 것입니다(분리형 신주인수권 증권. warrant라고 하며 이것이 증권시장에서 유통됨).

따라서 "분리형"은 신주인수권 증권(warrant)을 소지한 자가 신주인수권 행사 기간에 언제든지 신주인수권을 행사할 수 있으므로, 증권시장에서도 그 행사기간 동안 신주인수권 증권이 따로 주식처럼 유통될 수 있습니다(자본시장법 제4조 제4항). 반면에 "결합형"은 신주인수권이 사채권증서에 결합되어 사채권증서와 일체화되어 있고 신주인수권 증권이 따로 없어서 신주인수권만을 별도로 양도할 수 없으므로, 신주인수권을 양도하려면 사채 자체를 양도해야 합니다. 그리고 신주인수권을 행사하려면 사채권 자체를 기업에 제시하여야 신주를 인수받을 수 있습니다.

그런데 기업이 "분리형" 신주인수권부사채를 기관투자가에게 발행하는 경우에, 기관투자가는 신주인수권 증권만을 분리하여 이를 다시 기업의 대주주에게 헐값에 양도하여, 대주주가 자신의 지분율을 높이거나 사실상 무상증여를 받는 것과 같이 우회적인 방법으로 악용하는 사례가 많아서, 자본시장법은 2013년 8월부터 상장법인에 대하여 "분리형" 신주인수권부사채 자체의 발행을 금지시켰습니다. 그 후 2016년부터는 불특정 다수인 일반인을 대상으로 모집된 "공모형" 신주인수권부사채는 그와 같은 악용 가능성이 적다고 보고 "분리형"을 다시 허용하였고, 지금은 특정인을 상대로 발행된 "사모형" 신주인수권부사채의 "분리형"만이 아직도 금지되고 있습니다.

••• 참고 ••

신주인수권 증권(warrant)과 신주인수권 증서(right)의 비교

신주인수권부사채에서의 "신주인수권 증권"(warrant)과 비슷한 용어로 "신주인수권 증서"(right)가 있는데, 이 두 가지는 서로 별개의 개념입니다. "신주인수권 증서"는 기업이 신주인수권부 "사채"가 아니라 일반적인 "신주"를 발행하는 경우(즉, 유상증자 시)에 기존 주주에게 주는 증서입니다. "신주인수권 증서"가 발생하는 과정을 살펴봅시다.

신주 발행 시 기존 주주는 당연히 주주의 자격에서 신주인수권을 갖게 됩니다(기업이 아직 이사회에서 구체적으로 신주발행을 결의하기 전이므로 "추상적 신주인수권"이라고 함). 그런데 이런 "추상적 신주인수권"을 가진 기존 주주가 나중에 이사회의 신주 발행 결의 후에 실제로 기업에 대해 신주 발행을 청구하면(이사회의 신주 발행 결의가 있고, 기존 주주가 구체적으로 기업을 상대로 신주 발행을 청구할 수 있으므로 "구체적 신주인수권"이라 함), 기존 주주는 장차 신주인수 대금을 마련해야 하는 경제적 부담이 발생합니다.

그런데 이런 경제적 부담 때문에 기존 주주가 신주인수를 포기하면 신주인수를 포기하지 않은 다른 주주들의 지분율이 상대적으로 올라가므로, 기존 주주는 신주인수를 포기할 수도 없는 진퇴양난의 상황이 발생합니다.
이에 상법은 신주 발행 시 발생하는 기존 주주의 위와 같은 진퇴양난의 상황을 해결하는 방안으로, 이사회 결의로 신주인수권을 제3자에게 양도하는 것을 허용하게 하여, 신주인수 포기자가 신주인수권의 양도에 의해 신주의 발행가와 시가의 차액을 얻을 수 있도록 배려하고 있습니다.

이와 같이 이사회 결의로 신주인수권의 제3자 양도를 허용하면, 이사회 결의일부터 신주 청약일까지 2주 동안 기존 주주는 신주인수권 증서(right)에 의해 신주인수권(구체적 신주인수권)을 제3자에게 양도할 수 있습니다(상법 제420조의2 제1항에 의해 신주인수권 증서는 신주청약일 2주간 전에 발행해야 합니다).
다시 말하면, 신주인수권 증서(right)는 이런 구체적 신주인수권을 증서로 만든 것이며 이 증서는 유가증권으로서 증권시장에서 거래되는데, 거래기간은 신주인수권부 "사채"에서의 신주인수권 증권(warrant)이 신주인수권 행사기간 동안 언제든지 유통되는 것과는 다르게 단지 2주간의 단기 동안만 가능합니다.

3. 전환사채와 신주인수권부사채는 누가 인수하나?

이와 같이 전환사채와 신주인수권부사채는 주식으로 전환되거나 신주를 인수할 권리를 부여하고, 이에 의해 새로운 주식이 추가로 발행될 수도 있기 때문에 무턱대고 아무에게나 이들 특수사채를 발행해 줄 수 없습니다. 즉, 만약 기존 주주가 아닌 제3자가 이들 사채를 가지고 있다가 전환권이나 신주인수권을 행사하면, 기존 주주 입장에서는 새로운 주식이 추가로 생기게 되어 기업의 총 발행주식수가 늘어나게 되므로 기존 주주의 원래 지분율이 그만큼 감소되는 피해가 발생합니다(지분희석이라고 합니다).

이에 상법은 기업이 전환사채를 기존 주주가 아닌 제3자에게 발행할 경우에는 정관이나 주주총회의 특별결의에 의하도록 하고 있습니다(상법 제513조 제4항). 그리고 설사 정관이나 주총특별결의가 있다 하더라도, 반드시 신기술의 도입, 재무구조의 개선 등 회사의 경영상 목적을 달성하기 위해 필요한 경우에 한정됩니다(상법 제513조 제3항 후단, 상법제418조 제2항). 신주인수권부사채도 전환사채와 마찬가지입니다.

결론적으로, 이들 특수사채는 원칙적으로 기존 주주에게 발행하여야 하고, 위 상법이 정한 예외적인 사유가 있는 경우에만 제3자에게 발행할 수 있습니다. (그런데 특히 "분리형" 신주인수권부사채는 신주인수권부 증권(warrant)을 사채와 따로 분리 발행하여 신주인수권부 증권을 제3자에게 유통할 수 있도록 하는 것이므로, 분리형 신주인수권부사채를 발행하는 경우는 사실상 이러한 양도 제한이 없는 것과 마찬가지의 결과가 발생합니다.)

4. 전환사채와 신주인수권부사채를 악용하는 경우

이와 같이 주식과 사채의 양면성을 가진 특수사채인 전환사채와 신주인수권부사채는 그 태생적 속성 때문에 여러 가지로 악용되는 일이 많습니다. 즉, 기업에서 주주 간 지분율 경쟁에 의해 기업 경영권에 다툼이 있을 때에, 전환사채와 신주인수권부사채를 경영권 방어자에게 우호적인 제3자에게 배정하면, 제3자가 전환권이나 신주인수권을 행사하여 경영권 방어자에게 우호적인 지분을 올리는 방법으로 경영권을 방어하는 경우가 많았습니다(이들 사채를 기존 주주에게 배정하면 주주 간의 지분율에 변동이 없으므로 보통은 제3자에게 배정함).

우리나라의 IMF 위기 이전에 종금사의 경영권 다툼에서 실제 그러한 사례가 발생하였으나, 현재는 상법에서 제3자 배정을 할 수 있는 사유를 신기술 도입 등의 경영상 목적에 한정하였고, 단순한 경영권 방어 목적의 제3자 배정은 이러한 정당한 목적으로 인정되지 않고 있습니다. 그럼에도 불구하고 여러 가지 편법으로 이들 특수사채를 악용하는 사례가 아직도 발생하고 있습니다.

예를 들면, 재벌그룹인 S그룹의 사실상 지주회사 격인 A기업이 전환사채를 저가로 발행하여 기존 주주인 계열사에게 배정하는 형식을 취하기는 했으나, 실제적으로는 기존 주주들이 전환사채 인수를 포기하여 실권되게 하고, 대신에 대주주의 아들이 이를 저가로 인수한 후 나중에 주식 전환권을 행사하여 최대주주가 되게 함으로써, 사실상 S그룹의 지주회사의 지배권을 아들에게 넘기는 편법증여의 사례가 발생하여 사회적인 문제가 되기도 하였습니다.

최근에는 H그룹의 소속기업도 전환사채를 이용하여 S그룹과 비슷한 거래를 하여 문제가 되고 있습니다. 즉, H그룹의 소속 기업(X)이 2015년에 "무보증 사모 전환사채"를 제3자에게 발행하였는데, 발행조건에는 일정 기간 후 X기업이 전환사채를 제3자로부터 다시 매수하여 전환사채를 상환한다는 콜옵션 조건이 있었습니다. 이에 따라 실제로 전환사채 발행 1년 후에 X기업이 콜옵션을 행사하여 이 전환사채를 제3자로부터 다시 매입하였습니다. 문제는 같은 날에 동 기업이 전환사채를 상환처리 하지 않고 H그룹의 지배주주인 회장과 계열사에게 위 전환사채를 인수할 수 있는 권리(콜옵션)를 새로 부여하고, 대신에 위 X기업은 그에 대한 일정한 대가(프리미엄)를 받기로 하는 계약을 체결하였습니다.

이와 같은 전환사채 인수계약에 따라, 당시 2대 주주와 경영권 분쟁을 겪고 있던 H그룹의 지배주주인 회장은 장차 전환사채를 인수한 후 주식전환권을 행사하여 자신의 지분율을 올릴 수 있는 가능성이 더 높아졌습니다. 위 H그룹의 사례도 S그룹처럼 주식전환권이 있

금융증권은 법으로 통한다

는 전환사채를 이용하여 지분율을 올림으로써 기존 경영권을 방어하는 수단으로 삼고 있다는 점에서는 동일한 예라고 볼 수 있습니다(S그룹이나 H그룹 모두 전환사채를 일단 제3자에게 발행한 후 제3자의 실권이나 콜옵션 계약을 통해 이를 다시 그룹 후계자나 지배주주에게 배정하여 지분율을 올리는 우회적인 방법을 동원하는 점에서는 동일함).

5. 투자자들이 전환사채와 신주인수권부사채를 주의해야 할 점

위에서 본 바와 같이 전환사채와 신주인수권부사채는 주식전환권과 관련하여 여러 가지 편법이 사용되고 있고, 이런 점은 대기업이나 중소기업 모두 마찬가지이므로, 이들 특수사채에 투자하는 일반 투자자는 세심한 주의를 할 필요가 있습니다. 특히, 전환사채의 경우 발행기업이 우량기업이 아니라 코스닥 시장의 부실기업인 경우 더 주의해야 합니다. 사모 전환사채 발행기업이 일반 투자자의 보호보다는 전환사채를 인수한 특정의 인수자의 이익만을 보장하려고 하는 경우가 많기 때문입니다.

예를 들어, 단기투자를 목적으로 하는 외국의 헤지펀드(Hedge Fund)들이 코스닥 기업들의 전환사채를 사모 방식으로 인수하는 경우에 일반 투자자들은 유의해야 합니다. 즉, 헤지펀드들은 사모전환사채 인수 시에 동 채권의 가격하락 위험을 헤지(상쇄)하는 방법으로 인수일에 발행기업의 주식을 임차하는 계약을 체결합니다. 헤지펀드는 주식 임차계약을 체결하여 주식을 빌려오자마자 곧장 동 주식을 시장에 매각합니다. 물론 임차기간이 끝나면 헤지펀드는 빌려온 주식을 갚기 위해 주식을 시장에서 다시 매입하여야 합니다.

이제 헤지펀드는 주식의 가격변동에 대하여 중립적인 위치가 됩니다. 즉, 전환사채 거래에서는 헤지펀드는 주식가격이 상승하면 전환사채의 전환권을 행사해서 주식을 정해진 낮은 행사가격에 인수한 후 높게 상승한 가격으로 주식을 매각하여 매매익을 얻을 수 있습니다.

반면에 주식 임차거래에서는 상승한 가격으로 주식을 사서 기업에 주식을 다시 반환해야 하므로 상승한 만큼 손실이 발생합니다(주식가격이 하락 시에는 반대 현상이 발생함). 즉, 헤지펀드는 주가 상승 시 전환사채거래에서 매매익을 얻고, 주식임차거래에서는 매매손이 발생하고, 주가 하락 시에는 전환사채거래에서 매매손이 발행하고 주식 임차거래에서는 매매익을 얻으므로, 종합하면 주식가격의 상승·하락과 관계없이 항상 손익이 전환사채 인수 당시의 가격으로 고정됩니다.

이와 같이 헤지펀드가 주식 임차거래를 하면서 헤지거래를 위해 주식을 시장에 매각하게 되면 주가가 하락할 수밖에 없습니다. 하지만 이런 헤지펀드들의 헤지거래를 모르는 선량한 일반 투자자가 이런 주가 하락 가능성도 모르고 주식을 매수하는 경우, 그 손해는 고스란히 일반 투자자에게 돌아가게 됩니다. 이처럼 기업이 전환사채를 발행할 때는 발행기업이 특정의 사모투자자의 이익을 보장하기 위하여 암묵적인 계약을 하는 경우가 많이 있으므로, 일반 투자자들은 특히 주의해야 합니다.

6. 맺음말

위에서 본 바와 같이, 전환사채와 신주인수권부사채는 사채와 주식의 양면성을 혼합한 증권으로 기업들에게 유용한 자본조달 수단이 되기는 하지만, 주식 전환권과 관련하여 변칙적으로 사용될 가능성이 항상 존재합니다. 이 경우 기존 경영권 방어자와 공격자 간 또는 발행기업과 일반 투자자 간에 분쟁이 발생할 가능성도 상존하므로 주의해야 합니다.

판례

A. 전환사채의 가장납입과 업무상배임죄

대법원 2015. 12. 10. 선고 2012도235 판결[특정경제범죄가중처벌등에 관한법률위반(배임)]〈전환사채 발행 업무상배임 사건〉

전환사채는 발행 당시에는 사채의 성질을 갖는 것으로서 사채권자가 전환권을 행사한 때에 비로소 주식으로 전환된다. 전환사채의 발행업무를 담당하는 사람과 전환사채 인수인이 사전 공모하여 제3자에게서 전환사채 인수대금에 해당하는 금액을 차용하여 전환사채 인수대금을 납입하고 전환사채 발행절차를 마친 직후 인출하여 차용금채무의 변제에 사용하는 등 실질적으로 전환사채 인수대금이 납입되지 않았음에도 전환사채를 발행한 경우에, 전환사채의 발행이 주식 발행의 목적을 달성하기 위한 수단으로 이루어졌고 실제로 목적대로 곧 전환권이 행사되어 주식이 발행됨에 따라 실질적으로 신주인수대금의 납입을 가장하는 편법에 불과하다고 평가될 수 있는 등의 특별한 사정이 없는 한, 전환사채의 발행 업무를 담당하는 사람은 회사에 대하여 전환사채 인수대금이 모두 납입되어 실질적으로 회사에 귀속되도록 조치할 업무상의 임무를 위반하여, 전환사채 인수인이 인수대금을 납입하지 않고서도 전환사채를 취득하게 하여 인수대금 상당의 이득을 얻게 하고, 회사가 사채상환의무를 부담하면서도 그에 상응하여 취득하여야 할 인수대금 상당의 금전을 취득하지 못하게 하여 같은 금액 상당의 손해를 입게 하였으므로, 업무상배임죄의 죄책을 진다. 그리고 그 후 전환사채의 인수인이 전환사채를 처분하여 대금 중 일부를 회사에 입금하였거나 또는 사채로 보유하는 이익과 주식으로 전환할 경우의 이익을 비교하여 전환권을 행사함으로써 전환사채를 주식으로 전환하였더라도, 이러한 사후적인 사정은 이미 성립된 업무상배임죄에 영향을 주지 못한다.

📑 해설

A: 전환사채 발행회사, Y: 피고인(A회사의 실질적 경영자), B: 전환사채 발행 주간사, C: Y에게 자금을 대여한 자, D: Y가 실질적으로 경영하는 또 다른 회사

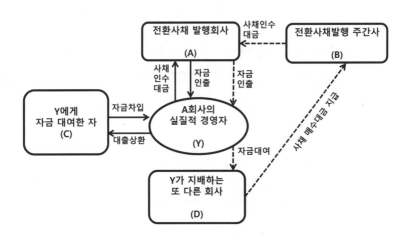

A사의 실질적 경영자인 Y(피고인)는 A회사의 대표이사와 공모하여, A회사의 해외전환사채 8백만 달러의 발행을 추진하면서 4백만

달러(1차 전환사채)에 해당하는 전환사채는 Y(피고인)가 제3자인 C로부터 빌린 돈으로 인수하고, 나머지 4백만 달러(2차 전환사채)는 일단 주간사인 B가 인수하되 Y(피고인)가 그 인수대금을 이용하여 B로부터 재매수하기로 계획하였습니다.

Y(피고인)는 위 계획대로 진행하여 C로부터 빌린 돈으로 1차 전환사채 4백만 달러를 인수한 후, A회사에 입금된 그 인수대금을 당일 다시 인출하여 C로부터의 차용금을 갚는 데 사용하였습니다. 또한, Y(피고인)는 B(주간사)가 인수한 나머지 2차 전환사채 4백만 달러에 대하여도 A회사에 입금된 인수대금을 이용하여 D회사로 하여금 B(주간사)로부터 재매수하게 하였습니다.

4개월 후, Y(피고인)는 자신이 인수한 1차, 2차 전환사채를 매각한 돈으로 일부는 A회사에 입금하였고, 나머지 일부는 개인적으로 사용하였습니다.

대법원은 Y(피고인)의 위와 같은 전환사채 가장납입행위는 A회사에 대한 관계에서 업무상배임죄(여기서는 손해액이 5억원 이상이므로 특정경제범죄가중처벌법위반죄)가 성립한다고 판시하여 Y(피고인)의 유죄를 인정하였습니다.

⋯ 참고 ⋯⋯⋯⋯⋯⋯⋯⋯⋯⋯⋯⋯⋯⋯⋯⋯⋯⋯⋯⋯⋯

대법원은 "주식" 가장납입은 상법 제628조에 규정한 주식가장납입죄를 인정하지만, "전환사채" 가장납입은 발행 당시에는 주식이 아니라 사채이고 전환권 행사 여부도 불확정적이므로 상법 제628조에 규정한 주식가장납입죄의 성립을 인정하지 않고 있으며, 대신에 업무상 배임죄의 성립은 인정하고 있습니다.

금융증권은 법으로 통한다

B. 신주인수권의 가치와 신주인수권 증서의 양도

대법원 1994. 12. 22. 선고 93누22333 판결[법인세등부과처분취소]

갑 회사의 주주인 을 회사가 **신주인수권을 배정받아 신주인수권 증서 교부의 방법으로 병 회사에게 양도할 무렵**, 정 회사와 무 회사도 그들에게 배정된 갑 회사의 신주인수권을 양도한 사실이 있으나, 정·무 회사는 모두 같은 그룹에 속하여 있는 계열기업들로서, 그 양도대금과 양도일자가 모두 동일하고, 그 양도계약서의 양식 역시 동일할 뿐만 아니라, 거래상대방인 양수인도 모두 같은 그룹에 속해 있는 계열기업들이거나 임원들이라면, 이러한 점들에 비추어 보아 정 회사와 무 회사의 위와 같은 거래 역시 일반적이고 정상적인 것으로는 보이지 아니하므로, **갑 회사의 신주인수권에 대하여 객관적 교환가치를 적정하게 반영하였다고 인정되는 거래의 실례가 있었다고도 볼 수 없다고 한 사례.**

(이 사건 신주인수권은 그 주식청약일이 1989. 3. 29.까지 청약하지 아니하면 실권되는 관계로 그 양도기간이 매우 제한되어 있었을 뿐만 아니라, 신주인수권증서의 양도제도가 상법에 신설된 1984. 9. 1.부터 지금까지 한국증권거래소의 시장에서 조차 신주인수권에 대한 매매거래가 전혀 이루어진 바가 없을 정도로 국내에서는 유통시장이 제대로 형성되어 있지 아니하였다.)

≣⑦ 해설

A: 신주발행회사, X: A의 주주회사(원고), B: A의 계열사, C: A의 또 다른 계열사, Y: 세무서장(피고)

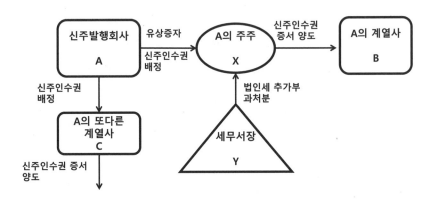

A회사가 유상증자를 결의하자 그 주주인 X(원고회사)는 신주인수권을 배정받았고, 그 배정받은 신주인수권을 신주인수권 증서 교부의 방법으로 B에게 양도하였습니다. 이후 X(원고회사)가 그 양도금액을 익금에 산입하여 법인세를 납부하였는데, 이에 대해 Y세무서장(피고)은 위 양도가액이 과소하다고 보고, 당시 시행되던 법인세법과 상속세법 등의 규정을 준용하여 계산한 정상가액과 양도가액의 차액에 대하여 추가로 법인세 부과처분을 하였습니다. 이에 X(원고회사)가 Y세무서장(피고)을 상대로 법인세부과처분 취소소송을 제기하였습니다.

대법원은 X(원고회사)가 신주인수권을 B에게 양도한 1주당 가액은 A회사의 다른 계열사 C가 예전에 A회사로부터 배정받았던 신주인수권을 양도한 1주당 가액과 동일한 금액이지만 이는 같은 계열사의 거래사례로서 객관적인 교환가치를 반영한다고 볼 수 없고, 따라서 Y세무서장(피고)이 법인세법 등을 준용하여 정당한 시가를 산정하여 법인세를 부과한 것은 타당하다고 보아 X(원고회사)가 패소하였습니다.

C. 신주인수권 증권의 매수권유 행위

대법원 2006. 11. 23. 선고 2004다62955 판결[손해배상(기)]
장외시장에서 워런트(warrant, 주식회사가 신주인수권부사채를 발행하면서 사채권과 별도로 신주인수권을 양도할 수 있도록 분리하여 발행한 신주인수권 증권)를 직접 매도하거나 그 매매를 소개하면서, 워런트의 매수를 적극적으로 권유하고 워런트의 구입가격을 말하지 않은 채 다소 과장되거나 일부 허위의 사실이 포함된 표현을 썼다고 하더라도, 그 매수권유행위가 불법행위는 아니라고 본 사례

🗒 해설

A: 신주인수권부사채 발행회사, X: 신주인수권부 증권(warrant)을 피고로부터 매수한 자(원고), Y: 신주인수권부 증권(warrant)을 원고(X)에게 매도한 자(피고)

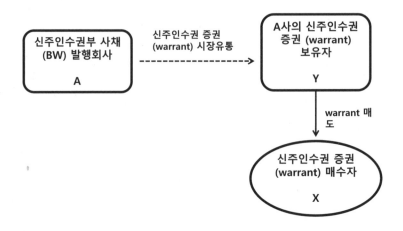

　Y(피고)는 A회사가 발행한 신주인수권부사채의 신주인수권 증권 (warrant)를 보유하고 있던 중 주식투자의 경험이 전혀 없는 X(원고) 에게 동 warrant를 매도하였습니다. 그런데 Y(피고)는 X(원고)에게 warrant의 매수를 권유할 때 "친척이 증권회사의 고위 직원이라서 확실한 정보이다, 원금을 보장한다"는 등 다소 과장되거나 일부 허위 의 사실이 포함된 표현을 사용하였습니다. 이후 X(원고)가 warrant 투자손실을 보자 Y(피고)의 권유행위에 대해 불법행위를 원인으로 손 해배상청구소송을 제기하였습니다.

　대법원은 위험성 있는 증권투자의 본질상 투자자에게 책임이 있 다고 전제하고, 설사 Y(피고)가 X(원고)에게 이 사건 warrant를 구 입한 가격을 말하지 않은 채 그 시가를 다소 과장되게 말하였다고 하 더라도 그와 같은 사정만으로는 Y(피고)가 X(원고)의 매수의사결정에 불법적인 간섭을 하였다고 볼 수 없고, 특히 이 사건과 같이 증권회사

　　　　　　　　　　　　금융증권은 법으로 통한다

창구를 통하지 않고 장외시장에서 당사자 간에 직접 거래한 경우에는 증권회사의 고객보호의무에 비하여 보호의무가 더 경감된다고 판시하여 X(원고)가 패소하였습니다.

D. 신주인수권부사채의 발행절차와 신주인수권 증권

대법원 2017. 1. 25. 선고 2015두3270 판결[증여세부과처분취소]

갑 주식회사의 최대주주이자 대표이사인 을이 갑 회사가 다른 회사에 발행한 전환사채를 약정에 따른 조기상환권을 행사하여 양수한 후 전환권을 행사하여 수령한 우선주를 보통주로 전환 · 취득하자, 과세관청이 을이 보통주 중 을의 소유주식비율을 초과하여 인수 · 취득한 부분에 대하여 당시 주가와 전환가액의 차액 상당을 증여받았다는 이유로 증여세 부과처분을 한 사안에서, 전환사채의 발행부터 을의 조기상환권 및 전환권 행사에 따른 갑 회사 신주취득까지 시간적 간격이 있는 일련의 행위들이 별다른 사업상 목적이 없이 증여세를 부당하게 회피하거나 감소시키기 위하여 비정상적으로 이루어진 행위로서 실질이 을에게 소유주식비율을 초과하여 신주를 저가로 인수하도록 하여 시가와 전환가액의 차액 상당을 증여한 것과 동일한 연속된 하나의 행위 또는 거래라고 단정하기는 어려우므로, 구 상속세 및 증여세법(2010. 1. 1. 법률 제9916호로 개정되기 전의 것) 제2조 제4항을 적용하여 증여세를 과세할 수는 없는데도 이와 달리 본 원심판결에 잘못이 있다고 한 사례.

○○○회사는 2008. 4. 8. 운영자금을 조달하기 위해 주식회사 △△
은행과 **권면총액 50억원, 만기일 2011. 4. 8., 사채 이율 연 7.4%, 신
주인수권 행사가액 4,110원(액면 500원), 신주인수권행사 청구기간
2009. 4. 8.부터 2011. 3. 8.까지로 하는 내용의 사모신주인수권부사
채(분리형) 인수계약을 체결하고,** 같은 날 △△은행에 권면총액 50억
원의 제2회 무기명 무보증 분리형 국내사모 신주인수권부사채(이하
"이 사건 제2신주인수권부사채"라 한다)를 발행하였다.

원고는 2008. 4. 8. △△은행으로부터 이 사건 제2신주인수권부사채
로부터 **분리된 신주인수권증권(이하 "이 사건 제2신주인수권증권"이
라 한다)** 중 50%(권면총액 25억원)를 75,000,000원에 양수하였고,
2010. 4. 20.에는 이 사건 제2신주인수권증권을 행사(1주당 행사가
격 2,877원)하여 ○○○회사의의 보통주 869,960주를 취득하였다.

📑 해설

A: 사모 신주인수권부사채 발행회사, B: 사모 신주인수권사채 인수회사,

X: A회사의 최대주주이자 대표이사(원고), Y: 세무서장(피고)

A회사는 사모 신주인수권부사채(분리형)를 발행하면 이를 B회사
가 인수하되, B회사는 분리된 신주인수권 증권을 A회사의 대주주인
X(원고)에게 매각할 수 있는 권리를 갖는 것으로 B회사와 계약을 하
였습니다. 이후 동 사채가 발행되어 B회사에 인수되자, X(원고)는 약

금융증권은 법으로 통한다

속대로 B회사로부터 신주인수권부 증권을 매수하였고 나중에 A회사를 상대로 그 신주인수권을 행사하여 A회사 주식을 취득하였습니다. 이에 Y세무서장(피고)은 X(원고)가 그 소유주식비율을 초과하여 인수·취득한 부분에 대하여 당시 주가 22,000원과 행사가격 2,877원의 차액 상당을 증여받았다는 이유로 증여세부과처분을 하였고, 이에 X(원고)가 그 취소소송을 제기하였습니다.

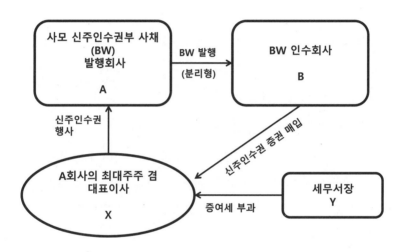

대법원은 A회사가 당시 자금 사정이 악화되어 운영자금 조달이 필요하였는데 금융기관으로부터 대출을 받지 못하게 된 상황에서, 사채에서 분리된 신주인수권 증권을 매입할 상대방을 A회사가 찾아 주는 조건으로 B회사가 동 신주인수권부사채를 인수하겠다고 하기 때문에, A회사의 대주주이자 대표이사인 X(원고)가 불가피하게 신주인수권 증권을 B회사로부터 매수하게 된 경위를 감안하여, A회사와

X(원고)에게는 증여세를 회피하기 위한 부당한 거래를 한 것이 아니라고 판시하여 X(원고)가 승소하였습니다.

 법령

• 상법

A. 전환사채

제513조(**전환사채의 발행**)

① 회사는 전환사채를 발행할 수 있다.

② 제1항의 경우에 다음의 사항으로서 정관에 규정이 없는 것은 이사회가 이를 결정한다. 그러나 정관으로 주주총회에서 이를 결정하기로 정한 경우에는 그러하지 아니하다.

  1. 전환사채의 총액

  2. 전환의 조건

  3. 전환으로 인하여 발행할 주식의 내용

  4. 전환을 청구할 수 있는 기간

  5. 주주에게 전환사채의 인수권을 준다는 뜻과 인수권의 목적인 전환사채의 액

  6. 주주외의 자에게 전환사채를 발행하는 것과 이에 대하여 발행할 전환사채의 액

제513조의2(전환사채의 인수권을 가진 주주의 권리)

① **전환사채의 인수권을 가진 주주는 그가 가진 주식의 수에 따라서 전환사채의 배정을 받을 권리가 있다.** 그러나 각 전환사채의 금액 중 최저액에 미달하는 단수에 대하여는 그러하지 아니하다.

제515조(전환의 청구)

① 전환을 청구하는 자는 청구서 2통에 채권을 첨부하여 회사에 제출하여야 한다. 다만, 제478조제3항에 따라 채권(債券)을 발행하는 대신 전자등록기관의 전자등록부에 채권(債權)을 등록한 경우에는 그 채권을 증명할 수 있는 자료를 첨부하여 회사에 제출하여야 한다.

B. 신주인수권부사채

제516조의2(신주인수권부사채의 발행)

① 회사는 신주인수권부사채를 발행할 수 있다.

② 제1항의 경우에 다음의 사항으로서 정관에 규정이 없는 것은 이사회가 이를 결정한다. 그러나 정관으로 주주총회에서 이를 결정하도록 정한 경우에는 그러하지 아니하다.

　1. 신주인수권부사채의 총액

　2. 각 신주인수권부사채에 부여된 신주인수권의 내용

　3. 신주인수권을 행사할 수 있는 기간

　4. **신주인수권만을 양도할 수 있는 것에 관한 사항**

　5. 신주인수권을 행사하려는 자의 청구가 있는 때에는 신주인수권

부사채의 상환에 갈음하여 그 발행가액으로 제516조의9제1항의 납입이 있는 것으로 본다는 뜻

7. 주주에게 신주인수권부사채의 인수권을 준다는 뜻과 인수권의 목적인 신주인수권부사채의 액

8. 주주외의 자에게 신주인수권부사채를 발행하는 것과 이에 대하여 발행할 신주인수권부사채의 액

③ 각 신주인수권부사채에 부여된 신주인수권의 행사로 인하여 발행할 주식의 발행가액의 합계액은 각 신주인수권부사채의 금액을 초과할 수 없다.

제516조의5(신주인수권증권의 발행)

① 제516조의2제2항제4호에 규정한 사항을 정한 경우에는 회사는 채권과 함께 신주인수권증권을 발행하여야 한다.

② 신주인수권증권에는 다음의 사항과 번호를 기재하고 이사가 기명날인 또는 서명하여야 한다.

제516조의6(신주인수권의 양도)

① **신주인수권증권이 발행된 경우에 신주인수권의 양도는 신주인수권증권의 교부에 의하여서만 이를 행한다.**

제516조의9(신주인수권의 행사)

① 신주인수권을 행사하려는 자는 청구서 2통을 회사에 제출하고, 신

주의 발행가액의 전액을 납입하여야 한다.

② 제1항의 규정에 의하여 청구서를 제출하는 경우에 **신주인수권증권이 발행된 때에는 신주인수권증권을 첨부하고, 이를 발행하지 아니한 때에는 채권을 제시하여야 한다.** 다만, 제478조제3항 또는 제516조의7에 따라 채권(債券)이나 신주인수권증권을 발행하는 대신 전자등록기관의 전자등록부에 채권(債權)이나 신주인수권을 등록한 경우에는 그 채권이나 신주인수권을 증명할 수 있는 자료를 첨부하여 회사에 제출하여야 한다.

제516조의10(주주가 되는 시기)

제516조의9제1항에 따라 **신주인수권을 행사한 자는 동항의 납입을 한 때에 주주가 된다.**

C. 신주인수권 증서

제416조(발행사항의 결정)

회사가 그 성립 후에 주식을 발행하는 경우에는 다음의 사항으로서 정관에 규정이 없는 것은 이사회가 결정한다. 다만, 이 법에 다른 규정이 있거나 정관으로 주주총회에서 결정하기로 정한 경우에는 그러하지 아니하다.

  3. 신주의 인수방법

  5. 주주가 가지는 신주인수권을 양도할 수 있는 것에 관한 사항

  6. 주주의 청구가 있는 때에만 신주인수권증서를 발행한다는 것과

그 청구기간

제418조(신주인수권의 내용 및 배정일의 지정 · 공고)

① 주주는 그가 가진 주식 수에 따라서 신주의 배정을 받을 권리가
있다.

② 회사는 제1항의 규정에 불구하고 정관에 정하는 바에 따라 주주 외
의 자에게 신주를 배정할 수 있다. 다만, 이 경우에는 신기술의 도
입, 재무구조의 개선 등 회사의 경영상 목적을 달성하기 위하여 필
요한 경우에 한한다.

③ 회사는 일정한 날을 정하여 그 날에 주주명부에 기재된 주주가 제
1항의 권리를 가진다는 뜻과 신주인수권을 양도할 수 있을 경우에
는 그 뜻을 그 날의 2주간 전에 공고하여야 한다. 그러나 그 날이
제354조제1항의 기간 중인 때에는 그 기간의 초일의 2주간 전에
이를 공고하여야 한다.〈신설 1984. 4. 10.〉

제420조의2(신주인수권증서의 발행)

① 제416조제5호에 규정한 사항을 정한 경우에 회사는 동조 제6호의
정함이 있는 때는 그 정함에 따라, 그 정함이 없는 때에는 제419조
제1항의 기일의 2주간 전에 신주인수권증서를 발행하여야 한다.

② 신주인수권증서에는 다음 사항과 번호를 기재하고 이사가 기명날
인 또는 서명하여야 한다.
1. 신주인수권증서라는 뜻의 표시

2. 제420조에 규정한 사항

3. 신주인수권의 목적인 주식의 종류와 수

4. 일정기일까지 주식의 청약을 하지 아니할 때에는 그 권리를 잃
   는다는 뜻

제420조의3(신주인수권의 양도) ① 신주인수권의 양도는 신주인수권
증서의 교부에 의하여서만 이를 행한다.

4장

자기가 발행한 주식을 되사면 어떻게 될까?

- 자사주(Treasury Stock)

"롯데지주 현 주가는 저평가", 자사주 소각하면 기업가치 높아져

롯데지주가 자사주를 소각하는 등 주주 친화정책을 펴면서 주가가 오를 것으로 예상됐다. 하이투자증권 연구원은 **"롯데지주는 자사주가 매우 많은 상황이므로 일부 자사주를 소각할 가능성이 있는데** 이렇게 되면 주가가 오를 수 있을 것"이라고 내다봤다. 롯데지주는 2018년 상반기 말 기준으로 자사주를 39.3% 보유하고 있다. **지주사 출범 및 순환출자 해소 등 지배구조 개편 과정에서 자사주가 다른 기업들보다 훨씬 많은 수준이 됐다.**

2018. 9. 17. 비즈니스포스트

1. 자사주란 무엇인가?

종자돈(자본)을 마련하기 위해 주식을 발행한 기업(주식회사)이 자신이 발행했던 그 주식을 다시 기업이 되사는 경우, 그 주식을 "자기주식"(약칭하여 자사주)(treasury stock)이라고 합니다. 그런데 주식과 비슷한 유가증권의 하나인 채권은 기업이 발행한 차용증서로, 기업이 자신이 발행한 채권을 되산다는 것은 단순히 차용증을 회수하는 의미입니다. 이는 당연히 기업이 차용금을 상환한다는 것 이상의 특별한 문제가 발생하지 않습니다.

그러나 주식은 단순한 차용증과는 달리, 기업에 종자돈(자본)을 제공한 주주의 지위를 증명해 주는 것으로, 이를 기업이 다시 되산다는 것은 단순한 차용금 상환과는 그 의미가 완전히 다릅니다. 즉, 주식을 발행한 기업이 다시 자기의 주식을 되사오는 경우에는, 주식은 주주의 지위를 증명하는 증서이기 때문에 자기가 자신의 주인이라는 순환론적인 모순이 발생합니다.

왜냐하면 기업이 종자돈을 마련하기 위해 주식을 발행하여 주주를 모집하는 경우, 주식을 발행한 당사자인 기업과 그 기업에 자본을 제공한 주주는 서로 다른 별개의 독립체라는 것은 당연한 전제입니다. 하지만 기업이 자사주를 되사오는 경우에는 이런 전제가 무너지고, 자사주에 의해서 자기가 자기에 대한 주인이라는 사실을 증명하는 이상한 상황이 발생하기 때문입니다.

자사주는 이런 근본적인 문제점 이외에도, 재무적인 측면에서 살펴보면, 기업이 대가를 주고 유상으로 자사주를 취득하는 것은 기존 주주(x)가 기업에 제공했던 출자금을 기업이 다시 기존 주주(x)에게 되돌려 주었다는 것을 의미합니다(출자금의 환급). 이런 출자금의 환급이 일어나면, 당연히 그 기업은 주식모집에 의해 마련했던 자본금이 자사주만큼 감소합니다. 즉, 기업은 자사주 취득액만큼 자본이 감소하여 상법의 원칙인 기업의 자본충실 원칙이 침해를 입게 됩니다. 그러므로 자사주의 취득은 채권의 취득과는 달리 일정한 요건하에서만 가능합니다.

2. 어느 경우에 자사주를 취득할 수 있나?

위에서 본 바와 같이, 자사주에서 기존 주주에게 대가를 주고 취득하는 유상취득의 경우에는, 기존 주주에 대한 출자금의 환급과 이로 인한 기업 재무상태의 자본충실이 저해되는 결과를 가져오기 때문에 그 취득을 엄격하게 제한해 왔습니다. 그런데 IMF 사태 이후 기업에 대한 적대적 M&A가 많아짐에 따라, 자사주를 취득하여 기업의 경영권을 방어해야 할 필요성과 주식시장에서 기업의 주가를 적정수준으로 관리해야 할 필요성이 대두되었습니다. 이에 구 증권거래법에서 상장법인의 경우 이익배당 한도 내에서 자사주의 취득을 원칙적으로 허용하였고, 2009년 새로 제정된 자본시장법에서도 이는 동일하게 유지되고 있습니다.

이와 같이 상장법인에 대하여 이익배당 한도 내에서의 자사주 취득을 허용하는 것은 자본시장법이 먼저 규정하였는데, 2011년 상법 개정 시에 이를 상법에도 도입하여(상법 제341조), 현재는 상장법인, 비상장법인 불문하고 모두 이익배당 가능 한도 내에서 자사주 취득이 가능하게 되었습니다.

(1) 이익배당 한도 내에서의 자사주 취득

기업은 이익배당한도(자본총액 중 자본금, 자본준비금과 이익준비금 등을 공제한 나머지 금액)내에서 해당기업의 명의와 계산으로 자사주를 취득할 수 있습니다.

어차피 기업이 기존 주주에게 이익배당을 해 주는 것이나, 아니면 이익배당 대신에 그 금액을 기존 주주에게 주고 기업이 자사주를 취득하는 것이나, 이익배당 한도를 준수한다면 기업의 경제적인 이익 면에서는 마찬가지이기 때문에 위와 같이 허용한 것입니다. 만약, 이러한 이익배당 가능 한도액이 없는데도 불구하고 위 규정을 위반하여 기업이 자사주를 매입하면, 이사는 연대하여 그 위반한 금액만큼 기업에 대하여 손해배상책임을 부담합니다.

다만, 자사주의 취득 방법과 관련하여, 특정 주주로부터의 고가 매수로 인한 주주평등원칙 침해를 방지하기 위하여, 증권시장을 통한 공개경쟁에 의한 장내매수 방식이나, 자본시장법에 규정한 공개매수 방식(장외에서 불특정 다수인으로부터 주식을 매수하는 것), 아니면 모든 주주에 대한 통지방식에 의하는 것으로 제한하고 있습니다(자본시장법 제165조의3)(상법 제341조).

(2) 특정 목적에 의한 자사주 취득

한편, 설사 기업이 이익배당 가능 한도액이 없다 하더라도, 기업 운영과정에서 자사주의 취득이 불가피한 상황이 발생할 수 있습니다. 이런 특별한 경우에도 자사주 취득이 허용됩니다. 상법에서는 합병이나 영업전부의 양수가 있는 경우, 주총결의에 반대하는 주주가 주식매수청구권을 행사하는 경우, 단주처리를 위한 경우, 주식소각을 위한 경우, 회사의 권리를 실행함에 있어 그 목적을 달성하기 위하여 필요한 경우에는, 자사주 취득이 불가피한 상황이므로, 설사 이익배당 가능 한도액이 없다 하더라도 자사주를 취득하는 것이 가능합니다. 물론 대가 지급이 없는 무상취득도 회사의 자본충실을 해치지 않기 때문에 허용됩니다. 기업이 스톡옵션(stock option)(주식매수선택권)을 부여하기 위해 자사주를 취득하는 것 역시 허용됩니다(상법 제340조의2).

3. 취득한 자사주는 어떠한 권리가 있나?

기업이 취득한 자사주는 이를 취득한 기업 자신이 그 기업의 주주임을 증명하는 것이기 때문에 의결권이 없고, 의결정족수 계산 시 총발행주식 총수에서도 제외됩니다(상법 제369조 제2항, 제371조). 그러나 기업이 자사주를 처분하면 당연히 의결권이 부활되어 그 자사주를 취득한 자는 의결권이 인정됩니다. 기업이 자사주를 취득하면 그 지분만큼 의결권이 없어지므로, 자연스레 이를 제외한 나머지 주주들의 의결권(지분율)이 역으로 그만큼 올라가는 반사효과가 발생합니다.

기업이 이익배당을 실시할 경우에도, 자사주에 대하여 이익배당을 실시하면 기업의 재무상태가 자신의 이익잉여금을 빼서 다시 자신의 이익금으로 계상하는 셈이 되어 이익배당을 실시하지 않는 것과 마찬가지 결과가 되므로, 자사주는 이익배당이 인정되지 않습니다. 따라서 그만큼 나머지 주주들의 이익배당 가능 금액이 반사적으로 늘어나는 효과가 발생합니다.

이외에도 자사주에서 자기가 자신에 대하여 잔여재산분배청구권을 행사한다는 것은 모순이므로 잔여재산분배청구권은 인정되지 않습니다. 신주인수권은 논란이 있지만 자사주에 신주인수권을 인정하면 취득이 제한되는 자사주가 더 증가하는 폐단이 발생하므로 인정되지 않는다고 보는 것이 좋을 것입니다.

그러나 자사주를 보유하고 있던 기업(A)이 인적분할에 의해 나누어지는 경우에는 논란이 있습니다. 즉, 인적분할에서는 신설기업(B)의 주식은 기존 주주에게 배정되는 것이므로, 자사주를 보유하고 있기에 주주의 지위에 있는 존속기업(A')이 신설기업(B)의 주식을 배정받게 됩니다. 그런데 이런 인적분할을 이용하여 존속기업(A')의 지배주주가 존속기업이 가지고 있는 신설기업(B)의 지분을 자신의 지배력에 이용하는 경우가 많이 발생하기 때문에, 인적분할의 경우에 존속기업의 자사주에는 신설기업의 주식배정을 금지하는 방안이 논의되고 있습니다.

4. 정당하게 취득한 자사주는 어떻게 처리하여야 하나?

종전 상법에 기업은 이렇게 취득한 자사주를 기업은 상당한 시기에 처분하는 것으로 규정되어 있었는데, 2011년 개정 상법에서 이러한 처분조항을 삭제하여 현재는 제한규정이 없습니다. 어차피 기업이 배당가능이익의 한도 내에서 자사주를 취득하는 경우에는 기업에 큰 경제적 부담을 주지 않기 때문에 이러한 처분의무를 규정하지 않은 것입니다. 따라서 배당가능이익이 없음에도 단지 특정 목적으로 자사주를 취득한 경우에는, 기업은 자본충실의 원칙상 해당 자사주를 적정한 시기에 처분하거나 신주를 발행하여 자본금을 원상대로 회복시켜야 합니다. 만약, 자사주를 처분하지 않고 계속 보유한다면 기업 경영진(이사)은 그에 따른 책임을 져야 하는 상황이 있을 수 있습니다.

한편, 기업이 보유한 자사주를 특별한 정당한 사유 없이 기업의 대주주에게 매각하면서 기업에는 손해를 주고 대주주에게는 지배권을 더욱 강화시키는 경우에는, 기업 이사들의 행위는 업무상배임죄에 해당할 수 있습니다(대법원2005도7911 판결). 상장법인의 경우에는 자본시장법에서 정한 요건, 방법에 따라 자사주를 처분하도록 되어 있으며, 일정한 사항을 이사회결의에 의하도록 하고 있습니다(자본시장법 제165조의3 제4항, 동법 시행령 제176조의2).

금융증권은 법으로 통한다

5. 자사주를 위법하게 취득한 경우에는 어떻게 되나?

위에서 본 바와 같이, 기업이 자사주를 취득할 수 있는 경우는 법에서 일정한 요건을 규정하고 있습니다. 그런데 만약 기업이 이러한 요건을 충족하지 못했는데도 법을 어기면서 자사주를 취득한 경우에는 그 효력이 어떻게 되는지가 문제 됩니다. 기업이 위법하게 자사주를 취득하는 경우 경제적으로는 기존 주주에 대한 출자의 환급과 그로 인한 기업의 자본충실의 침해결과가 발생하기 때문에, 그 취득행위는 무효가 됩니다(대법원 2001다44109 판결).

따라서 기존에 기업에게 자사주를 매도했던 자(기존 주주)가 기업의 자사주 취득행위가 무효라고 주장하면서, 기업을 상대로 그 자사주를 다시 자신에게 반환해 줄 것을 청구하면, 기업은 대가를 돌려받고 자사주를 다시 기존 주주에게 반환해 주어야 합니다.

역으로, 기업도 자신의 자사주의 취득행위에 대하여 스스로 무효를 주장하면서 상대방(기존 주주)에게 자사주를 반환해 주고, 이와 동시에 그 대금을 반환해 달라고 청구할 수 있습니다. 즉, 기업이 자사주를 취득하면서 상대방에게 대금을 준 것이 민법 제746조에 규정한 불법원인급여라고 보기 어려우므로 이러한 대금반환청구가 가능합니다. 그리고 이러한 자사주의 반환과 대금반환은 동시이행관계에 있습니다.

6. 우리사주는 자사주와 어떻게 다른가?

우리사주는 기업의 종업원이 자기가 근무하는 회사의 주식을 취득하는 것으로, 기업이 자사주를 취득하는 것과 유사한 것으로 보이지만 전혀 그 내용이 다릅니다. 우리사주제도는 기업의 종업원으로 하여금 자기가 근무하는 회사의 주식을 보유하게 함으로써 회사경영 및 이익에의 참여를 유도하고, 종업원의 재산 형성을 도모하는 것을 목적으로 하고 있습니다.

우리사주는 적대적 M&A가 시도되는 경우 기업이 자사주를 보유하고 있는 우리사주조합 측과 협력하여 경영권을 방어하는 데 도움을 주기도 하는 부수적인 역할도 합니다. 이에 발맞추어 기업도 근로자의 복지 향상을 위하여 보유 중인 자사주를 우리사주조합에 출연하는 경우도 있으므로(근로자복지기본법 제33조), 자사주와 우리사주조합은 서로 상부상조하는 관계로 보이기도 합니다.

우리사주는 주식발행회사의 종업원으로 구성된 단체인 "우리사주조합"이라는 형태를 통하여 취득이 이루어집니다. 기존의 주권상장법인 또는 신규로 주식을 상장하고자 하는 법인이 주식을 모집하거나 또는 매출하는 경우에는 자본시장법 제165조의7에 의하여 우리사주조합원이 모집 또는 매출하는 주식총수의 20% 안에서 우선적으로 그 주식을 배정받을 권리가 인정됩니다.

금융증권은 법으로 통한다

7. 맺음말

자사주는 채권과 다르게 주주의 지위를 증명하는 유가증권이기 때문에 기업이 자기가 발행한 주식을 다시 되사오는 경우에는 여러 가지 복잡한 문제가 발생합니다. 기업의 자사주 취득은 기본적으로 기존 주주에 대한 출자의 환급과 기업의 자본충실 원칙의 침해라는 결과가 발생하기 때문에, 자사주의 취득과 처분 시 상법과 자본시장법에서 정하는 내용을 따라야 하며, 만약 그렇지 않을 경우 기업에 손해를 끼칠 수 있으므로 기업 경영진은 이에 유의해야 합니다.

판례

A. 자사주의 매각과 업무상 배임행위

대법원 2008. 5. 15. 선고 2005도7911 판결[특정경제범죄가중처벌등에
관한법률위반(배임)(예비적죄명: 업무상배임) · 업무상배임 · 증권거래법
위반 · 주식회사의외부감사에관한법률위반]

재벌그룹 소속의 상장법인인 회사의 이사들이 대표이사이자 대주주
인 병에게 **자사주를 매각한 사안에서,** 병이 사실상 지배 · 보유하고
있는 의결권 있는 보통 주식의 일정 부분이 의결권이 제한된 상태에
서, **회사의 지배구조에 상당한 영향을 미칠 수 있는 정도의 자사주 매
각거래를 하면서,** 적절한 매각 상대방을 선정하고 매각조건 등을 결
정하는 절차를 거치는 등의 노력을 하지 않은 채, 회사에는 별다른 이
익이 없는 반면, **병에게 일방적으로 유리한 매각조건으로 자사주 매
각을 단행한 점** 및 매수인인 병의 이익과 편의를 가져온 거래의 제반
상황에 비추어, 위 자사주 매각행위는 회사를 위한다는 경영상의 판
단에 기초한 것이 아닌, 병의 개인적 이익을 위한 것으로서 배임죄의
고의와 본인인 회사의 재산 상태에 손해를 가하는 결과가 발생하였다
는 점을 모두 인정한 사례.

금융증권은 법으로 통한다

📑 해설

A: 주식발행회사, Y1: A회사의 이사들(피고인1), Y2: A회사의 대표이사 겸
대주주(피고인2)

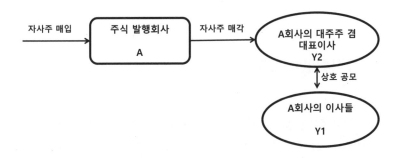

A회사는 계열사를 합병하는 과정에서 합병된 계열사가 보유하던
A회사 발행주식(자사주)을 이전받아 보유하게 되었습니다. A회사가
취득한 자사주는 A회사 총 발행주식(의결권 있는 보통주)의 35%를 차
지하는 큰 비율이었습니다. 이렇게 취득한 자사주는 이를 발행한 A회
사가 보유하고 있으면 의결권이 없는 것이나 마찬가지이지만, 제3자
에게 매각되면 제3자 입장에서는 자사주가 아니므로 의결권이 부활되
어 A회사의 지배권에 큰 영향을 미칠 가능성이 있었습니다. 이런 상
황에서 A회사의 이사들인 Y1(피고인1)과 A회사의 대표이사 겸 대주
주인 Y2(피고인2)가 이 자사주를 Y2(피고인2)에게 매각하였습니다.

대법원은 Y1, Y2(피고인들)이 서로 공모하여 자사주를 Y2에게 매

각한 행위에 대하여, 자사주 매각 업무를 처리하는 피고인들은 자사주 매각 상대방의 선정이나 매각조건 등의 결정에 대해 정당한 절차가 없었다는 점, 그리고 자사주 장외 일괄 매각 시 Y2(피고인2)가 아닌 제3자에게 일괄 매각하였더라면 얻을 수 있을 것으로 기대되는 경영권 프리미엄 등이 반영되지 않은 점 등을 종합하여 Y1, Y2(피고인들)에게 업무상배임죄의 유죄를 인정하였습니다.

B. 자사주의 명의신탁과 증여세

대법원 2011. 9. 8. 선고 2007두17175 판결[증여세등부과처분취소]

갑 주식회사가 주가가 하락하자 작전세력 등을 동원하여 차명에 의한 주가관리를 하기로 하고 을 주식회사 등 기관투자자 명의로 자사주를 취득한 후 병 등 개인주주들로 하여금 기관투자자들이 취득한 주식을 취득하게 하면서 자사주를 추가 취득하게 한 다음 그 중 일부를 개인주주들 앞으로 명의개서 하였는데, 이에 대하여 과세관청이 명의신탁 재산의 증여의제 규정인 구 상속세 및 증여세법(2002. 12. 18. 법률 제6780호로 개정되기 전의 것) 제41조의2에 따라 병 등 개인주주들에게 증여세를 부과하고 갑 회사를 연대납세의무자로 지정하여 증여세 연대납세고지를 한 사안에서, 갑 회사가 기관투자자들 명의의 거래로 인하여 발생하는 법인세를 보전해 주어야 하는 문제 등도 고려하여 기관투자자들 명의로 취득하였던 자사주를 개인주주들 명의로 이전하여 보유하게 되었던 점에 비추어 보면, **갑 회사는 자사주에 관하여 개인주주들과 명의신탁약정을 하면서 주가관리라는 주된 목적**

외에 자기주식을 갑 회사 명의로 실명 전환하여 매각할 경우 발생할 법인세 부담을 회피하려는 의도도 갖고 있었다고 보는 것이 타당하다고 한 사례.

해설

X: 주식발행회사(원고), A: 기관투자가, B: 개인투자자, Y: 세무서장(피고)

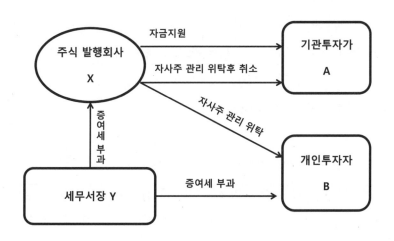

　　X회사(원고)가 발행한 주식이 주식시장에서 공모가액 이하로 하락하자 작전세력을 동원하여 차명을 이용해서 주가를 관리할 계획을 세웠습니다. 이에 X회사(원고)는 기관투자가인 A에게 자금을 빌려 주어 A회사 명의로 X회사 주식(자사주)을 취득하게 하였는데, 나중에 A회사가 세금문제로 더 이상 X회사 주식을 보유할 수 없다고 하여, X회사(원고)는 하는 수 없이 자사주를 개인투자자인 B에게 이전시켜

B의 명의로 관리하였습니다. Y세무서장(피고)은 B(개인투자자)에 대해 증여세를 부과함과 동시에 X회사(원고)에 대해서도 증여세 연대납세부과처분을 하였습니다. 그러자, X회사(원고)가 연대납세부과처분에 대해 취소소송을 제기하였습니다.

대법원은 X회사(원고)가 개인투자자 B 명의로 자사주를 보관하며 관리한 것은 자사주의 주가관리 목적뿐만 아니라, 자사주를 X회사(원고)로 실명전환 할 경우 발생할 법인세를 회피할 목적도 있었다고 보고, 이 사건은 조세회피 목적이 있는 명의신탁에 해당하여 증여세 부과대상이 된다고 판시하여 X회사(원고)가 패소하였습니다.

C. 자사주와 미공개정보 이용행위

대법원 2009. 11. 26. 선고 2008도9623 판결[증권거래법위반]
특정 회사가 주가 부양 방법으로 "자사주 취득 후 이익소각"을 검토하고 있다는 정보가, 제반 사정에 비추어 이미 현실화될 개연성이 충분히 있었고 그 정보의 중대성 역시 인정된다고 보아, 구 증권거래법 (2007. 8. 3. 법률 제8635호로 공포되어 2009. 2. 4. 시행된 자본시장과 금융투자업에 관한 법률 부칙 제2조로 폐지) 제188조의2 제1항에서 정한 "공개되지 아니한 중요한 정보"에 해당한다고 한 사례.

🖹🗐 해설

A: 주식발행회사, B: A회사의 최대주주인 회사, Y1: B회사의 주식관리담당자(피고인1), Y2: 증권회사 직원(피고인2)

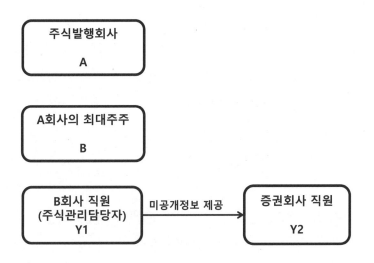

A회사가 발행한 주식의 시장가가 액면가보다 낮은 가격으로 거래되어 관리종목으로 지정될 상황에 처하자, A회사의 대주주인 B회사 소속 주식관리담당자 Y1(피고인1)은 증권회사 직원인 Y2(피고인2)에게 "A회사가 주가부양 방법으로 자사주 취득 후 이익소각을 검토하고 있다"는 정보를 알려 주었습니다. 검사는 Y1, Y2(피고인들)을 미공개정보의 이용행위 금지에 관한 구 증권거래법 제188조의2 제2항 위반죄로 기소하였는데, 원심은 위 정보가 현실화될 개연성이 없다는 이유로 무죄를 선고하였습니다.

대법원은 위 정보는 당시 A회사가 관리종목 지정을 피하기 위하여 주가부양이 절실한 상황이었던 점, 주식관리업무를 담당하는 임원인 Y1(피고인 1)이 상당한 기간 검토 끝에 "자사주 취득 후 이익소각"이라는 방안을 제시하고 그 준비를 지시한 점, 이전에 시도하였던 자사주신탁 및 액면분할이 실패한 상황에서 위 방안과 다른 방안이 주가부양방법으로 채택될 가능성은 크지 않았다고 보이는 점, 이후 실제로 위 방안이 A회사의 주가부양 방법으로 채택된 점 등을 종합하여, 위 방안이 당시 이미 현실화될 개연성이 충분히 있었다고 보아 Y1, Y2(피고인들)의 유죄를 인정하였습니다.

D. 위법한 자사주 취득행위의 효력

대법원 2003. 5. 16. 선고 2001다44109 판결[채무부존재확인]
회사의 자기주식취득이 예외적으로 허용되는 경우 및 자기주식취득의 금지규정에 위반한 자기주식 취득의 효력(무효)

주식회사가 자기의 계산으로 자기의 주식을 취득하는 것은 회사의 자본적 기초를 위태롭게 하여 회사와 주주 및 채권자의 이익을 해하고 주주평등의 원칙을 해하며 대표이사 등에 의한 불공정한 회사지배를 초래하는 등의 여러 가지 폐해를 생기게 할 우려가 있으므로, 상법은 일반 예방적인 목적에서 이를 일률적으로 금지하는 것을 원칙으로 하면서, 예외적으로 자기주식의 취득이 허용되는 경우를 유형적으로 분류하여 명시하고 있으므로, 상법 제341조, 제341조의2, 제342조의2

또는 증권거래법 등에서 명시적으로 자기주식의 취득을 허용하는 경우 외에, 회사가 자기주식을 무상으로 취득하는 경우 또는 타인의 계산으로 자기주식을 취득하는 경우 등과 같이, 회사의 자본적 기초를 위태롭게 하거나 주주 등의 이익을 해한다고 할 수 없는 것이 유형적으로 명백한 경우에도 자기주식의 취득이 예외적으로 허용되지만, **그 밖의 경우에 있어서는, 설령 회사 또는 주주나 회사채권자 등에게 생길지도 모르는 중대한 손해를 회피하기 위하여 부득이 한 사정이 있다고 하더라도 자기주식의 취득은 허용되지 아니하는 것이고 위와 같은 금지규정에 위반하여 회사가 자기주식을 취득하는 것은 당연히 무효이다.**

📑 해설

A: ○○종합금융회사(주식발행회사), X: A회사가 발행한 주식을 취득한 회사(원고), Y: A회사의 파산관재인(피고)

A종합금융회사는 자신의 유상증자시에 X회사(원고)가 증자에 참여하되, 증자대금 100억원은 A종합금융회사가 X회사(원고)에게 대출해 주는 돈으로 납입하도록 하고, 대신에 X회사(원고)는 인수한 주식을 A종합금융회사에 대출담보로 제공하기로 합의하였습니다.

그리고 만약 A종합금융회사에 업업정지 등의 사유가 발생하면 X회사(원고)는 인수한 주식을 A종합금융회사에 다시 환매할 권리를 가지면서, 동시에 그 매각대금 채권과 X회사(원고)의 A종합금융회사에 대한 대여금채무를 서로 상계하여 사실상 X회사(원고)로서는 아무런 리스크가 없도록 합의하였습니다. 나중에 A종합금융회사는 파산하였습니다. 이에 X회사(원고)는 위 대출금 채무가 부존재한다고 주장하면서 파산관재인Y(피고)를 상대로 채무부존재확인소송을 제기하였습니다.

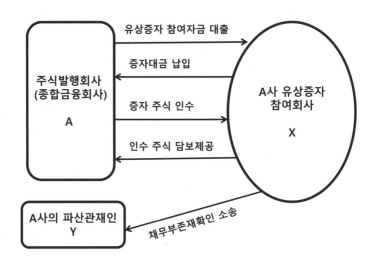

대법원은 위와 같은 A종합금융회사와 X회사(원고) 간의 약정은 사실상 A종합금융회사가 상법에서 금지하는 자사주 취득을 위한 약정이라고 보고, 동 자사주 취득약정과 이와 관련된 A종합금융회사와 X회사(원고) 간의 대출약정은 모두 무효라고 판시하여 X회사(원고)가 승소하였습니다.

법령

• 자본시장법

제165조의3(**자기주식 취득 및 처분의 특례**)

① 주권상장법인은 다음 각호의 방법으로 자기주식을 취득할 수 있다.

　1. 「상법」 제341조제1항에 따른 방법

　2. 신탁계약에 따라 자기주식을 취득한 신탁업자로부터 신탁계약
　　이 해지되거나 종료된 때 반환받는 방법(신탁업자가 해당 주권
　　상장법인의 자기주식을 「상법」 제341조제1항의 방법으로 취득
　　한 경우로 한정한다)

② **제1항의 경우 자기주식의 취득가액의 총액은 「상법」 제462조제1항**
에 따른 이익배당을 할 수 있는 한도 이내이어야 한다.

③ 주권상장법인은 제1항의 방법 또는 「상법」 제341조제1항 각호의
　어느 하나에 해당하는 방법으로 자기주식을 취득하는 경우에는 같
　은 조 제2항에도 불구하고 이사회의 결의로써 자기주식을 취득할
　수 있다.

④ 주권상장법인은 제1항에 따라 자기주식을 취득(자기주식을 취득하
　기로 하는 신탁업자와의 신탁계약의 체결을 포함한다)하거나 이에
　따라 취득한 자기주식을 처분(자기주식을 취득하기로 하는 신탁업
　자와의 신탁계약의 해지를 포함한다)하는 경우에는 대통령령으로
　정하는 요건·방법 등의 기준에 따라야 한다.

• 상법

제341조(자기주식의 취득)

① 회사는 다음의 방법에 따라 자기의 명의와 계산으로 자기의 주식을 취득할 수 있다. **다만, 그 취득가액의 총액은 직전 결산기의 대차대조표상의 순자산액에서 제462조제1항 각호의 금액을 뺀 금액을 초과하지 못한다.**

1. 거래소에서 시세(時勢)가 있는 주식의 경우에는 거래소에서 취득하는 방법

2. 제345조제1항의 주식의 상환에 관한 종류주식의 경우 외에 각 주주가 가진 주식 수에 따라 균등한 조건으로 취득하는 것으로서 **대통령령**으로 정하는 방법

② 제1항에 따라 자기주식을 취득하려는 회사는 미리 주주총회의 결의로 다음 각호의 사항을 결정하여야 한다. 다만, 이사회의 결의로 이익배당을 할 수 있다고 정관으로 정하고 있는 경우에는 이사회의 결의로써 주주총회의 결의를 갈음할 수 있다.

1. 취득할 수 있는 주식의 종류 및 수

2. 취득가액의 총액의 한도

3. 1년을 초과하지 아니하는 범위에서 자기주식을 취득할 수 있는 기간

③ 회사는 해당 영업연도의 결산기에 대차대조표상의 순자산액이 제462조제1항 각호의 금액의 합계액에 미치지 못할 우려가 있는 경우에는 제1항에 따른 주식의 취득을 하여서는 아니 된다.

금융증권은 법으로 통한다

④ 해당 영업연도의 결산기에 대차대조표상의 순자산액이 제462조제 1항 각호의 금액의 합계액에 미치지 못함에도 불구하고 회사가 제 1항에 따라 주식을 취득한 경우 이사는 회사에 대하여 연대하여 그 미치지 못한 금액을 배상할 책임이 있다. 다만, 이사가 제3항의 우려가 없다고 판단하는 때에 주의를 게을리하지 아니하였음을 증명한 경우에는 그러하지 아니하다.

제341조의2(특정목적에 의한 자기주식의 취득)

회사는 다음 각호의 어느 하나에 해당하는 경우에는 제341조에도 불구하고 자기의 주식을 취득할 수 있다.

1. 회사의 합병 또는 다른 회사의 영업전부의 양수로 인한 경우
2. 회사의 권리를 실행함에 있어 그 목적을 달성하기 위하여 필요한 경우
3. 단주(端株)의 처리를 위하여 필요한 경우
4. 주주가 주식매수청구권을 행사한 경우

제341조의3(자기주식의 질취)

회사는 발행주식총수의 20분의 1을 초과하여 자기의 주식을 질권의 목적으로 받지 못한다. 다만, 제341조의2제1호 및 제2호의 경우에는 그 한도를 초과하여 질권의 목적으로 할 수 있다.

제342조(자기주식의 처분)

회사가 보유하는 자기의 주식을 처분하는 경우에 다음 각호의 사항으

로서 정관에 규정이 없는 것은 이사회가 결정한다.

1. 처분할 주식의 종류와 수

2. 처분할 주식의 처분가액과 납입기일

3. 주식을 처분할 상대방 및 처분방법

제343조(주식의 소각)

① **주식은 자본금 감소에 관한 규정에 따라서만 소각(消却)할 수 있다.** 다만, 이사회의 결의에 의하여 회사가 보유하는 자기주식을 소각하는 경우에는 그러하지 아니하다.

② 자본금감소에 관한 규정에 따라 주식을 소각하는 경우에는 제440조 및 제441조를 준용한다.

• 상법 시행령

제9조(**자기주식 취득 방법의 종류 등**)

① 법 제341조제1항제2호에서 "대통령령으로 정하는 방법"이란 다음 각호의 어느 하나에 해당하는 방법을 말한다.

1. 회사가 모든 주주에게 자기주식 취득의 통지 또는 공고를 하여 주식을 취득하는 방법

2. 자본시장과 금융투자업에 관한 법률 제133조부터 제146조까지의 규정에 따른 공개매수의 방법

② 자기주식을 취득한 회사는 지체 없이 취득 내용을 적은 자기주식 취득내역서를 본점에 6개월간 갖추어 두어야 한다. 이 경우 주주

와 회사채권자는 영업시간 내에 언제든지 자기주식 취득내역서를 열람할 수 있으며, 회사가 정한 비용을 지급하고 그 서류의 등본이나 사본의 교부를 청구할 수 있다.

165조의7(우리사주조합원에 대한 주식의 배정 등에 관한 특례)

① 대통령령으로 정하는 주권상장법인 또는 주권을 대통령령으로 정하는 증권시장에 상장하려는 법인(이하 이 조에서 "해당 법인"이라 한다)이 주식을 모집하거나 매출하는 경우 「상법」 제418조에도 불구하고 **해당 법인의 우리사주조합원(「근로복지기본법」에 따른 우리사주조합원을 말한다. 이하 같다)에 대하여 모집하거나 매출하는 주식총수의 100분의 20을 배정하여야 한다.**

② 우리사주조합원이 소유하는 주식수가 신규로 발행되는 주식과 이미 발행된 주식의 총수의 100분의 20을 초과하는 경우에는 제1항을 적용하지 아니한다.

5장

내 주식을 내 맘대로 못 팔까?

- 의무보호예수(Lock-up)

화승엔터프라이즈 등 26개사 주식 10월 의무보호예수 해제

한국예탁결제원은 화승엔터프라이즈[241590] 등 26개사의 주식 1억 3천 405만 주가 10월 중 의무보호예수에서 해제된다고 28일 밝혔다. 의무보호예수는 투자자 보호를 위해 대주주 등의 지분 매매를 일정 기간 제한하는 조치다. 10월 중 의무보호 예수가 해제되는 유가증권시장(코스피)의 주식은 4개사 2천 283만 주이다.

2018. 9. 28. 연합뉴스

1. 주식 의무보호예수란 무엇인가?

보호예수의 사전적 의미는 "안전하게 보관해서 맡겨 두다"(separate keeping)입니다. 따라서 주식 의무보호예수는 일정 기간 강제로 주식을 외부기관(한국예탁결제원)에 맡겨 두게 함으로써 주식 소유자가 그 기간 동안 자신의 주식을 마음대로 매각하지 못하게 금지시키는 제도입니다.

주식 의무보호예수 제도는 증권선물거래소의 상장규정(유가증권 시장과 코스닥시장)과 금융위원회의 고시(증권의 발행 및 공시 등에 관한 규정)에 의해 규제되고 있습니다. 이 제도는 동 규정에서 정하는 상장법인이 주식공모 등 특정 사유 발생 시에 최대주주나 법령에서 지정하는 자의 주식매각으로 인한 주가급락과 이로 인한 소액주주(투자자)들의 투자손실을 방지하기 위해 마련되었습니다.

아무래도 최대주주 등은 소액주주에 비하여 기업경영에 대한 내부 정보를 많이 가지고 있기 때문에, 만약 이런 강제적인 보호예수제도가 없다면 주식상장 등의 특정사유 발생 시에 내부 정보를 이용하여 주식상장으로 인한 주가상승의 기회에 편승하여 주식을 매각하여 차익을 얻으려고 할 것입니다. 반면 이러한 사정을 잘 모르는 일반 소액 주주들은 반사적으로 그로 인한 피해를 입게 됩니다.

그러므로 주식 의무보호예수제는 비록 최대주주의 자유로운 재산권 행사를 제약하는 면이 있긴 하지만 다른 제3자의 더 큰 피해를 방지하기 위해서도 필요한 제도라고 할 수 있습니다.

2. 주식 의무보호예수는 어떻게 이루어지나?

주식 의무보호예수 구조

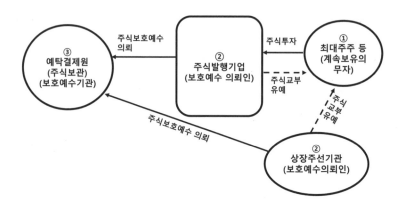

　의무보호예수는 ① 주식 소유자로서 관계법령에 의해 보호예수를 할 법적 의무가 있는 계속보유의무자(최대주주 등), ② 주식 소유자는 아니지만 그를 대신하여 보호예수기관에 보호예수를 의뢰하는 보호예수의뢰인(주식발행 시 대표주관회사나 상장주선인, 또는 발행기업), 그리고 ③ 보호예수의뢰를 받아 증권을 보관하는 보호예수기관(예탁결제원) 등 세 당사자에 의해 이루어집니다.

　예탁결제원 업무 중에 보호예수가 아닌 통상적인 예탁은 예탁자가 증권을 예탁결제원에 예탁하면 증권의 종류, 종목, 수량에 따라 다른 예탁자의 증권과 혼합 상태로 보관되어(혼장임치라고 함), 각 예탁자의 개별적인 소유권은 소멸되고, 각자의 지분에 따라 공유지분을 갖는 것으로 추정됩니다(자본시장법 제312조 제1항).

반면에, 의무보호예수는 예탁결제원에서 혼장임치가 아니라 분리보관을 하기 때문에 증권소유자인 계속보유의무자의 개별적인 단독 소유권이 보장됩니다. 실무적으로 의무보호예수 절차는 증권선물거래소에 증권을 상장하려는 기업의 최대주주가 상장절차를 위해 기업에서 선임한 대표주관회사나 상장주선인(보호예수의뢰인)에게 보호예수대상 증권을 인계하고, 이 증권을 보호예수의뢰인이 예탁결제원에 제출하여 예탁결제원으로부터 보호예수증명서를 발급받는 순서로 이루어집니다.

　　이후, 기업이 상장을 위한 예비심사청구서를 증권선물거래소에 제출할 때, 예탁결제원으로부터 발급받은 보호예수증명서를 반드시 제출하게 함으로써 보호예수의 이행이 강제되도록 하고 있습니다.

　　한편 의무보호예수는 관계법령에 의해 증권 소유자가 예수보호를 이행할 법적인 의무자(계속보유의무자)이지만, 실제로 예탁결제원에 의무보호예수를 의뢰하는 자는 대표주관회사나 상장주선인(보호예수의뢰인)입니다. 이들이 자신의 명의로 예탁결제원과 보호예수계약을 체결하기 때문에, 보호예수의뢰인이 예수계약의 당사자가 됩니다(대리계약이나 명의신탁계약이 아님).

　　그렇기 때문에 나중에 의무보호예수 기간이 종료되면 예탁결제원에 보호예수증권의 반환청구를 할 수 있는 권리자는 증권 소유자가 아니라, 실제로 보호예수를 의뢰하여 예수계약의 당사자가 된 대표주관회사나 상장주선인(보호예수의뢰인)입니다.

3. 주식 의무보호예수는 어떤 경우에 이루어지나?

(1) 신규 상장 시 최대주주 등의 의무보호예수(공모의 경우)(유가증권시장 상장규정 제27조)

기업이 최초로 공모에 의한 신규 상장을 하는 경우, 그 최대주주 등은 보호예수의무자가 됩니다. 증권선물거래소에 신규 상장을 신청하는 발행기업의 최대주주가 대표주관회사(보호예수의뢰인)를 통해 자신의 보유증권을 증권예탁결제원에 보호예수합니다. 최대주주뿐만 아니라, 상장예비심사 신청일 전 1년 이내에 제3자 배정을 받은 자나 최대주주로부터 주식을 취득한 자도 해당 주식을 보호예수 하여야 합니다. 의무보호예수 기간은 상장일로부터 유가증권시장의 경우 6개월, 코스닥시장은 1년입니다. 단, 코스닥시장은 상장 후 6월이 경과한 시점부터 매월 5%씩 반환을 받아 시장에 매각할 수 있습니다. 물론, 의무보호예수 기간 중 상장 또는 코스닥 등록을 철회하는 경우 의무보호예수 증권의 반환신청이 가능합니다.

의무보호예수 기간 중에는 해당 보호예수증권의 매매가 제한되며, 특히 코스닥 등록 종목의 경우 매매예약 등의 방법으로 사실상 매각제한 규정을 위반하면 매각사실이 확인된 날로부터 1년간 보호예수를 하여야 합니다(잔여 보호예수기간도 당연히 보호예수 하여야 함). 코스닥시장의 경우 최대주주가 차명으로 주식을 소유하고 있는 때에도 보호예수를 해야 하며, 이를 불이행 시에는 나중에 본인 명의로 변경을 하여 예탁결제원에 보호예수한 날로부터 2년 동안 매각이 제한

금융증권은 법으로 통한다

됩니다. 차명주식을 이미 처분해 버린 경우에는 다시 재매입하여 예탁결제원에 보호예수 한 날로부터 1년간 매각이 제한됩니다(물론 잔여 계속보유기간은 가산됨).

(2) 발행기업의 의무보호예수(의제모집)(사모의 경우)(금융위원회고시: 증권의 발행 및 공시 등에 관한 규정」제2-2조)

기업은 공모가 아니라 사모로 증권을 발행하더라도 공모로 의제되는 규정(의제모집규정)의 적용을 피하기 위해서, 기업이 자발적으로 보호예수를 하기도 합니다. 기업이 50인 이상의 자를 모집하여 유가증권을 신규로 발행하려 할 경우 유가증권의 모집(공모)에 해당하고(자본시장법 제9조 제7항 및 동법 시행령 제11조), 특히 공모금액이 10억 이상인 경우 해당 기업은 유가증권신고서를 금융위원회에 제출하여 수리하여야 공모가 가능합니다(자본시장법 제119조, 동법 시행령 제120조). 그런데 동법 시행령에서는 인원이 50인 미만인 경우에도(사모), 발행 후 1년 이내에 50인 이상에게 전매 가능성이 있는 경우, 모집(공모)으로 간주하여(의제모집) 유가증권신고서를 제출하도록 하고 있습니다(자본시장법 시행령 제120조 제3항).

이때 같은 종류의 증권이 과거에 모집 또는 매출된 실적이 있거나 증권시장에 상장된 경우처럼 과거에 공모나 상장실적이 있는 때에 전매 가능성이 있는 것으로 보고 있습니다(금융위원회 고시: 증권의 발행 및 공시 등에 관한 규정 제2-2조 제1항). 그러나 이와 같은 의제모집으로 간주되는 경우에도, 발행기업이 해당 주식을 의무보호예수

(보호예수기간: 예수일로부터 1년)하면 전매 가능성이 없다고 보아 의제모집(공모)의 적용을 배제하여, 유가증권신고의 제출을 면제합니다(금융위원회 고시: 증권의 발행 및 공시 등에 관한 규정 제2-2조 제2항).

이와 같이 유가증권신고서의 제출의 부담을 피하기 위해서 보호예수를 하는 기업이 많습니다.

(3) 우회상장 시 우회상장 대상기업의 주요 출자자 등의 의무보호예수 (유가증권시장 상장규정 제35조)

우회상장 시에는 비상장기업이 사실상 상장기업이 되는 상장효과를 보기 때문에, 우회상장 시에 비상장기업의 주요 출자자 등은 자신이 보유하는 비상장기업과 상장기업의 주식을 모두 보호예수를 하여야 합니다.

(4) 투자회사(Mutual Fund), 부동산투자회사(RIETs), 선박투자회사의 상장 시 의무보호예수(과거 사모발행주식의 의무보호예수)(유가증권시장 상장규정 제101조, 제124조, 제133조)

이 유형의 투자회사는 비록 자본시장법의 적용을 받는 집합투자기구는 아니지만, 다수의 투자자들로부터 자금을 모집하여 주주를 구성한 특징을 가지고 있습니다. 따라서 기존에 사모에 의해 투자회사의 주식을 취득한 자는 사실상 이들 투자회사의 지배주주와 마찬가지라 여겨집니다. 따라서 이들 투자회사가 상장신청을 할 때는 다수의 투자자 보호를 위해 1년 이내에 사모에 의해 주식을 취득한 자가 해당

금융증권은 법으로 통한다

주식을 보호예수 해야 합니다.

(5) 상장기업이 비상장기업을 합병하는 경우 비상장기업의 최대주주의 의무보호예수(유가증권시장 상장규정 제75조)

상장기업이 비상장기업을 합병하는 경우, 비상장기업이 상장기업에 흡수합병 됨으로써 사실상 상장의 효과를 보는 것이므로, 비상장기업의 최대주주도 보호예수를 해야 합니다.

(6) 기타

코스닥시장 상장규정에는 벤처금융 · 기관투자자 · 주식교환 · 제3자배정 유상증자의 경우에도 보호예수를 의무화하고 있습니다.

4. 의무보호예수 된 증권에 대한 강제집행은 어떻게 하나?

주식 실소유자에 대한 채권자가 예탁결제원에 보호예수 된 주식을 강제집행 하려는 경우에는 주의할 점이 있습니다. 보호예수가 아닌 일반 증권예탁은 혼장임치로서 예탁결제원이 회사 주주명부상의 주주(형식주주)가 되기 때문에, 민사집행법의 하위 규정인 대법원규칙에서 별도로 예탁유가증권에 대한 강제집행, 가압류 및 가처분의 집행이나 경매에 관하여 별도로 규율하고 있습니다(민사집행규칙 제176조). 하지만 보호예수는 일반 증권예탁과는 달리 혼장임치가 아니라 분리보관이나 단독소유가 가능하기 때문에, 강제집행 절차에 있어서 통상적인 일반 민사집행법 방법인 "채권과 그 밖의 재산권에 대한 강제집행"의 규정(민사집행법 제3관)이 적용됩니다.

주식 실소유자가 예탁결제원과 직접 보호예수계약을 체결하는 경우에는, 주식 실소유자에 대한 채권자가 주식실소유자를 채무자로, 그리고 증권예탁원을 제3채무자로 하여, 보호예수된 예탁유가증권의 반환채권을 가압류하거나 압류합니다.

그러나 주식의 실소유자가 보호예수계약을 체결하지 않고, 대신에 상장주선 대표주관사(또는 주식발행기업)가 보호예수의뢰인이 되어 예탁결제원과 보호예수계약을 체결하는 의무보호예수에서는 주식 실소유자가 아니라 보호예수의뢰인(대표주관사 또는 주식발행기업)이 예탁결제원에 대하여 보호예수 된 주식의 반환채권을 가지고 있기 때문에, 주식 실소유자에 대한 채권자는 예탁결제원이 아니라 보호예수의뢰인을 제3채무자로 삼아서 가압류, 압류하여야 합니다. 이 경우 예탁결제원은 제3채무자가 아니므로 가압류 등의 제한 없이 보호예수 의뢰인에게 예수 주식을 반환할 수 있으며, 단지 제3채무자인 보호예수 의뢰인이 이를 주식 소유자에게 반환하는 행위만이 금지됩니다.

5. 맺음말

주식의 의무보호예수는 특정 사유가 발생 시 최대주주와 소액주주 간의 이해관계를 합리적으로 조절하는 방법으로 마련된 제도입니다. 주식공모뿐만 아니라, 사모이기는 하지만 사실상 공모와 유사하게 취급해야 하는 경우(의제모집, 우회상장, 합병), 그리고 공모전에 사모로 주식을 취득하여 사실상 최대주주와 동일하게 볼 수 있는 경우(투자회사 등)에도, 주식공모 시와 마찬가지로 소액주주를 보호할 필요성은 동일하므로 보호예수가 의무적입니다.

주식시장에서 보호예수기간이 만료되어 보호예수가 해제되는 주식이 시장에 매물로 나오는 경우 해당 주식가격이 크게 하락할 수 있으므로 투자자들의 주의가 요망됩니다.

A. 의무보호예수된 주식의 반환권리자와 공탁

대법원 2008. 10. 23. 선고 2007다35596 판결[주권인도]

주식회사가 유상증자 등의 사유로 신주인수권자에게 주권을 발행함에 있어 증권거래법 등 관계 법령에 따라 일정한 기간 동안 그 주권을 증권예탁결제원에 **보호예수하는 경우, 보호예수의무자(주권의 발행회사)와 증권예탁결제원 사이에 체결된 보호예수계약은 민법상의 임치 내지 이와 유사한 계약으로서 증권예탁결제원은 그 보호예수계약에서 정한 기간이 지나면 특별한 사정이 없는 한 계약의 상대방인 보호예수의무자에게 그 주권을 반환할 의무가 있다.** 그런데 위 보호예수계약에서 정한 기간이 지난 후 제3자가 보호예수 된 주권에 대하여 소유권을 가지고 있다고 주장하면서 그 소유권에 기하여 증권예탁결제원에 주권의 인도를 청구하는 경우, 제3자가 주권의 소유권자이고 보호예수의무자인 주권의 발행회사가 증권예탁결제원으로부터 주권을 반환받더라도 다시 소유권자인 제3자에게 반환해야 할 의무가 있으면 증권예탁결제원으로서는 제3자에 대하여 주권의 인도를 거부할 수 없으나, 제3자가 소유권자가 아니거나 소유권자라고 하더라도 보호예수의무자가 제3자에 대한 관계에 있어서 그 주권을 점유할 권리가 있으면 증권예탁결제원으로서는 제3자에게 주권을 인도해서는 안 된다. 따라서 위와 같은 경우에 **증권예탁결제원이 보호예수의무자와 제3자 중 누구에게 주권을 반환해야 하는지는 제3자가 소유권자인지**

금융증권은 법으로 통한다

여부 및 제3자와 보호예수의무자의 관계에 따라 결정되는바, 증권예탁결제원이 선량한 관리자의 주의를 다하여도 보호예수의무자와 제3자 중 누구에게 주권을 반환해야 할 것인지를 알 수 없는 경우에는 "과실 없이 채권자를 알 수 없는 경우"에 해당하므로, 민법 제487조 후단의 채권자 불확지를 원인으로 하여 주권을 변제공탁할 수 있다.

📑 해설

Y1: 증권예탁원(피고1) Y2: 유상증자회사(피고2) Y3: 유상증자 참여회사(피고3), Y4: Y3에 대한 채권자(피고4) X: Y3에 대한 대출금융기관(원고)

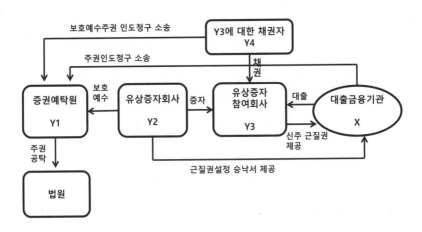

Y2회사(피고2)가 Y3회사(피고3) 앞으로 제3자 배정 유상증자를 하였고, 이 과정에서 Y3회사(피고3)는 X대출금융기관(원고)으로부터 대출을 받았습니다. Y3회사(피고3)는 Y2회사(피고2)의 유상증자 시

에 받을 신주의 일부를 X대출금융기관(원고)에게 대출금 담보로 근질권을 설정하여 주었습니다.

그런데 이런 유상증자 과정에서 Y2회사(피고2)는 증권감독원에 대한 유가증권신고서 제출 의무를 면하기 위해 유상증자 신주의 주권을 Y1증권예탁원(피고1)에게 보호예수하고 주권을 Y3회사(피고3)에게 교부하지는 않았습니다. 이즈음 Y2회사(피고2)는 Y3회사(피고3)의 근질권설정을 승낙하고 보호예수기간이 끝나면 해당 주권을 근질권자인 X대출금융기관(원고)에게 반환하겠다는 취지의 근질권설정승낙서를 확정일자를 받아 X대출금융기관(원고)에게 교부하였습니다.

이런 상황에서 Y3회사(피고3)에 대한 채권자인 Y4회사(피고4)가 Y3회사(피고3)를 대위하여 Y3회사(피고3)가 Y2회사(피고2)에 대하여 가지고 있는 보호예수주권 공유지분반환채권을 가압류한 후, 이후 Y1증권예탁원(피고1)을 상대로 보호예수주권의 인도청구소송을 제기하였습니다. 그러자, Y1증권예탁원(피고1)은 보호예수주권을 인도받을 권리자가 Y2, Y3, Y4 중에서 누구인지를 모른다는 이유로 해당 주권을 채권자 불확지 변제공탁에 의해 법원에 공탁하였습니다. 이후 X대출금융기관(원고)이 Y1(피고1)을 상대로 주권인도청구소송을 제기하였습니다.

이에 대해 대법원은 위와 같은 상황에서는 Y1증권예탁원(피고1)으로서는 주권을 인도받을 정당한 권리자를 알 수 없는데 과실이 없으므로 채권자 불확지 변제공탁이 정당하다고 판시하여 X대출금융기관(원고)이 패소하였습니다.

금융증권은 법으로 통한다

··참고··

위 사례에서 X대출금융기관(Y3에 대한 대출기관)(원고)이나 Y4(Y3에 대한 채권자)는
자신들의 채무자인 Y3(유상증자참여회사)를 대위하여 공탁법원을 제3 채무자로 삼
아서 공탁물(주권) 출급청구권에 대한 권리를 대위행사 하는 방법으로 주권인도청구
소송을 제기할 수 있고, 그 재판에서 해당 주권에 대한 정당한 권리자가 누구인지가
판정될 것입니다.

···

B. 보호예수조치 없이 실권주가 배정된 경우의 증여세 부과여부

대법원 2017. 5. 17. 선고 2014두14976 판결[증여세부과처분취소]

구 상속세 및 증여세법(2007. 12. 31. 법률 제8828호로 개정되기 전
의 것, 이하 "상증세법"이라 한다) 제39조 제1항 제1호 (가)목은 법인
이 신주를 시가보다 낮은 가액으로 발행하는 경우 주주가 신주를 배
정받을 수 있는 권리를 포기함으로써 실권주를 배정받은 다른 주주
가 얻은 이익을 증여재산가액으로 하여 증여세를 부과하도록 규정하
면서도, 그 괄호 규정(이하 "괄호 규정"이라 한다)으로 "증권거래법에
의한 주권상장법인 또는 협회등록법인(증권거래법이 2004. 1. 29. 법
률 제7114호로 개정되면서 코스닥상장법인으로 명칭이 변경되었다.
이하 "코스닥상장법인"이라 하고, **주권상장법인과 합하여 "상장법인"
이라 한다)이 같은 법 제2조 제3항의 규정에 의한 유가증권의 모집
방법으로 배정하는 경우**"를 "배정"의 범위에서 제외함으로써 그러한
경우에는 신주를 시가보다 낮은 가액으로 배정받더라도 증여세를 과
세하지 않도록 규정하고 있다.

이 규정은 상장법인이 구 증권거래법(2007. 8. 3. 법률 제8635호 자본시장과 금융투자업에 관한 법률 부칙 제2조로 폐지, 이하 같다)에 의한 유가증권의 모집 방법에 따라 신주를 발행하는 경우에는 발행에 관한 사항을 공시해야 하고 원칙적으로 유가증권시장 등에서 형성되는 주식가격에 근접한 가격으로 발행가액을 정해야 하는 등 관련 법령에서 정한 엄격한 규제를 따라야 하며[구 "유가증권의 발행 및 공시 등에 관한 규정"(2007. 4. 7. 금융위원회 고시 제2008-8호로 개정되기 전의 것, 이하 "유가증권 발행규정"이라 한다) 제53조, 제57조 등], 유가증권시장 등에서 유상증자를 통하여 자금을 조달하기 위해서는 어느 정도 할인발행이 불가피하다는 점 등을 감안한 것이다.

그러나 주주배정 방식으로 진행된 유상증자에서 **실권주가 발생하여 이를 제3자에게 배정하는 때에는 발행가액을 제한하는 규정이 없다.** 이에 따라 유가증권 발행규정 제57조의 제한보다도 높은 할인율이 적용된 가액으로 발행된 신주가 제3자에게 배정되어 시가와 발행가액의 차액에 해당하는 이익이 무상으로 이전된 경우에는 처음부터 제3자 배정 방식에 의하여 일반적인 모집 또는 그와 마찬가지의 규제를 받는 간주모집 방법으로 신주를 배정하는 경우와 동일하게 취급하여야 할 이유가 없다. 따라서 이러한 경우에는 설령 구 증권거래법 시행령(2008. 1. 18. 대통령령 제20551호로 개정되기 전의 것) 제2조의4 제4항이 정한 간주모집의 요건을 충족하더라도 괄호 규정이 정한 비과세 대상인 "유가증권의 모집 방법"에는 해당하지 않는다고 보아야 한다.

금융증권은 법으로 통한다

📑 해설

A: 유상증자 실시 회사, X: 실권주 인수자(원고), Y: 세무서장(피고)

A회사는 증권거래법에 규정된 유가증권 모집 방법으로 주주배정 방식으로 유상증자를 실시하였는데, 이 과정에서 실권주가 발생하자 이를 X(원고)에게 배정하였습니다. 유상증자 시 할인율은 30%였고, 당연히 실권주를 배정받은 X(원고)도 30% 할인된 가격으로 실권주를 배정받았습니다. 이 당시 실권주에 대해서는 보호예수조치가 취해지지는 않았습니다. 그러자 Y세무서장(피고)은 상속 및 증여세법 규정에 의해 평가된 금액보다 낮은 가액으로 발행된 실권주에 대하여 그 차액만큼을 대상으로 X(원고)에게 증여세를 부과하였고, 이에 X(원고)가 자신이 배정받은 실권주는 보호예수조치가 없으므로 50인 이상에게 전매될 가능성이 있어서 간주모집(의제모집)에 해당하고, 따라서 상속 및 증여세법에 규정된 증여세 부과의 "예외" 규정이 적용된다고 주장하며 증여세부과처분 취소소송을 제기한 것입니다.

이에 대법원은 당시 유가증권발행규정에 제3자 배정 유상증자의 경우 할인율을 10%로 정하고 있었는데, 처음부터 제3자 배정 방식으로 유상증자를 실시하면서 간주모집(의제모집)이 되는 경우와는 다르게, 이 사건처럼 A회사가 주주배정 방식으로 증자를 실시하다가 실권이 발생하자 비로소 제3자인 X(원고)에게 이보다 더 높은 30%의 할인율로 실권주를 배정한 경우에는, 비록 간주모집(의제모집)의 형식을 갖추었다 하더라도 증여세부과대상에서 제외되는 상속 및 증여세법의 "예외" 규정을 적용할 수 없다고 판시하여, X(원고)가 패소하였습니다.

 법령

• 유가증권시장 상장규정

제2조(정의)

① 이 규정에서 사용하는 용어의 뜻은 다음과 같다.

13. **"보호예수"란 이 규정에서 정한 주주 등이 가진 주식등을 일정 기간 동안 한국예탁결제원(이하 "예탁결제원"이라 한다)에 보관하게 하여 그 매각을 제한하는 것을 말한다.** 다만, 외국주권 등을 신규 상장하는 경우로서 한국거래소(이하 "거래소"라 한다)가 필요하다고 인정하는 경우에는 대표주관회사와 매각 제한에 관한 계약을 체결함으로써 보호예수에 갈음할 수 있다.

제27조(보호예수)

① **보통주권의 신규상장과 관련하여** 다음 각호의 어느 하나에 해당하는 자는 자신이 소유하는 주식등을 보호예수해야 한다. 이 경우 주식등에는 상장 후 6개월 이내에 무상증자(유상증자와 무상증자를 동시에 실시하는 경우에는 무상증자만 해당한다)로 발행된 신주를 포함한다.

금융증권은 법으로 통한다

1. 신규상장신청인의 최대주주등
2. 상장예비심사 **신청일 전 1년 이내에** 신규상장신청인이 제3자 배정 방식으로 발행한 주식등을 취득하거나 같은 기간 동안에 신규상장신청인의 최대주주등이 소유하는 주식등을 취득한 자. 이 경우 해당 취득분에 한정한다.

② 제1항에도 불구하고 거래소는 다음 각호의 어느 하나에 해당하는 경우에는 보호예수를 요구하지 않을 수 있다. 다만, 제1호 다목 및 라목의 경우에는 해당 특수관계인에 대하여만 그러하다.

1. 제1항제1호와 관련하여 다음 각 목의 어느 하나에 해당하는 경우
    가. 신규상장신청인이 공공적 법인등인 경우
    나. 신규상장신청인이 코스닥시장 상장법인인 경우. 다만, 신규상장신청일 현재 「코스닥시장 상장규정」에 따른 보호예수 기간이 지난 경우만 해당한다.
    다. 최대주주의 특수관계인이 100주 미만을 소유한 경우
    라. 최대주주의 특수관계인의 주식보유 목적, 최대주주와의 관계 및 경영권 변경 가능성 등을 고려할 때 보호예수 면제가 불가피하다고 거래소가 인정하여 세칙으로 정하는 경우

2. 제1항제2호와 관련하여 신규상장신청인이 공공적법인등이거나 제1호나목의 법인인 경우

④ **제1항의 보호예수 기간은 상장일부터 6개월로 한다.** 다만, 다음 각 호에 해당하는 경우에는 해당 호에서 정하는 기간으로 한다.

1. 제3자 배정 방식으로 발행한 주식등을 취득한 경우에는 발행일 부터 1년으로 하되, 그 날이 상장일부터 6개월 이내인 경우에는 상장일부터 6개월이 되는 날까지 보호예수 기간을 연장한다.

2. 신규상장신청인의 최대주주가 법 제9조제18항제7호에 따른 사 모투자전문회사인 경우 최대주주등에 대한 보호예수기간은 상 장일부터 1년으로 한다.

제35조(보호예수)

① **보통주권의 우회상장과 관련하여** 다음 각호의 어느 하나에 해당하 는 자는 자신이 소유하는 세칙으로 정하는 우회상장신청인과 우회 상장 대상 법인의 주식등(지분증권을 포함한다. 이하 이 조에서 같 다)을 보호예수해야 한다. 이 경우 주식등에는 상장 후 6개월 이내 에 무상증자(유상증자와 무상증자를 동시에 실시하는 경우에는 무 상증자만 해당한다)로 발행된 신주를 포함한다.

1. **우회상장 대상 법인의 주요 출자자**

2. 상장예비심사 **신청일 전 1년 이내에** 우회상장 대상 법인이 제3 자 배정 방식으로 발행한 주식등을 취득하거나 같은 기간 동안 에 우회상장 대상 법인의 주요 출자자가 소유하는 주식등을 취 득한 자. 이 경우 해당 취득분에 한정한다.

금융증권은 법으로 통한다

제40조(보호예수)

① **보통주권의 일반재상장과 관련하여** 다음 각호의 어느 하나에 해당하는 자는 자신이 소유하는 주식등을 보호예수해야 한다. 이 경우 주식등에는 상장 후 6개월 이내에 무상증자(유상증자와 무상증자를 동시에 실시하는 경우에는 무상증자만 해당한다)로 발행된 신주를 포함한다.

1. 재상장신청인의 최대주주등
2. 상장예비심사 신청일 전 1년 이내에 재상장신청인이 제3자 배정 방식으로 발행한 주식등을 취득하거나 같은 기간 동안에 재상장신청인의 최대주주등이 소유하는 주식등을 취득한 자. 이 경우 해당 취득분에 한정한다.

제44조(보호예수)

① 다음 각호의 어느 하나에 해당하는 사유로 **보통주권 상장법인의 신주나 주권 관련 사채권을 취득한 자는** 그 증권을 발행일(제3호부터 제5호까지의 규정에서는 상장일로 한다)부터 6개월간 보호예수해야 한다. 다만, 주권비상장법인이 공공적법인등인 경우에는 제1호와 제2호를 적용하지 않을 수 있다.

1. 보통주권 **상장법인이 중요한 영업양수 또는 자산양수와 관련하여** 주요사항보고서를 제출한 후 6개월 이내에 세칙으로 정하는 영업 양도인 또는 자산 양도인에게 제3자 배정 방식으로 신주나 주권 관련 사채권을 발행한 결과 세칙으로 정하는 최대주주 변경 등이 있는 경우

2. 주권비상장법인(유가증권시장에 지분증권이 상장되지 않은 단체나 조합, 그 밖의 발행인을 포함한다. 이하 이 조에서 같다) 또는 그 주요 출자자가 해당 주권비상장법인의 지분증권을 보통주권 상장법인에 **현물출자 한 결과** 세칙으로 정하는 최대주주 변경 등이 있는 경우.

3. 보통주권 상장법인이 **제3자 배정 방식으로 신주를 발행하여** 최대주주가 변경된 경우.

4. 추가상장신청일 현재 제47조제1항제3호의 자본잠식 사유나 같은 항 제9호의 시가총액 미달 사유로 관리종목으로 지정된 보통주권 상장법인이 **제3자 배정 방식으로** 신주를 발행한 경우

5. **중요한 영업양수 또는 자산양수와 관련하여** 주요사항보고서를 제출할 당시에 우회상장예비심사를 받은 보통주권 상장법인이 해당 주요사항보고서를 제출한 날부터 6개월 이내에 우회상장 대상 법인의 주요 출자자 중에서 해당 우회상장으로 경영권을 취득한 자에게 제3자 배정 방식으로 신주를 발행한 경우

제75조(보호예수)

① **합병상장과 관련하여** 다음 각호의 어느 하나에 해당하는 자는 자신이 소유하는 주식등을 보호예수해야 한다. 이 경우 주식등에는 상장 후 6개월 이내에 무상증자(유상증자와 무상증자를 동시에 실시하는 경우에는 무상증자만 해당한다)로 발행된 신주를 포함한다.

1. 피합병법인의 최대주주등

2. 상장예비심사 신청일 전 1년 이내에 피합병법인이 제3자 배정

금융증권은 법으로 통한다

방식으로 발행한 주식등을 취득하거나 같은 기간 동안 피합병 법인의 최대주주등이 소유하는 주식등을 취득한 자. 이 경우 해당 취득분에 한정한다.

제2장 투자회사주권
제101조(신규상장)
② **투자회사주권의 신규상장신청인이** 상장예정일 전 1년 이내에 사모로 발행한 주식을 취득한 자는 그 주식을 발행일부터 1년간 보호예수해야 한다. 이 경우 신규상장신청인은 보호예수와 관련하여 세칙으로 정하는 첨부서류를 신규상장을 신청할 때에 거래소에 제출해야 한다.

제5장 부동산투자회사주권
제124조(상장예비심사)
② **부동산투자회사주권의 신규상장과 관련하여** 신규상장신청인이 상장예정일 전 1년 이내에 사모로 발행한 주식을 소유한 주주(그로부터 취득한 자를 포함한다)는 그 주식을 발행일부터 1년간 보호예수해야 한다. 다만, 그 날이 상장일부터 6개월 이내인 경우에는 상장일부터 6개월이 되는 날까지 보호예수 기간을 연장한다.
③ 신규상장신청인은 제2항의 보호예수와 관련하여 세칙으로 정하는 첨부서류를 세칙으로 정하는 기한까지 거래소에 제출해야 한다.

제6장 선박투자회사주권

제133조(신규상장)

② **선박투자회사주권의 신규상장과 관련하여** 신규상장신청인이 상장
  예정일 전 1년 이내에 사모로 발행한 주식을 소유한 주주는 그 주
  식을 발행일부터 1년간 보호예수해야 한다. 이 경우 신규상장신청
  인은 보호예수와 관련하여 세칙으로 정하는 첨부서류를 신규상장
  을 신청하는 때에 거래소에 제출해야 한다.

• 자본시장법

제119조(모집 또는 매출의 신고)

① 증권의 모집 또는 매출(대통령령으로 정하는 방법에 따라 산정한
  모집가액 또는 매출가액 각각의 총액이 대통령령으로 정하는 금액
  이상인 경우에 한한다)은 발행인이 그 모집 또는 매출에 관한 신고
  서를 금융위원회에 제출하여 수리되지 아니하면 이를 할 수 없다.

• 자본시장법 시행령

제120조(모집 또는 매출의 신고대상)

① 법 제119조제1항에 따라 증권의 모집 또는 매출을 하기 위하여 신
  고서를 제출하여야 하는 경우는 다음 각호와 같다.

1. 모집 또는 매출하려는 증권의 모집가액 또는 매출가액과 해당 모
  집일 또는 매출일부터 과거 1년 동안 이루어진 증권의 모집 또는 매

출로서 그 신고서를 제출하지 아니한 모집가액 또는 매출가액[소액출자자(그 증권의 발행인과 인수인은 제외한다)가 제178조에 따른 장외거래 방법에 따라 증권을 매출하는 경우에는 해당 매출가액은 제외한다] 각각의 합계액이 10억원 이상인 경우

2. 제11조제1항에 따라 합산을 하는 경우에는 그 합산의 대상이 되는 모든 청약의 권유 각각의 합계액이 10억원 이상인 경우

③ 제1항 및 제2항에 따라 산출한 결과 청약의 권유를 받는 자의 수가 50인 미만으로서 증권의 모집에 해당되지 아니할 경우에도, 해당 증권이 발행일부터 1년 이내에 50인 이상의 자에게 양도될 수 있는 경우로서, 증권의 종류 및 취득자의 성격 등을 고려하여 금융위원회가 정하여 고시하는 전매기준에 해당하는 경우에는 모집으로 본다. 다만, 해당 증권이 법 제165조의10제2항에 따라 사모의 방법으로 발행할 수 없는 사채인 경우에는 그러하지 아니하다.

• 금융위원회 고시

증권의 발행 및 공시 등에 관한 규정
제2-2조(증권의 모집으로 보는 전매기준)
① 영 제11조제3항에서 "금융위원회가 정하여 고시하는 전매기준에 해당하는 경우"란 다음 각호의 어느 하나에 해당하는 경우를 말한다.

  1. 지분증권(지분증권과 관련된 증권예탁증권을 포함한다. 이하 이 조 및 제2-3조제2항에서 같다)의 경우에는 같은 종류의 증

권이 모집 또는 매출된 실적이 있거나 증권시장(제2-2조의3제
1항에 따른 코넥스시장을 제외한다)에 상장된 경우. 이 경우 분
할 또는 분할합병(「상법」 제530조의12에 따른 물적분할의 경우
를 제외한다)으로 인하여 설립된 회사가 발행하는 증권은 분할
되는 회사가 발행한 증권과 같은 종류의 증권으로 본다.

② 제1항에도 불구하고 증권을 발행함에 있어 다음 각호의 어느 하나
에 해당하는 경우에는 제1항에 따른 전매기준에 해당되지 않는 것
으로 본다.

1. 증권을 발행한 후 지체 없이 한국예탁결제원(이하 "예탁결제
원"이라 한다)에 예탁(공사채등록법에 따른 등록을 포함한다.
이하 이 장에서 같다)하고 그 예탁일부터 1년간 해당 증권(증권
에 부여된 권리의 행사로 취득하는 증권을 포함한다)을 인출하
거나 매각(매매의 예약 등을 통해 사실상 매각이 이루어지는 경
우를 포함한다. 이하 제9호에서 같다)하지 않기로 하는 내용의
예탁계약을 예탁결제원과 체결한 후 그 예탁계약을 이행하는
경우 또는 「금융산업의 구조개선에 관한 법률」(이하 "금산법"이
라 한다) 제12조제1항에 따라 정부 또는 예금보험공사가 부실
금융기관에 출자하여 취득하는 지분증권에 대하여 취득일부터
1년 이내에 50인 이상의 자에게 전매되지 않도록 필요한 조치
를 취하는 경우

증권을 계좌로만 간편하게 거래할 수 있을까?

- 증권대체결제(Book Entry System)

예탁결제원 "유령주식, 하루 이상 유통 불가능"

"주식 수량 실시간 파악 위해선 시스템 전체 바꿔야"

한국예탁결제원은 12일 삼성증권의 배당착오사건과 관련, "전산착오 기재에 의해 증가한 유령주식이 하루 이상 유통될 수 없다"고 밝혔다. 예탁결제원은 "증권회사의 투자자 계좌부상 종목별 수량과 예탁원의 예탁자 계좌부상 종목별 수량을 매일 업무 마감 시 상호 검증하고 있다"며 이같이 설명했다. 또 "명의개서대리인(발행회사)과 예탁원은 매일 업무 마감 시 발행회사별 발행주식 수량을 상호 대조·확인하고 있어 주식이 해당 수량을 초과해 발행될 수 없다"고 덧붙였다.

서울파이낸스 2018. 4. 12.

1. 예탁대체결제란 무엇인가?

자본시장에서는 증권(특히 주식)을 대상으로 수많은 투자자들이 거래를 하는데, 이런 거래를 위해 상법이 규정하고 있는 법적인 주식 양도방법인 주권교부(주권의 점유이전)에 의해서만 주식거래를 해야 한다면, 대량유통이 필요한 주식거래는 사실상 어려울 것입니다. 그렇기 때문에 주권실물의 교부에 의한 주식양도방법을 매우 단순화시켜 주식거래를 원활히 할 수 있게 한 예탁대체결제 제도가 도입되었습니다.

주식예탁은 주식거래의 당사자들이 중앙기관(예탁결제원)에 계좌를 설정하여 자신의 주권을 예탁하는 것이며, 대체결제는 이렇게 중앙기관에 집중예탁된 주권에 대하여 주식거래를 하고자 할 경우, 주권실물의 이동(교부) 없이 중앙기관의 계좌부상의 이동(대체)으로 주식거래를 결제하는 것입니다(자본시장법 제311조). 이렇게 예탁대체결제방식(간단히 "예탁결제방식"이라고 합니다)은 실물주권의 교부가 없이 계좌이체만으로 간단하게 주식거래가 이루어질 수 있으므로, 주권실물을 발행하는 번거로움이나, 주권실물의 분실위험, 거래 이행사고의 가능성이 거의 없이 주식의 대량거래가 가능하게 됩니다.

2. 예탁대체결제는 구체적으로 어떻게 이루어지나?

(1) 예탁절차

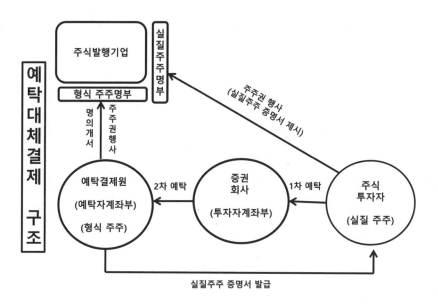

실질주주 증명서 발급

주식예탁은 2단계의 예탁으로 이루어집니다. 1단계 예탁은 주식 소유자인 투자자가 금융투자업자(대부분 증권사이므로 증권사로 통칭함)에 계좌를 개설하여 주권을 예탁하는 것으로서 증권사의 계좌부를 "투자자 계좌부"(고객계좌부)라고 합니다. 2단계 예탁은 증권사가 중앙예탁기관(예탁결원)에 계좌를 개설하여 주권을 예탁하는 것으로서는 예탁결제원의 계좌부를 "예탁자 계좌부"라고 하며, 예탁자는 증권사입니다.

그러므로 최초의 투자자는 증권사의 투자자 계좌부에만 계좌가 있고, 예탁결제원의 예탁자 계좌부에는 투자자가 아닌 증권사가 예탁자로 되어 있습니다. 증권사는 투자자의 동의를 받아 투자자의 주권을 반드시 예탁결제원에 2단계 예탁할 의무가 있습니다(자본시장법 제75조).

이를 요약하면, 투자자 → 예탁자(증권사)(투자자 계좌부) → 예탁결제원(예탁 계좌부)의 단계로 예탁이 이루어집니다. 그리고 투자자의 주권은 예탁자(증권사)의 투자자 계좌부에 기재되는 시점에, 예탁결제원의 예탁자 계좌부에 기재되는 것으로 간주됩니다(자본시장법 제310조 제4항).

그렇기 때문에 설사 예탁결제원에 예탁되기 전에 증권사나 예탁결제원이 파산되더라도, 증권사의 투자자 계좌부에 기재만 되어 있으면 투자자는 보호가 됩니다(자본시장법 제311조). 이렇게 예탁결제원의 예탁계좌부에 최종 예탁된 주권은 다른 예탁자의 주권과 혼합되어 보관되므로(혼장임치), 각각의 소유자의 개별적인 소유권은 소멸되고, 예탁주권의 종류, 종목, 수량에 따라 각각의 소유자가 그 지분에 맞춰 공유지분을 갖는 것으로 추정됩니다(자본시장법 제312조 제1항). 그리고 이러한 예탁만으로도 각각의 소유자가 자신의 주권을 점유한 것으로 간주되며(자본시장법 제311조), 계좌대체만으로도 주식 양도인과 양수인 간에 주권교부가 있는 것과 동일한 효력이 발생합니다(자본시장법 제311조 제2항).

(2) 실질주주(투자자)

예탁결제원은 예탁주권에 대하여 주식발행회사의 정식 주주명부에 투자자의 명의가 아니라 예탁결제원 자신의 명의로 명의개서를 합니다(형식주주)(자본시장법 제314조 제2항). 그런데 주식발행회사가 주주권을 행사할 자를 정하기 위해 주주명부 폐쇄기준일을 정하면, 예탁결제원은 예탁자(증권사)를 통해 투자자 계좌부에 기재된 투자자(실질주주)에 관한 사항을 통지받아서, 실질주주(투자자)에 관한 내용을 주식발행회사나 그 명의개서 대리인에게 통지하여야 합니다(자본시장법 제315조 제4항, 제5항).

이후, 주식발행회사는 이를 기초로 실질주주명부를 작성 비치하여야 하고, 이러한 실질주주명부에 기재된 실질주주(투자자)는 발행회사의 정식 주주명부에 기재된 것과 동일한 법적효력을 인정받습니다(자본시장법 제316조 제2항). 결국, 주식이 예탁결제원에 예탁되면, 발행회사의 정식 주주명부상의 형식주주는 예탁결제원이며, 실질주주명부상의 실질주주는 투자자로 이원화됩니다.

(3) 실질주주의 권리행사

실질주주(투자자)는 자신이 직접 주주권(의결권, 신주인수권, 주식매수청구권)을 행사할 수 있지만, 그렇지 않고 형식주주인 예탁결제원에게 그 행사를 위임하여 간접적으로 행사할 수 있습니다. 따라서 실질주주가 직접 발행회사에 대하여 주주권을 행사하고자 할 경우에도 예탁주권을 직접 실물로 반환받을 필요가 없이, 예탁결제원으로부터 실질주주증명서만을 발급받아서 그 증명서를 발행회사에 제출하면 주주권 행사가 가능합니다(실질주주증명서제도)(자본시장법 제318조).

특히, 과거에는 실질주주(투자자)가 주주총회 5일 전까지 예탁결제원에 주주권 행사 여부(직접행사, 대리행사, 또는 불행사)에 대하여 아무런 표시를 하지 않는 경우에는, 형식주주인 예탁결제원이 실질주주의 의결권을 대신 행사할 수 있고, 예탁결제원이 이러한 의결권을 대리행사 시에는 의결내용에 영향을 주지 않도록 다른 주식의 찬반비율에 따라 안분하도록 되어 있었습니다(쇄도우 보팅)(shadow voting). 이는 2013년 자본시장법 개정 시 폐지되었습니다(단, 폐지 후에도 일정 기간 유예됨).

3. 예탁된 주식은 어떻게 강제집행 하나?

앞에서 설명한 바와 같이, 주식이 2단계의 예탁단계를 거쳐 예탁결제원에 예탁이 되면, 예탁된 주식은 각각의 소유자가 공유지분을 갖는 것으로 추정되므로, 투자자는 예탁자(증권사)에 대하여, 예탁자는 예탁결제원에 대하여, 각 예탁유가증권(주식)에 대한 공유지분 반환채권을 갖게 됩니다. 따라서 이에 대한 강제집행은 민사집행규칙에 규정된 예탁유가증권에 대한 강제집행 방법을 따릅니다. 그러므로 만약 투자자가 채무자이면, 투자자에 대한 채권자는 예탁자인 증권사를 제3채무자로 삼아서 채무자의 예탁자에 대한 예탁유가증권 반환채권을 압류합니다(민사집행규칙 제176조, 제177조).

마찬가지로, 예탁자(증권사)가 채무자이면, 채권자는 예탁결제원을 제3채무자로 삼아 예탁자의 예탁결제원에 대한 예탁유가증권 반환채권을 압류합니다. 예탁유가증권을 압류하는 때에는 제3채무자인 예탁자(증권사)나 예탁결제원에 대하여, 채무자의 예탁유가증권 지분에 관한 계좌대체와 증권의 반환을 금지하는 명령을 내립니다(민사집행규칙 제214조 제1항). 압류명령에는 압류목적물의 특정을 위하여 당해 계좌를 관리하는 예탁자의 명칭 및 소재지, 그 지점명 및 소재지, 유가증권발행회사의 명칭, 유가증권의 종류, 종목 등의 사항이 기재되어야 합니다.

압류명령 이후의 현금화 절차는 법원에 의한 추심명령에 의하는데, 채권자는 제3채무자의 자발적인 이행에 의해 해당 유가증권을 제3채무자로부터 실물로 반환받거나(추심명령), 제3채무자의 자발적인 이행이 없으면 법원의 양도명령을 받아 채권의 지급에 갈음하여 해당 유가증권을 채권자의 소유로 취득하거나(양도명령), 아니면 집행관이 증권사에 위탁하여 해당 유가증권을 시장에 매각한 금액을 채권자가 배당받는 방법(매각명령)으로 이루어집니다.

4. 맺음말

예탁대체결제 방식은 자본시장에서 증권 실물의 이동 없이 대량 거래를 가능하게 하는 매우 유용한 제도입니다. 하지만 이로 인해 형식 주주와 실질 주주의 분리가 발생하게 되므로, 주주권 행사 방법이나 예탁된 주식에 대한 강제집행은 어떻게 해야 하는지 주의가 필요합니다.

판례

A. 증권예탁결제원에의 주식 예탁과 예탁자의 주식반환청구권

대법원 2013. 6. 28. 선고 2011두18557 판결[양도소득세부과처분취소]
① 이 사건 주식이 **해외 예탁기관인 미국 씨티은행** 명의로 증권예탁
결제원에 예탁된 이후에는 미국 씨티은행이 예탁자로서 이 사건 주
식에 대한 공유지분을 가지는 것으로 추정되는 점(증권거래법 제174
조의4 제1항), ② **이에 따라 미국 씨티은행은 언제든지 증권예탁결제
원에 그가 가지는 공유지분에 해당하는 이 사건 주식의 반환을 청구
할 수 있으나(제174조의4 제2항)**, 원고들은 그 반환을 청구할 수 없
는 점, ③ 미국 씨티은행이 해외 인수단으로부터 이 사건 주식예탁증
서의 인수대금을 수령한 다음 증권예탁결제원에 예탁된 이 사건 주식
을 기초로 이 사건 주식예탁증서를 발행하여 해외 인수단에게 교부함
으로써 해외 인수단이 이 사건 주식예탁증서를 최초로 취득하였다고
보이는 점, ④ 이 사건 주식예탁증서는 그 발행의 기초가 된 이 사건
주식과 구별되는 별도의 유가증권에 해당하는데, 원고들이 해외 예탁
기관을 통하여 이 사건 주식예탁증서를 발행하거나 해외 예탁기관으
로부터 이 사건 주식예탁증서를 취득하여 이를 해외 인수단에게 양도
하였다고 볼 만한 자료도 없는 점 등에 비추어 보면, 원고들은 이 사
건 주식예탁증서가 아니라 그 발행의 기초가 된 이 사건 주식을 해외
예탁기관인 미국 씨티은행에 양도하였다고 보는 것이 타당하다. 따라
서 이와 달리 원고들이 국내자산인 이 사건 주식이 아니라, 국외자산

인 이 사건 주식예탁증서를 양도하였음을 전제로 한 피고들의 이 사건 각 양도소득세 부과처분은 더 나아가 살펴볼 필요 없이 위법하다.

📖 해설

A: 기업공개회사(내국법인, 비상장회사) X: A회사의 주주(원고), B: 해외예탁기관(미국 씨티은행) C: 해외 인수단 Y: 세무서장(피고)

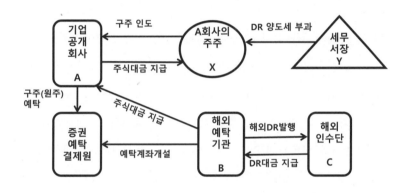

A회사는 주식예탁증서(DR)를 미국 장외 주식거래시장인 나스닥에 상장시키는 방법으로 기업공개를 하기로 하였습니다. 이에 따라 기존 주주인 X(원고)는 자신이 보유한 구주를 A회사에 인도하였고, A회사는 그 주식을 다시 증권예탁결제원에 인도하였으며, 증권예탁결제원은 그 주식을 B해외예탁기관 명의로 개설된 계좌에 예탁하였습니다. 이후 B해외예탁기관은 증권예탁원에 예탁된 X(원고)의 주식을 근거로 해외주식예탁증서를 발행하여 이를 C해외인수단에게 교부

하였습니다. X(원고)는 A회사로부터 주식대금을 지급받은 후, Y세무서에 주식 양도에 따른 양도세율(10%)을 적용하여 양도세를 납부하였습니다. 그러자 Y세무서장(피고)은 X(원고)는 주식이 아니라 주식예탁증서를 양도한 것이라는 이유로 국외자산의 양도세율(20%)을 적용하여 양도세부과처분을 하였는데, X(원고)가 이에 불복하여 과세부과처분취소소송을 제기하였습니다.

대법원은 X(원고)의 주식이 B해외예탁기관의 계좌로 증권예탁원에 예탁된 경우에는 B해외예탁기관이 예탁자로서 X(원고)의 주식에 대하여 공유지분을 갖고 그 공유지분에 근거하여 증권예탁원을 상대로 주식반환청구권을 행사할 수 있지만, X(원고)는 그러한 청구권이 없다는 점과 주식예탁증서는 B해외예탁기관이 C해외인수단에게 발행한 것이지 X(원고)에게 발행된 것이 아니므로 X(원고)가 별도로 주식예탁증서를 취득하여 양도하지 않은 이상 X(원고)가 주식예탁증서의 양도자가 될 수 없다고 판시하여 X(원고)가 승소하였습니다.

B. 증권예탁결제와 선입선출법의 적용

대법원 2016. 11. 4. 자 2015마4027 결정[소송허가사건]
현행의 증권예탁결제제도 아래에서는 특정의 증권이라도 일단 예탁결제기관에 예탁되면 다른 동종의 증권과 혼합되어 특정할 수 없게 되므로, 그 결과 예탁결제기관에 예탁된 증권을 매매하는 경우 매매목적물인 증권의 특정이 불가능하다. 이러한 사정을 고려하면, 예탁결제기관에 예탁되어 있는 주식을 피해기간 중 일부 매도한 구성원이 존재할 수 있는 경우에 이른바 선입선출법에 의하여 총원의 범위를 확정한다고 하여 위법하다고 볼 수 없다.

상장법인의 유상증자로 발행된 신주가 예탁결제기관에 일괄예탁 되고 상장이 이루어져야만 비로소 그 신주를 장내시장에서 계좌대체의 방법으로 처분할 수 있는 것이므로, 이 사건과 같이 발행시장 공시책임이 문제 되는 사안에서는 유상증자 주식의 상장일을 기준으로 기존 보유 주식 수와 그 이후의 거래내역을 파악한 다음, 이 사건 유상증자로 취득한 주식 중 2011. 3. 24.까지 계속 보유하는 주식을 선입선출법에 의하여 계산하는 방법으로 총원의 범위를 확정하는 것이 타당하다.

해설

A: 유상증자 실시회사, X: 유상증자 참여자(원고), Y: 유상증자 주선 증권회사(피고)

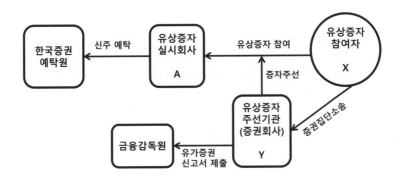

A회사는 유상증자를 실시하였는데 X(원고)는 유상증자 전부터 A 회사 발행주식을 일부 보유하고 있었고, 이번 유상증자에도 참여하여 A회사의 신주도 인수하였습니다. 유상증자로 발행된 신주는 예탁기 관인 한국증권예탁원에 일괄 예탁되어 보관되었습니다. 이후 X(원고) 는 유상증자 후 A회사 주식을 일부 매도하였습니다. 그런데 X(원고) 는 유상증자 업무를 주선한 Y증권회사(피고)가 유상증자 증권신고서 및 투자설명서에 A회사의 최대주주의 채무상황에 대하여 허위내용 을 기재하여 손해를 입었다는 이유로 Y증권회사(피고)를 상대로 증권 관련 집단소송 형식으로 손해배상을 청구하는 본안소송을 제기하였 습니다. 이에 대해 Y증권회사(피고)는 X(원고)가 유상증자와 관련하 여 증권집단소송에 필요한 지분을 보유하지 못하여 집단소송법상의 소송허가요건이 충족되지 못하였다고 본안전항변으로 이의제기를 하 였으나, 1심에서 기각된 후 고등법원 항고도 기각되어 대법원에 재항 고를 하였습니다. 이 사건에서는 X(원고)가 A회사의 유상증자로 취 득하여 보유한 주식수가 증권집단소송법상 지분비율을 충족하는지가 쟁점이 되었습니다.

대법원은 X(원고)가 보유 중이던 A회사 주식을 일부 매도하였다 면, 일괄예탁방식으로 한국증권예탁원에 예탁된 유상증자 신주는 다 른 증권과 혼합보관 되어(혼장임치) 특정이 불가능하므로, X(원고)의 보유 주식수를 계산할 때 유상증자 상장일을 기준으로 구분해서 선입 선출법 방식으로 매도 주식수를 공제하면 된다고 판시하였습니다.

금융증권은 법으로 통한다

C. 예탁결제원 예탁주식의 실질주주명부의 효력

대법원 2017. 11. 9. 선고 2015다235841 판결[주주명부열람등사]

그런데 자본시장법에 따라 예탁결제원에 예탁된 상장주식 등에 관하여 작성되는 실질주주명부는 상법상 주주명부와 동일한 효력이 있으므로(자본시장법 제316조 제2항), 위와 같은 열람 · 등사청구권의 인정 여부와 필요성 판단에서 주주명부와 달리 취급할 이유가 없다. 따라서 실질주주가 실질주주명부의 열람 또는 등사를 청구하는 경우에도 상법 제396조 제2항이 유추 · 적용된다. 열람 또는 등사청구가 허용되는 범위도 위와 같은 유추 · 적용에 따라 "실질주주명부상의 기재사항 전부"가 아니라 그중 실질주주의 성명 및 주소, 실질주주별 주식의 종류 및 수와 같이 "주주명부의 기재사항"에 해당하는 것에 한정된다. 이러한 범위 내에서 행해지는 실질주주명부의 열람 또는 등사가 개인정보의 수집 또는 제3자 제공을 제한하고 있는 개인정보 보호법에 위반된다고 볼 수 없다.

🗐 해설

Y: 건설회사(상장회사)(피고), X: Y회사의 주주(원고)

Y건설회사(피고)는 상장 건설회사인데 4대강 건설사업과 관련하여 다른 건설회사와 입찰담합을 하였다는 이유로 공정거래위원회로부터 과징금을 부과받게 되었습니다. 이에 Y건설회사(피고)의 주식

10주를 취득하여 보유하고 있던 X(원고)(경제개혁연대)는 Y건설회사(피고)의 이사들을 상대로 주주대표소송 방식으로 손해배상청구소송을 제기할 계획을 하였습니다. X(원고)가 다른 소액주주들의 자료를 확보하여 주주대표소송의 참가자를 모집하기 위한 목적에서 Y건설회사(피고)의 실질주주명부를 열람등사 하고자 하였으나, Y건설회사(피고)는 현행법상 실질주주명부의 열람등사를 허용하는 규정이 없다면서 이를 거절하여, X(원고)가 실질주주명부열람등사청구소송을 제기하였습니다.

대법원은 예탁결제원에 예탁된 상장주식에 대하여 작성된 실질주주명부는 상법상 주주명부와 동일한 효력이 있다고 규정된 자본시장법을 근거로 하여, 주주는 형식주주명부뿐만 아니라 실질주주명부의 열람등사도 할 수 있다고 판시하여 X(원고)가 승소하였습니다.

 법령

• 자본시장법

제75조(투자자 예탁증권의 예탁)
① 투자매매업자 또는 투자중개업자는 금융투자상품의 매매, 그 밖의 거래에 따라 보관하게 되는 투자자 소유의 증권(대통령령으로 정하는 것을 포함한다)을 예탁결제원에 지체 없이 예탁하여야 한다.

금융증권은 법으로 통한다

다만, 해당 증권의 유통 가능성, 다른 법령에 따른 유통 방법이 있는지 여부, 예탁의 실행 가능성 등을 고려하여 대통령령으로 정하는 경우에는 예탁결제원에 예탁하지 아니할 수 있다.

② 투자매매업자 또는 투자중개업자가 제1항 본문에 따라 외화증권을 예탁결제원에 예탁하는 경우에는 대통령령으로 정하는 방법에 따라 예탁하여야 한다.

제309조(예탁결제원에의 예탁 등)

① 예탁결제원에 증권등을 예탁하고자 하는 자는 예탁결제원에 계좌를 개설하여야 한다.

② 제1항에 따라 계좌를 개설한 자(이하 "예탁자"라 한다)는 자기가 소유하고 있는 증권등과 투자자로부터 예탁받은 증권등을 투자자의 동의를 얻어 예탁결제원에 예탁할 수 있다.

③ **예탁결제원은 다음 각호의 사항을 기재하여 예탁자계좌부를 작성·비치하되, 예탁자의 자기소유분과 투자자 예탁분이 구분될 수 있도록 하여야 한다.**

④ **예탁결제원은 예탁증권등을 종류·종목별로 혼합하여 보관할 수 있다.**

⑤ 예탁자 또는 그 투자자가 증권등을 인수 또는 청약하거나, 그 밖의 사유로 새로 증권등의 발행을 청구하는 경우에 그 증권등의 발행인은 예탁자 또는 그 투자자의 신청에 의하여 이들을 갈음하여 예탁결제원을 명의인으로 하여 그 증권등을 발행 또는 등록(「국채법」 또는 「공사채등록법」에 따른 등록을 말한다. 이하 이 절에서 같다)

할 수 있다.

제310조(투자자의 예탁자에의 예탁 등)

① 투자자로부터 예탁받은 증권등을 예탁결제원에 다시 예탁하는 예탁자는 다음 각호의 사항을 기재하여 투자자계좌부를 작성·비치하여야 한다.

② 예탁자는 제1항에 따른 기재를 한 경우에는 해당 증권등이 투자자예탁분이라는 것을 밝혀 지체 없이 예탁결제원에 예탁하여야 한다.

③ 예탁자는 제1항에 따른 기재를 한 경우에는 제2항에 따라 해당 증권등을 예탁결제원에 예탁하기 전까지는 이를 자기소유분과 구분하여 보관하여야 한다.

④ 제1항에 따른 투자자계좌부에 기재된 증권등은 그 기재를 한 때에 예탁결제원에 예탁된 것으로 본다.

제311조(계좌부 기재의 효력)

① 투자자계좌부와 예탁자계좌부에 기재된 자는 각각 그 증권등을 점유하는 것으로 본다.

② 투자자계좌부 또는 예탁자계좌부에 증권등의 양도를 목적으로 계좌 간 대체의 기재를 하거나 질권설정을 목적으로 질물(質物)인 뜻과 질권자를 기재한 경우에는 증권등의 교부가 있었던 것으로 본다.

③ 예탁증권등의 신탁은 예탁자계좌부 또는 투자자계좌부에 신탁재산인 뜻을 기재함으로써 제삼자에게 대항할 수 있다.

④ 주권 발행 전에 증권시장에서의 매매거래를 투자자계좌부 또는 예

탁자계좌부상 계좌 간 대체의 방법으로 결제하는 경우에는 「상법」 제335조제3항에 불구하고 발행인에 대하여 그 효력이 있다.

제312조(권리 추정 등)

① **예탁자의 투자자와 예탁자는 각각 투자자계좌부와 예탁자계좌부에 기재된 증권등의 종류 · 종목 및 수량에 따라 예탁증권등에 대한 공유지분을 가지는 것으로 추정한다.**

② **예탁자의 투자자나 그 질권자는 예탁자에 대하여, 예탁자는 예탁결제원에 대하여 언제든지 공유지분에 해당하는 예탁증권등의 반환을 청구할 수 있다.** 이 경우 질권의 목적으로 되어 있는 예탁증권등에 대하여는 질권자의 동의가 있어야 한다.

③ 예탁결제원은 예탁자의 파산 · 해산, 그 밖에 대통령령으로 정하는 사유가 발생한 경우 총리령으로 정하는 기준 및 방법에 따라 예탁증권등 중 투자자 예탁분의 반환 또는 계좌 간 대체를 제한할 수 있다.

제313조(보전의무)

① 예탁증권등이 부족하게 된 경우에는 예탁결제원 및 제310조제1항에 규정된 예탁자가 대통령령으로 정하는 방법 및 절차에 따라 이를 보전하여야 한다. 이 경우 예탁결제원 및 예탁자는 그 부족에 대한 책임이 있는 자에 대하여 구상권(求償權)을 행사할 수 있다.

② 제1항의 예탁자는 제309조제1항에 따른 계좌를 폐쇄한 이후에도 제1항에 따른 보전책임을 부담한다. 다만, 계좌를 폐쇄한 때부터 5

년이 경과한 경우에는 그 책임은 소멸한다.

제314조(예탁증권등의 권리행사등)

① 예탁결제원은 예탁자 또는 그 투자자의 신청에 의하여 예탁증권등에 관한 권리를 행사할 수 있다. 이 경우 그 투자자의 신청은 예탁자를 거쳐야 한다.

② 예탁결제원은 예탁증권등에 대하여 자기명의로 명의개서 또는 등록을 청구할 수 있다.

③ 예탁결제원은 제2항에 따라 자기명의로 명의개서된 주권에 대하여는 예탁자의 신청이 없는 경우에도 「상법」 제358조의2에 규정된 사항과 주주명부의 기재 및 주권에 관하여 주주로서의 권리를 행사할 수 있다.

⑥ 예탁증권등의 발행인은 제1항에 따른 예탁결제원의 권리행사를 위하여 대통령령으로 정하는 사항을 지체 없이 예탁결제원에 통지하여야 한다.

⑦ 제3항은 예탁증권등 중 기명식 증권에 관하여 준용한다.

⑧ 제165조의11제1항에 따라 주권상장법인이 발행하는 사채에 관한 예탁결제원의 권리 행사 및 예탁자를 통하여 투자자에게 반환된 후 투자자의 명의로 명의개서가 되지 아니한 예탁결제원 명의의 주권(그 주권에서 발생하는 권리를 포함한다)의 관리에 대하여 필요한 사항은 대통령령으로 정한다.

제315조(실질주주의 권리 행사등)

① 예탁증권등 중 주식의 공유자(이하 "실질주주"라 한다)는 주주로
서의 권리 행사에 있어서는 각각 제312조제1항에 따른 공유지분에
상당하는 주식을 가지는 것으로 본다.

② 실질주주는 제314조제3항에 따른 권리를 행사할 수 없다. 다만,
회사의 주주에 대한 통지 및 「상법」 제396조제2항에 따른 주주명
부의 열람 또는 등사 청구에 대하여는 그 권리를 행사할 수 있다.

③ 예탁증권등 중 주권의 발행인은 「상법」 제354조에 따라 일정한 기
간 또는 일정한 날을 정한 경우에는 예탁결제원에 이를 지체 없이
통지하여야 하며, 예탁결제원은 그 일정한 기간의 첫날 또는 그 일
정한 날(이하 이 조에서 "주주명부폐쇄기준일"이라 한다)의 실질
주주에 관하여 다음 각호의 사항을 지체 없이 그 주권의 발행인 또
는 명의개서를 대리하는 회사에 통지하여야 한다.

④ 예탁결제원은 제310조제1항에 규정된 예탁자에게 주주명부폐쇄기
준일의 실질주주에 관하여 제3항 각호에 규정된 사항의 통보를 요
청할 수 있다. 이 경우 요청받은 예탁자는 지체 없이 이를 통보하
여야 한다.

⑤ 예탁결제원은 공개매수신고서가 제출된 주식등의 발행인(그 주식
등과 관련된 증권예탁증권, 그 밖에 대통령령으로 정하는 주식등
의 경우에는 대통령령으로 정하는 자를 말한다. 이하 이 항에서 같
다)이 주식의 소유상황을 파악하기 위하여 일정한 날을 정하여 예
탁결제원에 실질주주에 관한 사항의 통보를 요청하는 경우, 그 밖
에 대통령령으로 정하는 경우에는 그 일정한 날의 실질주주에 관

하여 다음 각호의 사항을 지체 없이 주식등의 발행인 또는 명의개
서를 대행하는 회사에 통지하여야 한다.

⑥ 예탁결제원은 제310조제1항의 예탁자에게 제5항의 일정한 날의
실질주주에 관하여 제5항 각호의 사항의 통보를 요청할 수 있다.
이 경우 요청받은 예탁자는 이를 지체 없이 통보하여야 한다.

제316조(실질주주명부의 작성 등)

① 제315조제3항에 따라 통지받은 발행인 또는 명의개서를 대행하는
회사는 통지받은 사항과 통지 연월일을 기재하여 실질주주명부를
작성 · 비치하여야 한다.

② 예탁결제원에 예탁된 주권의 주식에 관한 실질주주명부에의 기재
는 주주명부에의 기재와 같은 효력을 가진다.

③ 제1항에 따른 발행인 또는 명의개서를 대리하는 회사는 주주명부
에 주주로 기재된 자와 실질주주명부에 실질주주로 기재된 자가
동일인이라고 인정되는 경우에는 주주로서의 권리행사에 있어서
주주명부의 주식수와 실질주주명부의 주식수를 합산하여야 한다.

제317조(민사집행)

예탁증권등에 관한 강제집행 · 가압류 및 가처분의 집행 또는 경매에
관하여 필요한 사항은 대법원규칙으로 정한다.

제318조(실질주주증명서)

① 예탁결제원은 예탁자 또는 그 투자자가 주주로서의 권리를 행사하

금융증권은 법으로 통한다

기 위하여 증권등의 예탁을 증명하는 문서(이하 이 조에서 "실질
주주증명서"라 한다)의 발행을 신청하는 경우에는 총리령으로 정
하는 방법에 따라 이를 발행하여야 한다. 이 경우 투자자의 신청은
예탁자를 거쳐야 한다.

② 예탁결제원은 제1항에 따라 실질주주증명서를 발행한 경우에는 해
당 발행인에게 그 사실을 지체 없이 통지하여야 한다.

③ 예탁자 또는 그 투자자가 제1항에 따라 발행된 실질주주증명서를
발행인에게 제출한 경우에는 「상법」 제337조제1항에 불구하고 발
행인에게 대항할 수 있다.

• 민사집행규칙

제3관 예탁유가증권에 대한 강제집행

제176조(예탁유가증권집행의 개시)

「자본시장과 금융투자업에 관한 법률」 제309조제2항의 규정에 따라
한국예탁결제원(다음부터 "예탁결제원"이라 한다)에 예탁된 유가증
권(같은 법 제310조제4항의 규정에 따라 예탁결제원에 예탁된 것으
로 보는 경우를 포함한다. 다음부터 "예탁유가증권"이라 한다)에 대
한 강제집행(다음부터 "예탁유가증권집행"이라 한다)은 예탁유가증권
에 관한 공유지분(다음부터 "예탁유가증권지분"이라 한다)에 대한 법
원의 압류명령에 따라 개시한다.

제177조(압류명령)

법원이 예탁유가증권지분을 압류하는 때에는 채무자에 대하여는 계좌대체청구 · 「자본시장과 금융투자업에 관한 법률」 제312조제2항에 따른 증권반환청구, 그 밖의 처분을 금지하고, **채무자가 같은 법 제309조제2항에 따른 예탁자(다음부터 "예탁자"라 한다)인 경우에는 예탁결제원에 대하여, 채무자가 고객인 경우에는 예탁자에 대하여 계좌대체와 증권의 반환을 금지하여야 한다.**

제178조(예탁원 또는 예탁자의 진술의무)

압류채권자는 예탁결제원 또는 예탁자로 하여금 압류명령의 송달을 받은 날부터 1주 안에 서면으로 다음 각호의 사항을 진술하게 할 것을 법원에 신청할 수 있다.

1. 압류명령에 표시된 계좌가 있는지 여부
2. 제1호의 계좌에 압류명령에 목적물로 표시된 예탁유가증권지분이 있는지 여부 및 있다면 그 수량
3. 위 예탁유가증권지분에 관하여 압류채권자에 우선하는 권리를 가지는 사람이 있는 때에는 그 사람의 표시 및 그 권리의 종류와 우선하는 범위
4. 위 예탁유가증권지분에 관하여 다른 채권자로부터 압류 · 가압류 또는 가처분의 집행이 되어 있는지 여부 및 있다면 그 명령에 관한 사건의 표시 · 채권자의 표시 · 송달일과 그 집행의 범위
5. 위 예탁유가증권지분에 관하여 신탁재산인 뜻의 기재가 있는 때에는 그 사실

제179조(예탁유가증권지분의 현금화)

① 법원은 압류채권자의 신청에 따라 **압류된 예탁유가증권지분에 관하여 법원이 정한 값으로 지급함에 갈음하여 압류채권자에게 양도하는 명령(다음부터 "예탁유가증권지분양도명령"이라 한다) 또는 추심에 갈음하여 법원이 정한 방법으로 매각하도록 집행관에게 명하는 명령(다음부터 "예탁유가증권지분매각명령"이라 한다)을 하거나 그 밖에 적당한 방법으로 현금화하도록 명할 수 있다.**

② 제1항의 신청에 관한 재판에 대하여는 즉시 항고를 할 수 있다.

③ 제1항의 규정에 따른 재판은 확정되어야 효력이 있다.

제180조(**예탁유가증권지분양도명령**)

① 예탁유가증권지분양도명령의 신청서에는 채무자의 계좌를 관리하는 예탁결제원 또는 예탁자에 개설된 압류채권자의 계좌번호를 적어야 한다.

② 예탁유가증권지분양도명령이 확정된 때에는 법원사무관등은 **제1항의 예탁결제원 또는 예탁자에 대하여 양도명령의 대상인 예탁유가증권지분에 관하여 압류채권자의 계좌로 계좌대체의 청구를 하여야 한다.**

③ 제2항의 규정에 따른 계좌대체청구를 받은 **예탁결제원 또는 예탁자는 그 취지에 따라 계좌대체를 하여야 한다.** 다만, 제182조제2항에서 준용하는 법 제229조제5항의 규정에 따라 예탁유가증권지분양도명령의 효력이 발생하지 아니한 사실을 안 때에는 그러하지 아니하다.

제181조(**예탁유가증권지분매각명령**)

① 법원이 집행관에 대하여 예탁유가증권지분매각명령을 하는 경우에 채무자가 고객인 때에는 채무자의 계좌를 관리하는 투자매매업자나 투자중개업자(다음부터 "투자매매업자등"이라 한다)에게, 채무자가 예탁자인 때에는 그 채무자를 제외한 다른 투자매매업자 등에게 매각일의 시장가격이나 그 밖의 적정한 가액으로 매각을 위탁할 것을 명하여야 한다.

② 채무자가 예탁자인 경우에 집행관은 제1항의 예탁유가증권지분매각명령을 받은 때에는 투자매매업자 등(채무자가 투자매매업자등인 경우에는 그 채무자를 제외한 다른 투자매매업자 등)에 그 명의의 계좌를 개설하고, 예탁결제원에 대하여 압류된 예탁유가증권지분에 관하여 그 계좌로 계좌대체의 청구를 하여야 한다.

③ 제2항의 규정에 따라 집행관으로부터 계좌대체청구를 받은 예탁결제원은 그 청구에 따라 집행관에게 계좌대체를 하여야 한다.

④ **제1항의 규정에 따른 매각위탁을 받은 투자매매업자 등는 위탁의 취지에 따라 그 예탁유가증권지분을 매각한 뒤, 매각한 예탁유가증권지분에 관하여는 매수인의 계좌로 계좌대체 또는 계좌대체의 청구를 하고 매각대금에서 조세, 그 밖의 공과금과 위탁수수료를 뺀 나머지를 집행관에게 교부하여야 한다.**

⑤ 집행관이 제1항의 규정에 따른 매각위탁과 제2항의 규정에 따른 계좌대체청구를 하는 경우에는 예탁유가증권지분매각명령등본과 그 확정증명을, 제2항의 규정에 따른 계좌대체청구를 하는 경우에는 그 명의의 계좌가 개설되어 있음을 증명하는 서면을 각기 붙여

야 한다.

제182조(채권집행규정 등의 준용)

제214조(예탁유가증권에 대한 가압류)

① 예탁유가증권을 가압류하는 때에는 예탁원 또는 예탁자에 대하여 예탁유가증권지분에 관한 계좌대체와 증권의 반환을 금지하는 명령을 하여야 한다.

7장

뒷문으로도 편법상장 할 수 있을까?

- 우회상장(Back Door Listing)

영화 〈공작〉 감독 · 제작사 …… 행남사로 "우회상장" 하나?

합병 후 우회상장 유력 …… 최대주주 여부 관건

영화 〈공작〉의 윤종빈 감독과 제작사인 사나이픽쳐스의 한재덕 대표가 코스닥 상장사 행남사에 투자해 공동 2대 주주로 올라섰다. 이에 행남사를 통해 영화·제작사가 우회 상장할 가능성이 크다는 게 업계 안팎의 시각이다. 이 경우 윤 감독 영화사 월광과 한 대표의 사나이픽쳐스가 합병한 뒤 다시 행남사와 합병하는 안이 유력하다.

2018. 9. 20. 뉴스핌

1. 우회상장이란 무엇인가?

기업이 발행하는 증권을 한국거래소의 유가증권시장이나 코스닥 시장에 정식으로 상장시켜 불특정 다수에 의한 일반거래가 안전하게 이루어지도록 하기 위해서는 당연히 한국거래소가 정하는 상장요건들을 통과하여야 합니다. 한국거래소의 상장규정에는 신규상장 심사요건으로 설립 후 경과연수, 자기자본 규모, 매출액, 주식분산, 재무적 요소 등 매우 까다로운 요건들이 포함되어 있습니다. 일단 비상장기업이 일단 이러한 엄격한 상장요건들을 통과하여 상장기업으로 전환되면, 상장기업이라는 이름 자체만으로도 상당한 brand 효과(상장 premium)를 누리게 됩니다.

예를 들어, 직접금융시장인 증권시장을 통한 자금조달이 매우 쉬어질 뿐만 아니라, 간접금융시장인 은행차입도 훨씬 수월해지고 기업 이미지도 향상됩니다. 그렇기 때문에 기업들은 대부분 상장요건을 통과하기 위해 매우 힘든 과정을 거칩니다. 그런데 이와 같은 상장요건에 미달하여 정상적인 상장 절차를 통해서는 유가증권시장이나 코스닥시장에 상장되는 것이 불가능한 비상장기업이 합병, 포괄적 주식교환, 중요한 영업양수(자산양수 포함), 현물출자 등의 우회적인 방법을 동원하여 최종적으로는 상장되는 것과 마찬가지의 효과를 얻는 경우가 있는데, 이를 우회상장(back door listing)이라고 합니다.

우회상장은 수많은 상장 관련 서류들을 준비하여 상장심사 절차를 정상적으로 밟고 있는 일반 기업과 비교해 형평성에 문제가 생길니다. 또한 우회상장 예정이라는 회사 내부의 정보를 이용하여 상장기업의 주식을 미리 매수하여 우회상장 후 상장기업의 주가가 상승하면(상장기업은 일반적으로 부실기업이 대부분이며, 이에 비해 상대적으로 양호한 비상장기업에 의한 우회상장이 있게 되면, 상장기업의 주가는 오르는 경향이 있음), 이를 되팔아 매매차익을 획득하려는 불공정거래가 될 수 있다는 점 등 많은 폐단을 유발할 수 있습니다.

이와 같은 우회상장의 폐단을 줄이고자, 한국거래소는 먼저 코스닥시장 상장규정으로 우회상장의 판단기준을 정하고, 우회상장 종목 표시와 상장요건 미달 시 우회 상장기업의 사후적인 상장폐지를 정하였습니다. 나중에는 이를 유가증권시장 상장규정에까지 확대 도입하여 편법적인 우회상장을 철저하게 감독하고 있습니다. 우회상장에 대한 내용은 유가증권시장이나 코스닥시장 모두 유사하므로 유가증권시장을 중심으로 설명합니다.

2. 우회상장은 어떻게 이루어지나?

한국거래소가 제정한 유가증권 상장규정 제32조는 "우회상장"의 개념에 대하여 "보통주권 상장법인의 경영권이 변동되고 주권 비상장법인의 지분증권이 상장되는 효과가 있는 경우를 우회상장으로 본다"라고 규정하고 있습니다.

즉, 비상장기업의 지배주주가 아래와 같은 우회적인 방법을 동원하여 상장기업의 지배주주로 변동이 되면 우회상장이 이루어진 것으

금융증권은 법으로 통한다

로 봅니다.

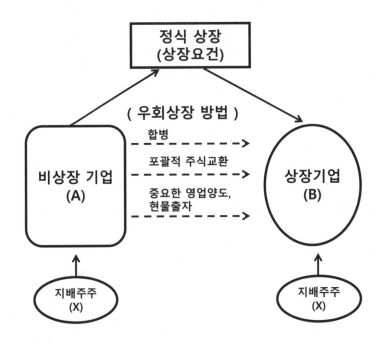

(1) 합병

비상장기업이 상장기업에 흡수합병 되면, 비상장기업(소멸기업)의 인적조직, 물적 조직은 모두 상장기업(존속기업)으로 포괄승계 됩니다. 특히, 비상장기업의 자본(주식)도 상장기업으로 승계되는데, 당연히 소멸되는 비상장기업의 기존 주주들은 비상장기업의 주식을 상장기업에게 교부하고, 그 대신에 존속기업인 상장기업의 주식을 합병대가로써 새로 교부받게 됩니다. 그 결과, 비상장기업의 기존 주주(X)들은 상장기업의 주주로 그 지위가 전환됩니다.

이와 같이 합병과정을 통하여 비상장기업은 법인격이 소멸되었으나, 비상장기업의 기존 지배주주(X)는 상장기업의 주주로 그 지위가 바뀌게 됩니다. 이때 통상적으로 우회상장 시에는 비상장기업의 규모가 상장기업보다 큰 경우가 많아서 비상장기업의 기존 지배주주(X)가 합병에 의해 받는 상장기업의 주식이 매우 많거나, 상장기업의 주식분산이 잘되어 있어서 상장기업의 기존 지배주주의 지분율도 낮을 경우, 비상장기업의 지배주주(X)는 합병 후에 상장기업에서도 새로운 지배주주가 될 가능성이 높습니다.

이와 같이 합병이라는 복잡한 절차를 거쳐야 하고, 비상장기업의 법인격도 소멸되는 부담은 있었지만, 비상장기업의 지배주주(X) 입장에서는 어차피 비상장기업의 인적조직, 물적조직이 합병에 의해 모두 상장기업으로 포괄승계 되어 상장기업에 계속 남아 있는 상태이고, 그 상장기업의 새로운 지배주주가 되었기에, 결과적으로 정식 상장절차를 거치지 않고 자신의 주식을 상장시킨 것과 마찬가지의 효과를 본 것입니다.

(2) 포괄적 주식교환

비상장기업이 상장기업과 포괄적 주식교환을 하면, 비상장기업의 기존 주주는 자신이 가지고 있는 주식을 모두 상장기업에게 이전을 해야 하고, 그 대가로 상장기업의 주식을 새롭게 교부받아 상장기업의 주주로 변동이 됩니다.

그 결과, 상장기업이 비상장기업의 주식을 그 기존 주주로부터 받아 보유하게 되므로 상장기업은 모기업, 비상장기업은 자기업(자회사)이 됩니다.

그러나 합병과는 달리 비상장기업의 법인격은 소멸되지 않고 상장기업의 자기업의 지위로 바뀌어 계속 법인격이 유지됩니다. 여기서도, 비상장기업의 기존 지배주주(X)는 합병에서 설명한 바와 같은 가정이 성립한다면 상장기업의 새로운 지배주주가 될 가능성이 높습니다. 결국, 포괄적 주식교환에 의해, 비상장기업은 비록 상장되지 않은 채 계속 비상장기업으로 남아 있지만, 비상장기업의 기존 지배주주(X) 입장에서 보면 그는 상장기업의 새로운 지배주주가 되어 상장기업을 지배하게 되고, 이어서 상장기업은 비상장기업을 자기업으로 간접 지배하게 되므로, 상장절차를 통과하지 않고 자신의 주식을 상장시킨 것과 마찬가지의 결과를 얻게 됩니다.

(3) 중요한 영업(또는 자산)의 양수나 현물출자의 경우

비상장기업이 중요한 영업이나 자산을 상장기업에게 양도하거나 현물출자하여 비상장기업은 유명무실화 되면서 상장기업이 이를 모두 인수받고, 그 과정에서 비상장기업의 기존 지배주주(X)가 상장기업의 새로운 지배주주가 된다면 앞에서 본 합병, 포괄적 주식교환과 마찬가지의 효과가 발생합니다.

인수개발(A&D, Acquisition And Development)

인수개발(A&D, Acquisition And Development)은 유가증권 상장규정에서 정한 우회
상장의 방법은 아니지만, 그와 비슷한 예의 하나입니다. 인수개발은 M&A(Merger and
Acquisition)와 R&D(Research and Development)에서 A와 D만을 따온 것인데, 보통의
R&D가 독자적인 기술개발을 통하여 기업의 발전을 추구하는 것과는 달리, A&D는 기
술개발을 이미 이루어 놓은 기존의 기업을 인수하여 기술개발을 위한 금전적, 시간적
인 비용을 줄이고자 하는 신종 M&A 기법입니다. 그런데 A&D가 변질되어 기업인수를
통한 기술개발이 아니라, 비상장회사가 부실한 상장기업들을 인수하면서 주식교환을
한 후 자본이득만을 추구하는 인수개발을 하는 경우에도 사실상 우회상장과 비슷한
결과가 발생합니다.

3. 우회상장이 되면 어떻게 되나?

위에서 본 우회적인 방법을 동원하여 비상장기업이 사실상 상장
되는 것과 마찬가지의 결과가 발생한다면, 모든 비상장기업이 정식
상장절차를 거치지 않고 그와 같은 우회적인 방법을 이용하려고 할
것입니다. 그렇기 때문에 한국거래소는 우회상장 거래에 응하는 상장
기업(우회상장 신청인)에 대해서는 우회상장 거래 이전에 일정한 신
고의무를 부과하고, 상장효과를 보게 되는 비상장기업(우회상장 대상
법인)에 대해서는 원칙대로 상장요건을 심사하게 됩니다.

즉, 상장기업이 비상장기업과 합병을 결의하는 등 우회상장 사유에 해당하는 거래를 하려고 하는 경우에는, 지체 없이 우회상장 확인서와 첨부서류를 한국거래소에 제출해야 하고, 한국거래소가 우회상장에 해당한다고 상장기업에 통지하면 비상장기업과 그 지배주주, 그리고 상장기업은 한국거래소에 상장예비심사를 신청하여 상장예비심사를 받아야 합니다(유가증권상장규정 제33조, 제34조).

이후 비상장기업(우회상장 대상법인)은 한국거래소의 유가증권상장규정에서 정하는 형식적 심사요건과 질적 심사요건을 모두 충족해야 합니다(유가증권상장규정 제36조).

형식적 심사요건에는 영업활동기간, 수익성 요건, 감사요건 등이 있으며, 이를 충족한 후에도 별도로 질적 심사요건을 충족하여야 합니다. 특히, 질적 심사요건에는 기업의 계속성, 경영투명성, 경영안정성, 주식회사의 법인성, 공익성, 투자자 보호 등에 관한 요건이 있습니다. 그리고 우회상장이 되면 비상장기업의 지배주주는 사실상 신규로 공모 상장하는 것과 동일한 상장효과를 보게 되므로, 일반 소액투자자 보호를 위해 상장기업의 지배주주가 보호예수의무를 부담하는 것과 마찬가지로, 자신이 소유하는 비상장기업의 주식과 상장기업의 주식을 모두 한국예탁결제원에 일정 기간 보호예수를 하여 그 기간 동안 주식 거래하는 것이 금지됩니다(유가증권상장규정 제35조). 또, 한국거래소는 일반투자자 보호를 위해 비상장기업이 우회상장에 해당하는 경우에는 세칙으로 정하는 바에 따라 그 사실을 공표할 수 있습니다(유가증권상장규정 제156조).

4. 우회상장이 상장요건을 충족하지 못하면 어떻게 되나?

비상장기업에 대하여 상장 예비심사를 했는데 그 심사요건을 충족하지 못한 경우나, 또는 우회상장 예비심사 신청서를 제출하기 전에 미리 우회상장을 완료한 경우에는 한국거래소는 우회상장이 되는 해당 주식을 상장폐지 하여 거래소에서 퇴출합니다(유가증권상장규정 제48조). 이와 같은 상장폐지는 한국거래소의 상장요건을 충족하여 거래소에서 정식 거래되고 있는 상장기업과의 형평성, 그리고 일반투자자 보호를 위해 당연한 조치입니다.

5. 우회상장이 합법적인 경우도 있나?

위와 같이 우회상장은 그 방법만 다를 뿐 실질적으로는 정식적인 상장효과가 있으므로 한국거래소가 상장규정에 의해 우회상장을 정식 상장처럼 엄격하게 규제하고 있는데, 기업인수목적회사(special purpose acquisition company)(SPAC)(스팩)는 처음부터 이와 같은 우회상장을 합법적인 방법으로 인정합니다. 즉, SPAC은 자본시장법에 의해 다수의 투자자들로부터 자금을 모집한 자금으로 기업을 인수하는 것을 목적으로 설립된 특수목적의 주식회사로서, 일반공모절차를 거치게 되어 있으므로 상장기업입니다(자본시장법은 동법 시행령 제6조 제4항 제14호).

SPAC은 일반 소액 투자자에게도 기업인수시장에 참여할 수 있는 기회를 주기 위해 인정된 기업 형태로서, 상장기업이나 비상장기업을 불문하고 합병의 방법에 의해 기업을 인수합니다. 따라서 상장기업인 SPAC은 태생 자체가 비상장기업의 합병이라는 우회상장의 결과가 발생하게 되어 있는 것임에도 불구하고 일반 투자자를 위해 자본시장법에서 특별히 우회상장의 예외로 허용하고 있습니다.

6. 맺음말

비상장기업의 주식이 한국거래소에 정식 상장되면 상장주식으로서의 여러 가지 premium이 생기고, 비상장기업의 주주는 주식의 가격상승으로 인한 경제적 이득도 얻게 됩니다. 그러나 상장요건도 갖추지 못한 주식이 상장요건 통과가 어려운 상황에서 이러한 이익을 부당하게 얻고자 우회상장의 방법을 동원하는 것을 허용한다면, 그 손해는 고스란히 다른 정식 상장기업이나 일반 투자자에게로 돌아가게 됩니다. 앞으로도 이와 같은 우회상장을 시도하려는 사례는 계속 발생할 것이므로 이에 대한 철저한 감독이 필요합니다.

판례

A. 합병에 의한 우회상장과 증여세 포탈

대법원 2011. 6. 30. 선고 2010도10968 판결[특정범죄가중처벌등에관한법률위반(알선수재)·특정범죄가중처벌등에관한법률위반(조세)·증권거래법위반]

원심은, 그 판시와 같은 여러 사정을 종합하면 피고인이 2003년 9월경 자녀들에게 차명주식을 이전한 것을 적극적으로 숨김으로써 의제증여세 부과의 전제가 되는 "주식의 증여 사실이나 3년 내에 증여받은 재산으로 주식을 취득한 사실"의 발견을 어렵게 하여 의제증여세의 부과와 징수를 불가능하게 하거나 현저히 곤란하게 할 당시에, **피고인이 자녀들에게 차명주식의 발행회사인 그 판시 회사의 우회상장을 염두에 두고 이를 위하여 그 판시 협회등록법인(코스닥상장법인)을 인수한 것으로 볼 수 있으므로, 피고인에게는 합병을 통한 우회상장을 전제로 주식을 거래한 후 합병을 통한 우회상장으로 양도된 주식의 가치를 증가시켜 그 증가된 가액을 자녀들에게 증여하고 그에 따른 의제증여세를 포탈하겠다는 범의가 있었다고 볼 수 있다고 판단**하였다.

원심이 인용한 제1심판결의 채택 증거들을 원심판결 이유 및 앞서 본 법리에 비추어 살펴보면, 원심의 위와 같은 사실인정과 판단은 정당한 것으로 수긍할 수 있고, 거기에 상고이유에서 주장하는 바와 같이 공판중심주의 또는 직접주의원칙 등을 위반하거나 논리와 경험칙에 반하여 자유심증주의의 한계를 벗어난 위법이 없다.

🗄️ 해설

A: 주식발행회사, Y: A회사의 최대주주(피고인), B: Y의 자녀, C: Y에게 명의 대여를 한 주주, D: 코스닥 상장회사, X: 검사

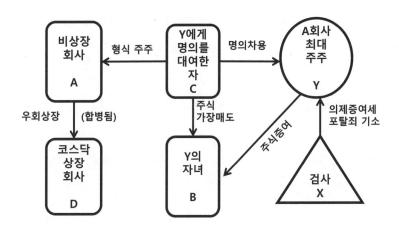

Y(피고인)는 자신이 최대주주로 있는 A회사의 주식을 제3자인 C의 명의를 빌려 보유하고 있었습니다(차명주식). Y(피고인)는 이 차명주식을 자신의 자녀 B에게 증여하였습니다. 이 과정에서 Y(피고인)는 증여 사실을 숨기기 위해 C(명의대여 주주)가 직접 B(자녀)에게 주식을 매도하는 것처럼 허위의 매매계약서를 작성하고, 주식매매대금도 마치 B(자녀)가 C(명의대여주주)에게 직접 지급하는 것처럼 꾸민 후

C의 명의로 주식양도차익에 대한 양도세까지 납부하였습니다. 그 후에 Y(피고인)는 A회사를 합병방식으로 우회상장 하기 위해 코스닥 상장회사인 D회사를 인수하였습니다. 결국 Y(피고인)의 자녀 B는 A회사가 D회사에 합병되는 방식으로 우회상장 되어 A회사의 주식가치가 상승하는 효과를 보게 되었습니다. 이러한 Y(피고인)의 행위에 대해 X(검사)는 Y(피고인)를 의제증여세의 조세포탈죄로 기소하였습니다.

대법원은 이 사건에서 Y(피고인)에게는 우회상장으로 인한 A회사 주식가치 상승분에 대한 의제증여세(당초의 증여가액을 초과하는 추가 가치상승분에 대해 부과되는 의제증여세)를 회피할 고의가 인정된다고 판시하여 Y(피고인)의 유죄가 인정되었습니다.

B. 포괄적 주식교환에 의한 우회상장과 업무상배임죄

대법원 2012. 11. 15. 선고 2010도11382 판결[특정경제범죄가중처벌등에관한법률위반(배임)

갑 주식회사 대표이사인 **피고인이 갑 회사를 우회상장 하기 위한 방안으로 을 주식회사 대표이사 병과 포괄적 주식교환계약을 체결하면서**, 갑 회사의 매출액을 부풀려 허위 계상한 회계자료를 평가기관인 회계법인에 제공하는 방법으로 **갑 회사의 주식가치가 과대평가되도록 하여 주식교환비율을 유리하게 정한 다음** 을 회사의 대표이사로 취임한 후 위 계약에 따라 주식교환을 실시함으로써 을 회사에 손해를 가하였다고 하여 구 특정경제범죄 가중처벌 등에 관한 법률(2012. 2. 10. 법률 제11304호로 개정되기 전의 것) 위반(배임)으로 기소된 사안.

포괄적 주식교환계약의 이행 사무를 처리할 당시 피고인은 을 회사 대표이사의 지위에 있었고, 허위 매출자료 등에 의하여 갑 회사의 주당가치가 증가되었다는 사정과 포괄적 주식교환계약을 그대로 실시하면 을 회사가 주당가치에 상당 정도 미달하는 갑 회사의 주식을 인수하고 그 대가로 을 회사의 신주를 갑 회사 주주들에게 발행하게 되어 을 회사가 상당한 재산상 손해를 입게 되리라는 사정을 잘 알고 있었으므로, 을 회사의 사무를 처리하는 지위에 있었던 피고인에게는 을 회사의 이사회나 주주총회를 소집하여 위와 같은 사정을 알리고 기망을 이유로 포괄적 주식교환계약을 취소하는 등 선량한 관리자로서 을 회사가 입을 재산상 손해를 방지하고 을 회사에 최선의 이익이 되도록 직무를 충실하게 수행할 업무상 임무가 있었다고 보아야 하고, 그런데도 피고인이 이러한 조치를 취하지 아니하고 오히려 사기적인 포괄적 주식교환계약에 의하여 계획된 갑 회사 내지 그 주주들을 위한 부당한 이익을 실현하기 위해서 그 계약을 이행한 것은 을 회사의 대표이사로서 당연히 하여야 할 것으로 기대되는 행위를 하지 아니한 것으로서 본인인 을 회사와 신임관계를 저버리는 행위를 한 것으로 보기에 충분하다는 이유로, 이와 달리 보아 무죄를 인정한 원심판결에 업무상배임죄의 성립 및 기망을 이유로 한 계약취소에 관한 법리를 오해하고 필요한 심리를 다하지 아니한 위법이 있다고 한 사례.

📖 해설

A: 포괄적 주식교환에 의한 우회상장 예정회사(비상장회사), Y: A회사의 대표이사(피고인), B: 우회상장 상대회사(포괄적 주식교환 상대회사)(상장회사), C: 회계법인, X: 검사

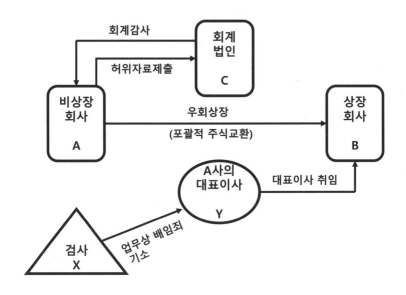

A회사의 대표이사인 Y(피고인)는 A회사를 우회상장 할 계획을 가지고 있었는데, 당시에 A회사의 매출액이 감소하여 회사가치의 평가 시에 A회사에 불리하게 되는 것을 염려하였습니다. 이에 Y(피고인)는 허위의 매출을 일으켜서 가공의 세금계산서를 발행하는 방법으로 A회사의 매출액을 증대시켰습니다. Y(피고인)는 이와 같은 허위 재무자료를 이런 사정을 모르는 C회계법인에게 제출하여 동 회계법인이

A회사의 가치를 부당하게 고가로 평가하도록 유도하였습니다. 이후 A회사와 B회사는 포괄적 주식교환에 의해 A회사를 B회사의 자회사로 만드는 주주총회결의를 각각 하였고, 그 결의 후에 Y(피고인)는 B회사의 대표이사로 취임하였습니다. 이러한 Y(피고인)의 행위에 대해 X(검사)는 A회사 주식과 B회사 주식 간의 교환비율에서 B회사에 손해를 주었다는 이유로 업무상배임죄로 기소했는데, 원심에서는 Y(피고인)는 포괄적 주식교환의 주총결의일 당시에는 B회사의 대표이사로 취임하기 이전이므로 B회사에 대한 관계에서 업무상배임죄가 성립되지 않는다고 하여 무죄로 판시하였습니다.

그러나 대법원은 Y(피고인)가 비록 포괄적 주식교환 주주총회결의일 당시에는 B회사의 대표이사로 취임하지는 않았지만, 이러한 주주총회결의일 이후에 B회사의 대표이사로 취임하고 나서, 이러한 사정을 모두 알면서 포괄적 주식교환계약의 이행을 위해 A회사의 주주들에게 B회사의 주식을 교부하는 등 B회사의 대표이사로서 B회사에 손해를 주는 이행행위를 하였으므로 업무상배임행위를 한 것으로 보아 Y(피고인)에게 유죄가 인정된다고 판시하였습니다.

C. 합병에 의한 우회상장과 미공개정보 이용

대법원 2017. 5. 17. 선고 2017도1616 판결[자본시장과금융투자업에관한법률위반][미간행]
공소외 1 회사는 공소외 2 주식회사(이하 "공소외 2 회사"라고 한다)

에 주식공모, 상장, 합병 등 업무를 위탁하였다. 공소외 2 회사 직원 공소외 3은, 공소외 2 회사가 위와 같이 위탁받은 업무를 처리하는 과정에서, "공소외 4 주식회사(이하 "공소외 4 회사"라고 한다)가 공소외 1 회사와 합병하는 방식으로 우회상장 한다."라는 미공개중요정보(이하 "이 사건 미공개중요정보"라고 한다)를 알게 되었고, 2014. 7. 초순경 이를 피고인 2 주식회사의 대표이사로서 공소외 4 회사의 소수주주인 피고인 1에게 알려 주었다. 피고인 1은 이 사건 미공개중요정보를 이용하여 2014. 7. 23.부터 2014. 8. 19.까지 자신 명의 또는 피고인 2 주식회사 등 제3자 명의로 된 13개 증권계좌를 이용하여 공소외 1 회사 주식(이하 "이 사건 주식"이라고 한다) 합계 895,802주(발행주식 총수의 약 12.7%)를 매수하였다.

공소외 1 회사는 2014. 8. 25. 이사회 결의를 거쳐 공소외 4 회사를 흡수합병(이하 "이 사건 합병"이라고 한다)하기로 결정한 다음, 같은 날 이 사건 합병결정을 공시하였다. 이 사건 주식은 이 사건 합병결정 공시일인 2014. 8. 25.부터 우회상장에 따른 상장예비심사결과 적격 통보를 받은 2014. 10. 16.까지 거래가 정지되었다가, 2014. 10. 17. 거래가 재개되었다.

▤⁊ 해설

A: 기업인수목적회사(SPAC), B: 우회상장 계획회사(비상장회사), C: 우회상장업무 주선증권회사, D: C회사의 직원, Y: B회사의 소수주주(피고인)

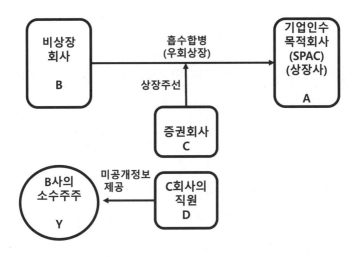

　A회사는 기업인수목적회사로서 다른 법인과 합병하는 것을 유일한 사업목적으로 하고 있었는데 공모, 상장, 합병 등의 업무를 C증권회사에 위탁하였습니다. 그런데 C회사의 직원 D가 "B회사가 A회사와 합병하는 방식으로 우회상장 한다."라는 미공개중요정보를 B회사의 소수주주인 Y(피고인)에게 알려 주었습니다. 그러자 Y(피고인)는 이렇게 취득한 미공개정보를 이용하여 자신의 명의 또는 제3자의 명의로 된 증권계좌를 이용하여 A회사 주식을 매수하였습니다. 이후 A회사는 이사회결의를 거쳐 B회사를 흡수합병 하였고, A회사 주식은 이러한 합병결정 공시일부터 우회상장에 따른 상장예비 심사결과 적격 통보일까지 거래가 정지되었다가 다시 거래가 재개되었습니다.

　대법원은 Y(피고인)의 위와 같은 행위는 자본시장법에서 금지하는 미공개정보 이용행위에 해당하는 것이 당연하다고 판시하였습니다.

D. 유가증권 상장의 법적 성질

대법원 2007.11.15. 선고 2007다1753 판결[상장폐지결정무효확인]

• 판시 사항
[1] 주식회사 한국증권선물거래소와 유가증권 상장신청법인 사이에 체결되는 상장계약 및 그 상장폐지결정의 법적 성질
[2] 주식회사 한국증권선물거래소가 제정한 유가증권상장규정의 법적 성질
[3] 주식회사 한국증권선물거래소가 제정한 유가증권상장규정의 특정 조항을 무효라고 보아야 하는 경우

• 판결 요지
[1] 주식회사 한국증권선물거래소는 한국증권선물거래소법 제4조의 규정에 따라 설립된 주식회사로서, **그 유가증권시장에 유가증권의 상장을 희망하는 발행회사와 주식회사 한국증권선물거래소 사이에 체결되는 상장계약은 사법상의 계약이고,** 상장회사의 신청이 없는 상태에서의 주식회사 한국증권선물거래소에 의한 상장폐지 내지 상장폐지결정은 그러한 사법상의 계약관계를 해소하려는 주식회사 한국증권선물거래소의 일방적인 의사표시이다.
[2] 주식회사 한국증권선물거래소가 증권거래법의 규정에 따라 제정한 유가증권상장규정은, 행정기관이 제정하는 일반적, 추상적인 규정으로서 법령의 위임에 따라 그 규정의 내용을 보충하는 기능을 가지

면서 그와 결합하여 대외적인 구속력을 가지는 법규명령이라고 볼 수는 없고, 증권거래법이 자치적인 사항을 스스로 정하도록 위임함으로써 제정된 주식회사 한국증권선물거래소의 자치 규정에 해당하는 것으로서, **상장계약과 관련하여서는 계약의 일방 당사자인 주식회사 한국증권선물거래소가 다수의 상장신청법인과 상장계약을 체결하기 위하여 일정한 형식에 의하여 미리 마련한 계약의 내용, 즉 약관의 성질을 갖는다.**

[3] 주식회사 한국증권선물거래소가 제정한 유가증권상장규정은 법률의 규정에 근거를 두고 상장법인 내지 상장신청법인 모두에게 당연히 적용되는 규정으로서 실질적으로 규범적인 성격을 가지고 있음을 부인할 수 없어 관련 법률의 취지에 부합하지 않는 사항을 그 내용으로 할 수는 없고, 주식회사 한국증권선물거래소는 고도의 공익적 성격을 가지고 있는 점을 감안하면, 위 상장규정의 특정 조항이 비례의 원칙이나 형평의 원칙에 현저히 어긋남으로써 정의관념에 반한다거나 다른 법률이 보장하는 상장법인의 권리를 지나치게 제약함으로써 그 법률의 입법 목적이나 취지에 반하는 내용을 담고 있다면 그 조항은 위법하여 무효라고 보아야 한다.

📑 해설

X: 회사정리절차개시 신청회사(원고), Y: 한국증권선물거래소(피고)

X회사(원고)는 IMF 사태로 인해 재정적 어려움을 겪다가 법원에

회사정리절차의 개시신청을 하였습니다. 그러자 Y(한국증권선물거래소)(피고)는 회사정리절차개시 신청 시 상장폐지 하도록 되어 있는 유가증권상장규정을 근거로 X회사(원고)의 주식에 대해 상장폐지결정을 내렸습니다. 이에 X회사(원고)가 Y(한국증권선물거래소)를 상대로 유가증권상장규정의 해당 조항이 무효임을 확인하는 민사소송을 제기했습니다.

대법원은 유가증권상장규정은 민사상의 약관에 해당하고 상장폐지결정은 Y(피고)의 일방적인 의사표시인 단독행위라고 판시하였습니다. 그리고 회사정리절차 개시신청을 하면 상장폐지 하도록 규정된 유가증권상장규정의 해당 조항은 기업들이 상장폐지 규정의 적용을 피하는 과정에서 오히려 회상정리절차를 이용하려는 것을 꺼리게 만들고, 그 경우 회생 가능한 기업의 정상화를 더욱 막아 사회경제상 손실이 초래되며, 그러한 손실이 상장폐지에 의한 주식 투자자의 보호보다 훨씬 크다는 점에서, 해당 조항은 비례의 원칙에 위배되어 무효라고 판시하여 X(원고)가 승소하였습니다.

📖 법령

• 자본시장과 금융투자업에 관한 법률(약칭: 자본시장법)

제390조(상장규정)

금융증권은 법으로 통한다

① 거래소는 증권시장에 상장할 증권의 심사 및 상장증권의 관리를 위하여 증권상장규정(이하 "상장규정"이라 한다)을 정하여야 한다. 이 경우 거래소가 개설·운영하는 둘 이상의 증권시장에 대하여 별도의 상장규정으로 정할 수 있다.

② 상장규정에는 다음 각호의 사항이 포함되어야 한다.

• 유가증권시장 상장규정

제1조(목적)

이 규정은 한국거래소가 「자본시장과 금융투자업에 관한 법률」 제390조에 따라 유가증권시장에 상장할 증권을 심사하고 상장법인과 상장증권을 관리하는 데에 필요한 사항을 규정함을 목적으로 한다.

제2조(정의)

① 이 규정에서 사용하는 용어의 뜻은 다음과 같다.

  1. "상장"이란 이 규정에서 달리 정하는 경우를 제외하고는 특정한 종목의 증권에 유가증권시장에서 거래될 수 있는 자격을 부여하는 것을 말한다. 이 경우 상장의 종류는 다음 각 목과 같이 구분한다.

    가. 신규상장: 유가증권시장에 상장되지 않은 종목의 증권을 처음 상장하는 것

    나. 재상장: 유가증권시장에서 상장이 폐지된 보통주권 또는

채무증권을 다시 상장하거나 보통주권 상장법인의 분할,
분할합병, 합병으로 설립된 법인의 보통주권을 상장하는
것으로서 제38조 또는 제89조에서 정하는 것

다. 우회상장: 합병, 주식의 포괄적 교환, 영업 또는 자산의 양
수, 현물출자 등과 관련하여 주권상장법인의 경영권이 변
동되고 주권비상장법인의 지분증권이 상장되는 효과가 있
는 것으로서 제32조 또는 제54조에서 정하는 것

제2절 우회상장

제32조(우회상장)

거래소는 다음 각호의 어느 하나에 해당하는 거래와 관련하여 세칙으
로 정하는 바에 따라 보통주권 상장법인의 경영권이 변동되고 주권비
상장법인(유가증권시장에 지분증권이 상장되지 않은 단체나 조합, 그
밖의 발행인을 포함한다. 이하 이 절에서 같다)의 지분증권이 상장되
는 효과가 있는 경우를 우회상장으로 본다.

1. 보통주권 상장법인과 주권비상장법인 간의 거래로서 다음 각
   목의 어느 하나에 해당하는 거래
   가. 합병
   나. 주식의 포괄적 교환
   다. 법 제161조제1항제7호에 따라 주요사항보고서를 제출하는
   영업양수(이하 "중요한 영업양수"라 한다)

금융증권은 법으로 통한다

2. 보통주권 상장법인과 주권비상장법인의 주요 출자자(최대주주 등 세칙으로 정하는 자를 말한다. 이하 같다) 간의 거래로서 다음 각 목의 어느 하나에 해당하는 거래

가. 법 제161조제1항제7호에 따라 주요사항보고서를 제출하는 자산양수(이하 **"중요한 자산양수"**라 한다)

나. 주권비상장법인의 지분증권을 목적재산으로 하는 경우로서 그 출자가액이 세칙으로 정하는 금액 **이상인 현물출자**(이하 이 절에서 "현물출자"라 한다)

3. 제1호 또는 제2호의 거래와 유사한 것으로서 세칙으로 정하는 거래

제33조(**우회상장 확인 서류 제출**)

① 보통주권 상장법인이 주권비상장법인과 합병을 결의하는 등 세칙으로 정하는 사유에 해당하는 경우에는 지체 없이 세칙으로 정한 우회상장 확인서와 첨부서류를 거래소에 제출해야 한다.

② 제1항의 서류를 확인한 결과 **해당 거래가 우회상장이라고 판단하는 경우에 거래소는 그 사실을 해당 보통주권 상장법인에 지체 없이 알려야 한다.**

③ **제2항의 통지를 받은 보통주권 상장법인은 지체 없이 제34조에 따라 상장예비심사를 신청해야 한다.**

제34조(상장예비심사)

주권비상장법인 또는 그 주요 출자자와 **우회상장에 해당하는 거래를**

하려는 보통주권 상장법인(이하 "우회상장신청인"이라 한다)은 그 거래를 하기 전에 세칙으로 정하는 상장예비심사신청서와 첨부서류를 거래소에 제출하여 상장예비심사를 받아야 한다.

제35조(보호예수)

① 보통주권의 우회상장과 관련하여 다음 각호의 어느 하나에 해당하는 자는 자신이 소유하는 세칙으로 정하는 우회상장신청인과 우회상장 대상 법인의 주식등(지분증권을 포함한다. 이하 이 조에서 같다)을 보호예수해야 한다.

1. 우회상장 대상 법인의 주요 출자자

2. 상장예비심사 신청일 전 1년 이내에 우회상장 대상 법인이 제3자 배정 방식으로 발행한 주식등을 취득하거나 같은 기간 동안에 우회상장 대상 법인의 주요 출자자가 소유하는 주식등을 취득한 자. 이 경우 해당 취득분에 한정한다.

제36조(우회상장 심사요건)

① 우회상장 대상 법인은 상장예비심사 신청일 현재 다음 각호의 형식적 심사요건을 모두 충족해야 한다.

1. 제29조제1항제1호의 **영업활동기간 요건**을 충족할 것

2. 제29조제1항제4호가목(2)의 **수익성 요건**을 충족할 것

3. 제29조제1항제5호의 **감사의견 요건**을 충족할 것

5. 중요한 영업양수의 경우에는 최근 사업연도 말 현재 해당 영업부문의 **부채가 자산을 초과하지 않을 것**

② 중요한 영업양수와 관련한 우회상장의 경우에는 제1항 각호는 다음 각호의 적용 방법을 따른다.

   1. 제29조제1항제1호의 영업활동기간은 영업양수에 따라 이전될 영업부문의 영업활동기간을 기준으로 한다.

   2. 제29조제1항제4호가목(2)의 수익성은 영업양수에 따라 이전될 영업부문의 최근 3사업연도 영업이익을 기준으로 한다.

   3. 제29조제1항제5호의 감사의견은 해당 우회상장 대상 법인에 대한 감사의견을 기준으로 한다.

③ 거래소는 **우회상장 대상 법인이 제1항의 형식적 심사요건을 충족하는 경우에는 해당 우회상장이 적합한지에 대하여 제30조제1항 각호의 질적 심사요건을 준용하여 심사한다.**

④ 거래소가 공익 실현과 투자자 보호를 위하여 공공적법인등의 신속한 우회상장이 필요하다고 인정하는 경우에는 제1항과 제3항을 적용하지 않을 수 있다.

⑤ 우회상장의 심사에 관하여는 신규상장의 심사에 관한 제29조제4항 및 제5항을 준용한다. 이 경우 "신규상장신청인"은 "우회상장 대상 법인"으로 한다.

⑥ 제1항의 심사요건을 적용하는데 필요한 세부 적용 방법 등은 세칙으로 정한다.

제37조(주권비상장법인과의 합병)

① **보통주권 상장법인이 주권비상장법인과 합병하여 보통주권 상장**

법인이 되는 경우로서 법시행령 제176조의5제4항 각호의 요건을 준수해야 하는 경우에는 해당 **주권비상장법인이 다음 각호의 요건을 충족해야 한다.**

1. 제29조제1항제4호가목(2)의 수익성 요건을 충족할 것. 이 경우 "상장예비심사 신청일"은 "합병의 주요사항보고서 제출일"로 한다.

2. 제29조제1항제5호의 감사의견 요건을 충족할 것

3. 합병의 주요사항보고서 제출일 전 1년 동안 최대주주가 바뀌지 않았을 것. 다만, 세칙으로 정하는 경우로서 최대주주의 변경이 기업 경영의 계속성을 해치지 않는다고 거래소가 인정하는 경우에는 이 호를 적용하지 않는다.

4. 부도 발생 사실이 있던 경우에는 합병의 주요사항보고서 제출일부터 1년 이전에 부도 발생 사유가 해소되었을 것

5. 회사 경영에 중대한 영향을 미칠 수 있는 소송 등 분쟁사건이 없을 것

② 보통주권 상장법인과 주권비상장법인 간의 합병이 우회상장에 해당하는 경우에는 제1항을 적용하지 않는다.

제54조(우회상장)

외국주권등 상장법인의 우회상장에는 보통주권의 우회상장에 관한 제32조부터 제36조까지와 외국주권등의 보호예수 면제에 관한 제52조제2항을 준용한다. 이 경우 제36조의 우회상장 심사요건은 외국주

금융증권은 법으로 통한다

권등의 신규상장 심사요건에 관한 제53조제1항 각호의 적용 방법을 따른다.

제156조(우회상장에 대한 공표)

거래소는 주권비상장법인이 우회상장에 해당하는 경우에는 세칙으로 정하는 바에 따라 **그 사실을 공표할 수 있다.**

제16조(상장계약)

① **상장신청인이 증권을 상장하려면 거래소와 상장계약을 체결해야 한다.** 다만, 다음 각호의 어느 하나에 해당하는 경우에는 그러지 아니한다.
   1. 국채증권의 상장을 의뢰하는 경우
   2. 그 밖에 이미 상장된 증권과 같은 종류의 증권에 대해 상장을 신청하는 경우
② 제1항의 상장계약은 증권이 상장되는 날부터 효력이 생긴다.
③ 제1항의 상장신청인은 세칙으로 정하는 상장계약서를 거래소에 제출해야 한다.

제48조(상장폐지)

① **거래소는 보통주권 상장법인이 다음 각호의 어느 하나에 해당하는 경우에는 해당 보통주권을 상장폐지 한다.**

   14. **우회상장기준 위반:** 우회상장과 관련하여 다음 각 목의 어느

하나에 해당하는 경우

가. 우회상장예비심사를 통과하지 못한 주권비상장법인을 대상으로 우회상장을 완료한 경우

나. 우회상장예비심사신청서를 제출하기 전에 우회상장을 완료한 경우. 다만, 중요한 영업양수 또는 자산양수에 관한 주요사항보고서를 제출한 후 6개월 이내에 공시규정에 따라 최대주주 변경을 신고하고, 해당 신고일부터 1개월 이내에 우회상장예비심사신청서를 제출하여 심사를 받은 경우에는 이 목을 적용하지 않는다.

3부

정원에
날아온 나비

: 투자자

FINANCE &
SECURITY LAW

8장

집단이 모여
투자하는 방법은 무엇일까?

- 집합투자(Collective Investment)

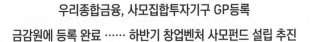

우리종합금융, 사모집합투자기구 GP등록

금감원에 등록 완료 …… 하반기 창업벤처 사모펀드 설립 추진

우리종합금융이 펀드운용사로 나아가기 위한 발판을 다졌다. 우리종합금융은 지난 22일 금융감독원에 "자본시장법과 금융투자업에 관한 법률"에 의한 **경영참여형 사모 집합투자기구(PEF)의 업무집행사원(GP) 등록**을 완료했다고 28일 밝혔다. 우리종 합금융 대표이사는 "**GP 등록**을 계기로 본격적인 펀드운용사로 한 단계 발돋움할 계 **획이다**"라며 "우리종합금융의 새로운 비즈니스 영역으로 확대해 나가겠다"고 말했다.

2018. 6. 스카이데일리

1. 집합투자란 무엇인가?

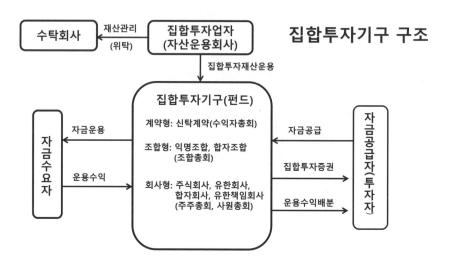

"집합"이라는 용어는 다수의 구성원(투자자) 또는 다수의 자금이 모여 있는 상태를 의미합니다. 자본시장법에서는 이 집합이라는 용어를 사용하여 "집합투자"의 개념을 "2인 이상의 투자자로부터 모은 금전을 투자자로부터 일상적 지시를 받지 않으면서 운용하고 그 결과를 투자자에게 배분하여 귀속시키는 것"이라고 정의하고 있습니다. 그런데 지금은 폐지되어 자본시장법에 편입된 간접투자자산운용업법에서는 "집합투자"라는 용어 대신에 "간접투자"라는 용어를 사용하였습니다. 사실 일반인의 입장에서 보면 단순히 다수가 모여 있는 상태를 의미하는 "집합"이라는 용어보다는, 투자방식을 기준으로 투자자가 중간매개 없이 직접투자를 하느냐, 아니면 중간매개기구를 통해 간접투자를 하느냐의 기준으로 구분한 "간접투자"라는 용어가 훨씬 직관적

　　　　　　　　　　　　　　　금융증권은 법으로 통한다

으로 이해될 수 있습니다.

하여튼 자본시장법에 의하면 집합투자는 자금공급자(투자자), 중간매개체(집합투자기구)(실무에서는 펀드라고 함), 자금수요자라는 3대 요소로 구성됩니다. 즉, 집합투자에서는 자금공급자(투자자)가 2인 이상 복수로 존재해야 하고, 이들로 구성된 집합투자기구를 통해 자금운용기관(자산운용사)이 자금공급자의 일상적 지시를 받지 않고 자금을 독자적으로 운용하며, 이 자금을 사용하는 자금수요자가 존재합니다.

결국, 자본시장법상의 집합투자는 자금의 공급자와 수요자가 직접 거래하는 직접금융의 한 형태이기는 합니다. 그러나 보통의 일반적인 직접금융에서는 자금공급자(투자자)들이 중간에 매개체(집합투자기구)의 구성 없이 직접 자금을 운용합니다. 하지만 집합투자에서는 자금공급자(투자자) 스스로가 집합체를 이루어 중간 매개체(집합투자기구)(펀드)를 구성하고, 별도의 자금운용기관(자산운용사)이 이러한 집합투자기구를 통해 독자적으로 자금을 운용하는 방식으로 이루어지므로, 이는 특별한 형태의 직접금융이라고 할 수 있습니다.

2. 집합투자기구(펀드)란 무엇인가?

집합투자의 3대 구성요소 중 자금공급자와 자금수요자는 일반적인 금융과 크게 다르지 않습니다. 일반인에게 생소하게 느껴지는 부분은 "집합투자기구"(collective investment vehicle)라는 용어입니다. 집합투자기구는 집합투자를 수행하기 위해 만들어지는 기구인데, 자금공급자(투자자)들이 스스로 일정한 형태의 중간매개체(집합투자기구)(펀드)를 구성하여 그 구성원이 되고, 그 집합투자기구의 자금운용은 별도의 운용기관(자산운용사)에서 담당하는 방식입니다.

매개체로서의 집합투자기구는 자본시장법에서 여러 가지 법적 형태가 가능하기 때문에 통일적인 용어로서 "기구"라는 용어를 사용하고 있으며, 실무에서는 보통 "펀드"로 표현하고 있습니다.

집합투자기구와 구별되는 용어로 "집합투자업자"가 있는데, 집합투자업자는 자금의 공급자, 수요자, 집합투자기구라는 집합투자의 3대 요소를 이용하여 이를 영리업무로 취급하는 자(기관)를 말하며, 금융업계에서는 흔히 자산운용사를 지칭합니다.

3. 집합투자기구(펀드)의 법적 형태는 무엇일까?

중간 매개체 역할을 하는 집합투자기구는 계약형, 조합형, 회사형으로 구분됩니다.

금융증권은 법으로 통한다

집합투자의 변천

원래 증권투자신탁업법에 의해 "계약형" 투자신탁만 허용되었다가, 1998년에 증권투
자회사법이 제정되어 "회사형" 투자신탁이 가능하게 되었고, 2003년도에는 위 2개
의 법을 통합하여 간접투자자산운용업법이 제정되어 계약형과 회사형 모두가 동법
에 의해 규율되었다가 2009년 자본시장법으로 흡수되었습니다.

··

(1) 계약형(신탁계약형) 집합투자기구

　계약형은 자금공급자(투자자)와 집합투자기구가 일대일 계약을
하는 형태로 이루어지는데, 그 계약은 자본시장법상 신탁계약 형식
으로 하도록 되어 있습니다. 여기서 자금공급자(투자자)와 계약을 체
결하는 집합투자기구는 법인과 같은 별도의 법적 형태가 없이 단순한
계약으로 이루어지기 때문에, 어쩔 수 없이 집합투자업자(자산운용
사)가 집합투자기구의 역할을 겸하여 자금공급자(투자자)와 신탁계약
을 체결합니다.

　그런데 신탁계약은 2중의 신탁계약으로 이루어지는 것으로 볼 수
있습니다. 1차 신탁계약에서는 자금공급자(투자자)는 위탁자 겸 수익
자가 되고, 집합투자기구 겸 집합투자업자(자산운용사)는 수탁자가
되며, 2차 신탁계약에서는 집합투자기구 겸 집합투자업자(자산운용
사)가 위탁자, 자금보관자(수탁회사)는 수탁자, 자금공급자(투자자)는
수익자가 됩니다. 여기에서 자금공급자(투자자)는 신탁에서 수익자로

서 수익증권을 집합투자증권으로 가지게 되며, 수익자총회에서 의결권을 갖습니다.

(2) 조합형 집합투자기구

조합형은 집합투자기구가 자금공급자(투자자)를 조합원으로 하는 조합형태를 가집니다. 즉, 집합투자기구는 조합이고, 자금공급자는 그 조합원으로서 출자지분을 집합투자증권으로 갖고 조합원총회에서 의결권을 갖습니다. 조합형에서도 자금공급자(투자자)와 투자계약을 체결하는 집합투자기구는 조합으로서 별도의 법인격이 없기 때문에, 어쩔 수 없이 집합투자업자(자산운용사)가 직접 집합투자기구의 업무집행조합원 역할을 겸합니다.

자본시장법에서는 조합형 집합투자기구로 투자익명조합, 투자합자조합을 규정하고 있습니다. 투자익명조합은 상법상의 익명조합과 같이 영업자 1인(무한책임)과 익명조합원으로 구성되는데, 자금공급자(투자자)는 익명조합원이 되고, 집합투자업자인 자산운용사가 영업자의 지위에 있으면서 조합의 대외적인 책임을 집니다. 투자합자조합은 상법상의 합자조합과 같이 업무집행조합원(무한책임)과 유한책임조합원으로 구성되며, 여기에서 집합투자업자인 자산운용사가 업무집행조합원이 되고, 자금공급자(투자자)는 유한책임조합원이 됩니다.

(3) 회사형 집합투자기구

회사형은 집합투자기구가 회사형태를 가지며, 자금공급자(투자자)는 집합투자기구의 주주 또는 사원으로서 출자지분을 집합투자증권으로 갖고 주주총회나 사원총회에서 의결권을 갖습니다. 계약형과 조합형에서는 집합투자기구가 별도의 법인격을 갖추지 못하였기 때문에 집합투자업자(자산운용사)가 직접 신탁계약의 당사자가 되거나, 업무집행 조합원이 되지만, 회사형에서는 집합투자기구가 회사로서 법인격을 갖추고 있기 때문에 집합투자업자는 집합투자기구의 주주나 사원이 될 수 없고 자금공급자(투자자)가 집합투자기구의 주주나 사원이 됩니다.

회사형은 회사 형태에 따라 투자회사, 투자유한회사, 투자합자회사, 투자유한책임회사가 있는데, 자금공급자(투자자)는 이러한 회사 형태의 집합투자기구에서 각각 주주나 사원의 지위를 갖습니다.

투자회사는 상법상 주식회사 형태의 집합투자기구이며 가장 흔한 형태로서 증권투자회사법 시행 당시에 유행하던 mutual fund가 회사형 집합투자기구입니다.

투자유한회사는 상법상 유한회사 형태의 집합투자기구이며, 간접투자자산운용업법 시행 당시에는 없었다가 투자합자회사, 투자유한책임회사와 더불어 자본시장법에서 새로 도입되었습니다. 상법상의 유한회사에 규정된 바와 같이, 주식회사보다는 폐쇄적인 형태의 회사입니다.

투자합자회사는 상법상 합자회사 형태의 집합투자기구로서 무한책임사원과 유한책임사원으로 구성되어 있으며, 집합투자업자(자산운용사)는 무한책임사원으로서 업무집행사원이 되고, 자금공급자(투자자)는 유한책임사원이 됩니다.

투자유한책임회사는 상법상 유한책임회사 형태의 집합투자기구로서 유한책임사원으로만 구성되어 있는데, 자금공급자(투자자)는 유한책임사원이 되고, 집합투자업자(자산운용사)는 업무집행자가 됩니다.

4. 집합투자기구(펀드)는 누가 운영할까?

계약형과 조합형 집합투자기구는 별도의 법인격이 없으므로 집합투자업자인 자금운용기관(자산운용사)이 직접 신탁계약의 당사자가 되거나 업무집행조합원이 됩니다. 즉, 집합투자업자인 자금운용기관(자산운용사)이 집합투자기구의 운영책임자이면서 자산운용자입니다. 물론, 집합투자기구의 최종적인 의결기관은 자금공급자(투자자)로 구성된 수익자총회나 조합원총회이기는 하나, 이들 기관은 최고의결기관이지 집합투자기구의 직접적인 운영책임자는 아닙니다.

회사형 집합투자기구는 별도의 법인격을 갖추고 있기 때문에 자금운용기관(집합투자업자)(자산운용사)은 집합투자기구의 법인 이사나 업무집행사원이 되어 집합투자기구를 대표하고 자산을 운용합니다. 물론, 집합투자기구는 회사이기 때문에 자금공급자(투자자)로 구성된 주주총회나 사원총회가 최고의결기관으로 있습니다.

그런데 회사형 집합투자기구는 비록 법인격을 가지고 있기는 하지만, 단지 자금공급자(투자자)의 투자재산이 자금운용기관(자산운용사)의 재산과 혼합되는 것을 차단하기 위해 별도의 독립된 법적 기구

금융증권은 법으로 통한다

형태로 만든 것이기 때문에, 일종의 명목상의 회사(paper company)에 불과합니다. 그렇기 때문에 자본시장법에서 회사형 집합투자기구는 본점 이외에 영업소를 설치할 수 없으며, 직원이나 상근임원을 둘수도 없으며, 일반 사무도 직접 수행할 수 없고 일반사무관리회사에별도로 위탁하도록 규정하고 있습니다. 물론, 가장 중요한 투자자의재산은 독립된 별도의 수탁회사인 자산보관회사에 맡겨 놓아야 합니다. 자산보관업무는 신탁업을 수행하는 은행이 수행합니다.

5. 집합투자기구(펀드)는 자금을 어디에 운용할까?

집합투자기구는 자금공급자로부터 모집한 자금(집합투자재산이라고 함)을 다양한 형태의 자금수요자에게 제공하여 운용합니다. 그 운용 대상이 무엇이냐에 따라 증권투자 집합투자기구, 부동산 집합투자기구, 특별자산 집합투자기구, 혼합자산 집합투자기구, 단기금융 집합투자기구로 구분됩니다.

6. 공모와 사모집합투자기구는 무엇인가?

집합투자기구는 50인 이상의 불특정 다수의 자금공급자(투자자)로부터 자금을 모집하는 경우 공모 집합투자기구라 하고, 전문투자자를 제외하고 49인 이하의 자금공급자(투자자)로부터 자금을 모집하는 경우 사모집합투자기구라고 합니다.

흔히 실무에서는 사모집합투자기구를 "사모펀드"라고 합니다. 이런 사모집합투자기구도 공모 집합투자기구와 마찬가지로 그 법적 형태에 따라 계약형, 조합형, 회사형으로 구분할 수 있습니다.

그런데 자본시장법에서는 2015년 7월부터 법을 개정하여 사모집합투자기구를 "경영참여형 사모집합투자기구"와 "전문투자형 사모집합투자기구" 2가지로만 구분하여 인정하고 있습니다(자본시장법 제9조 제19항).

"경영참여형 사모집합투자기구"는 경영권 참여, 사업구조 또는 지배구조의 개선 등을 위하여 지분증권 등에 투자·운용하는 투자합자회사인 사모집합투자기구를 말하고, "전문투자형 사모집합투자기구"는 경영참여형 사모집합투자기구를 제외한 사모집합투자기구를 말합니다.

이 중에서 "경영참여형 사모집합투자기구"는 과거에는 "사모투자전문회사"라는 용어로 사용되었는데 자본시장법 개정으로 용어가 변경된 것입니다. 그렇기 때문에 과거에 사모투자전문회사에 사용되던 Private Equity Fund(PEF)라는 용어도 이제는 "경영참여형 사모집합투자기구"라는 용어에 사용되어야 합니다.

한편, 사모집합투자기구 중에서 부동산투자회사법(릿츠를 말함), 선박투자회사법, 문화산업진흥기본법, 산업발전법, 중소기업창업지원법, 여신전문금융업법, 벤처기업육성에관한 특별조치법, 자산유동화법 등에 의한 집합투자기구는 해당 특별법의 적용을 받고 있으므로, 자본시장법상의 집합투자 개념에서 제외됩니다(자본시장법 6조5항). 그리고 투자자로부터 모은 금전 등을 투자자 전원의 "합의"에 따라 운용·배분하는 경우도 투자자의 운용 지시가 있는 것과 마찬가지이므로, 투자자의 운용 지시 "배제"를 요건으로 하고 있는 집합투자의 개념에서 제외됩니다.

7. 맺음말

집합투자기구는 다수 투자자들의 집합체와 간접투자라는 방식을 통해 직접투자에서 발생할 수 있는 투자위험을 효율적으로 분산시킬 수 있는 매우 유용한 제도입니다. 투자자가 다양한 형태의 집합투자기구에 간접적인 방법으로 참여하기는 하지만, 자금운용 자체는 투자자가 직접 하지 않고 전문적인 자산운용회사가 투자자의 일상적인 운용지시를 받지 않고 독립적으로 결정하게 함으로써 투자효율의 극대화를 추구하는 바람직한 제도라 할 수 있습니다.

📖 판례

A. 집합투자증권의 환매연기 요건

대법원 2014. 7. 10. 선고 2014다21250 판결[손해배상]

투자자가 집합투자증권의 환매를 청구하는 경우 **집합투자업자는 자본시장과 금융투자업에 관한 법률 제236조 제1항 본문에 따라 산정되는 기준가격으로 집합투자증권을 환매하여야 하는데,** 환매청구가 일시에 대량으로 이루어질 경우에는 환매대금으로 사용할 재원을 조성하기 위하여 집합투자재산을 단기간에 대량으로 처분하는 조치가 필요하게 된다. 이 경우 집합투자재산의 종류, 구성 및 규모, 시장의 거래상황 등에 따라서는 집합투자재산의 가치가 크게 하락하는 손실이 생길 수 있는데, 이러한 손실이 반영되지 아니한 기준가격으로 집합투자증권을 환매하게 되면 먼저 환매한 투자자로부터 잔류하는 투자자에게 손실이 전가되어 **집합투자의 본질인 실적배당주의 내지 수익자평등대우주의를 훼손하는 결과가 초래될 수 있다.** 이는 환매연기 사유의 하나인 "대량의 환매청구에 응하는 것이 투자자 간의 형평성을 해칠 염려가 있는 경우"에 해당한다고 보아야 한다. 그리고 환매연기 사유가 존재하는지는 환매를 연기할 당시를 기준으로 판단하여야 하고, 사후에 발생하거나 확인된 사유만을 들어 환매연기가 위법하거나 효력이 없다고 할 수는 없다.

🔲7 해설

Y: 골드만삭스 투자자문회사(집합투자업자)(피고), X: ○○생명보험회사(기관
투자가)(원고)

집합투자업자인 Y(피고)는 펀드(골드만삭스코리아 프라임 퇴직연
금 및 법인용 증권투자신탁 제1호)를 설정한 후, 수탁회사인 국민은
행과 신탁계약을 체결하고 펀드 운용을 시작하였습니다. Y(피고)는
미래에셋, 하나대투증권 등 국내 증권사와 펀드판매 위탁계약을 체결
하여 펀드판매를 개시하였는데, 화재보험, 생명보험, 은행 등 11개의
국내금융기관 기관투자가가 이 펀드에 투자하였고, 원고도 그중의 하
나였습니다. 이 펀드에서 X(원고)의 투자비중은 약 30%에 달하였습
니다.

그런데 Y(피고)는 2012년 11월 13일 12시경 국내 업무의 중단을
발표하였고, 이에 X(원고)는 같은 날 13시 33분경 보유 중인 수익증
권에 대해 국내 펀드판매회사를 통해 환매청구를 하였고, 8개의 국내
기관투자가들도 환매청구를 하기 시작하여 같은 날 15시까지 환매청
구 된 규모는 펀드의 전체 투자자산(1900억) 중 약 80%에 달하였습
니다. 이에 Y(피고)는 같은 날 15시경 집합투자재산운용평가위원회를
소집하여 투자자 간의 형평성을 침해할 우려가 있다는 이유로 환매연
기를 결정하고 이를 기관투자가들에게 통지하고 금융감독원에도 보
고하였습니다. Y(피고)는 다음날인 2003년 11월 14일 해당 펀드의 투
자자산인 주식의 대부분을 처분한 후 위 평가위원회를 개최하여 환매

재개를 결정하였는데, 환매 시 적용될 수익증권의 기준가격에 대하여 2012년 11월 13일 15시 이전 환매청구에 대하여는 2012년 11월 15일 공시된 기준가격을, 2012년 11월 14일 15시 이후 환매분에 대하여는 2012년 11월 16일 공시된 기준가격을 적용하기로 결정하였습니다. 이후 Y(피고)는 X(원고)에게 2012년 11월 15일 공시기준가격을 기준으로 펀드환매대금을 지급하였습니다. 이에 X(원고)는 환매청구일로부터 제2영업일인 2012년 11월 14일 공고된 기준가격을 기준으로 환매대금을 지급받을 권리가 있다고 주장하면서, 이를 위반한 Y(피고)를 상대로 펀드의 선량한 관리자로서의 주의의무를 위반하였다면서 손해배상소송을 제기하였습니다.

대법원은 자본시장법 제236조 제1항 본문을 근거로 이 사건과 같은 일시의 대량 환매 사태 시에는 환매 요구 투자자와 나머지 잔존 투자자 간의 형평성에 문제가 발생할 수 있다는 점을 주된 이유로 해서 당시 Y(피고)의 환매연기결정이 정당하다고 판시하여 X(원고)가 패소하였습니다.

B. 이익보장약속 금지규정 위반행위

대법원 2017. 12. 13. 선고 2017두31767 판결[문책경고처분등취소]
구 간접투자자산 운용업법(2007. 8. 3. 법률 제8635호 자본시장과 금융투자업에 관한 법률 부칙 제2조 제3호로 폐지) 제144조의11 제2

금융증권은 법으로 통한다

항 제2호와 구 자본시장과 금융투자업에 관한 법률(2015. 7. 24. 법률 제13448호로 개정되기 전의 것) 제272조 제6항 제2호의 문언과 체계 및 취지 등을 종합하면, **위 각 규정에서 금지하는 이익 보장 약속에 의한 부당 권유 행위의 주체는 사모투자전문회사의 업무를 집행할 권리와 의무를 가지고 투자자인 사원을 상대로 투자를 권유하여 자금을 모집하는 업무집행사원이고,** 또한 그 권유 행위의 일부를 이루는 "이익 보장 약속"의 주체 역시 특별한 사정이 없는 한 업무집행사원이라 해석되며, 업무집행사원의 투자 권유와 무관하게 유한책임사원 등의 제3자(이하 "제3자"라 한다)가 업무집행사원과 별도로 투자자에게 이익 보장 약속을 하였더라도 그 사정만을 가지고 위 각 규정을 위반하였다고 할 수 없다.

다만 투자자에 의한 실질적인 간접투자와 집합투자를 실현하기 위한 위 각 규정의 취지에 비추어 보면, 제3자가 투자자에게 이익 보장 약속을 하는 것에 그치지 아니하고, **업무집행사원이 투자대상과 투자방법 등을 결정하고 그 투자를 위하여 사모투자전문회사를 설립하면서 제3자의 이익 보장 약속을 전제로 하여 투자자의 투자 내지 자금의 모집을 계획한 후,** 실제로 이러한 제3자의 이익 보장을 적극적으로 이용하여 투자자에게 투자를 권유하고 나아가 제3자와 투자자 사이의 이익 보장 약정 체결에 직접 관여함으로써 제3자의 이익 보장 약속이 외형상 업무집행사원의 투자 권유 행위와 병행하여 그 권유 행위의 일부로 이루어졌다고 평가할 수 있으며, 그로 인하여 업무집행사원이 적극적으로 이용한 제3자의 이익 보장 약속이 투자자가 업무집행사원의 권유를 받아들여 사원이 될 것인지의 투자판단에 직접적인 영향을 미쳐 실질적으로도 간접투자와 집합투자가 아니라 제3자에 대한 자금 대여를 권유한 것과 같은 결과에 이른다면, 이러한 업무집행사원의 행위는 확정적인 이익 보장 아래 사원이 되도록 부당하게 권유하는 행위로서 위 각 규정을 위반한 행위에 해당한다고 해석된다.

사모투자전문회사의 무한책임사원인 업무집행사원은 업무상의 권리의무에 비추어 사모투자전문회사의 임원에 해당하므로, 금융위원회는 사모투자전문회사의 업무와 재산에 대한 검사에서 간접투자법 위반 사실이 확인되는 경우에는 구 간접투자법 제166조 제5항, 구 간접투자법 시행령 제159조 제2호에 따라 업무집행사원에 대한 "직무정지·경고 또는 주의의 요구"를 할 수 있다.

해설

A: 대기업 계열사, X1: A회사가 설립한 사모투자전문회사(원고1), X2: 유한회사(X1의 무한책임사원 겸 업무집행사원)(원고2), X3: X2의 대표이사(원고3), B: 국내금융기관들(X1의 유한책임사원), Y: 금융위원회(피고)

국내 대기업 계열사인 A회사는 이트레이드 증권회사의 경영권을 직접 인수하는 것을 검토하다가 여의치 않자, 사모투자전문회사 구조로 동 증권회사에 투자하기로 결정하고 X1(원고1)을 설립하였습니다. 이때 A회사는 X1(원고1)의 유한책임사원(LP)으로 참여하였고, X2(원고2)는 X1(원고1)의 무한책임사원(GP)이자 업무집행사원이 되었습니다. 이후 X2(원고2)가 X1의 나머지 유한책임사원(LP)들을 모집하기 위해 A회사를 대신하여 B금융기관(○○은행 등 국내 금융기관)에게 투자모집 제안서를 제공하였고, 그 제안서에는 A회사가 B금융기관들과 지분옵션계약을 체결한다는 내용이 포함되어 있었습니다.

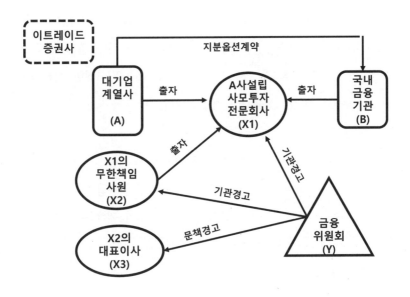

위 지분옵션계약의 내용은 향후에 X1(원고1)이 위 증권회사의 주식을 콜옵션 행사가액(원금+연 8.25%의 수익)보다 높게 매각할 경우, 콜옵션 보유자인 A회사가 B금융기관들(나머지 유한책임사원들)에게 콜옵션 행사가액을 지급하고서 위 증권회사의 주식을 B금융기관들로부터 취득하도록 하는 것이었습니다. 이 당시 ○○은행은 위 지분옵션계약을 근거로 유한책임사원으로서 X1(원고1)에 투자

한 금원을 A회사에 대한 대출금으로 처리하기도 하였습니다. 이 당시 X2(원고2)는 A회사를 대신해서 지분옵션계약의 수익률 등 계약의 내용변경협의를 직접 수행하였으며, 지분옵션계약의 체결 자체도 X2(원고2)를 통해서 이루어졌습니다.

그러자 Y(피고)는 X1(원고)1의 업무집행사원인 X2(원고2)의 이러한 행위는 구 간접투자자산운용업법상의 "이익보장약속에 의한 부당권유 금지" 규정을 위반하였다는 이유로 X1(원고1)은 "기관경고"를, X2(원고2)는 "기관경고"의 요구를, X3(원고3)는 "문책경고"를 하였고, 이에 X1, X2, X3(원고들)가 Y(피고)를 상대로 이러한 처분들의 취소를 구하는 행정소송을 제기하였습니다.

이에 대법원은 비록 이익보장 약정 체결의 주체는 X2(원고2)가 아니라 제3자인 A회사라고 할지라도, X2(원고2)가 A회사를 적극적으로 이용하여 B 등에게 이익보장약정을 하고 투자 권유를 한 것과 동일한 것이라고 하면서, Y(피고)의 처분이 정당하다고 판시하여 X1, 2, 3(원고들)가 패소하였습니다.

 법령

• 자본시장법

제9조(그 밖의 용어의 정의)

⑱ 이 법에서 이 법에서 **"집합투자기구"란** 집합투자를 수행하기 위한 기구로서 다음 각호의 것을 말한다.

1. 집합투자업자인 위탁자가 신탁업자에게 신탁한 재산을 신탁업자로 하여금 그 집합투자업자의 지시에 따라 투자·운용하게 하는 신탁 형태의 집합투자기구(이하 "투자신탁"이라 한다)

2. 「상법」에 따른 주식회사 형태의 집합투자기구(이하 "투자회사"라 한다)

3. 「상법」에 따른 유한회사 형태의 집합투자기구(이하 "투자유한회사"라 한다)

4. 「상법」에 따른 합자회사 형태의 집합투자기구(이하 "투자합자회사"라 한다)

4의2. 「상법」에 따른 유한책임회사 형태의 집합투자기구(이하 "투자유한책임회사"라 한다)

5. 「상법」에 따른 합자조합 형태의 집합투자기구(이하 "투자합자조합"이라 한다)

6. 「상법」에 따른 익명조합 형태의 집합투자기구(이하 "투자익명조합"이라 한다)

⑲ 이 법에서 "사모집합투자기구"란 집합투자증권을 사모로만 발행하는 집합투자기구로서 대통령령으로 정하는 투자자의 총수가 대통령령으로 정하는 수 이하인 것을 말하며, 다음 각호와 같이 구분한다.

1. 경영권 참여, 사업구조 또는 지배구조의 개선 등을 위하여 지분

증권 등에 투자·운용하는 투자합자회사인 사모집합투자기구 (이하 "**경영참여형 사모집합투자기구**"라 한다)

2. 경영참여형 사모집합투자기구를 제외한 사모집합투자기구(**이 하 "전문투자형 사모집합투자기구"라 한다**)

⑳ 이 법에서 "집합투자재산"이란 집합투자기구의 재산으로서 투자신탁재산, 투자회사재산, 투자유한회사재산, 투자합자회사재산, 투자유한책임회사재산, 투자합자조합재산 및 투자익명조합재산을 말한다.

㉑ 이 법에서 "집합투자증권"이란 집합투자기구에 대한 출자지분(투자신탁의 경우에는 수익권을 말한다)이 표시된 것을 말한다.

㉒ 이 법에서 "집합투자규약"이란 집합투자기구의 조직, 운영 및 투자자의 권리·의무를 정한 것으로서 투자신탁의 신탁계약, 투자회사·투자유한회사·투자합자회사·투자유한책임회사의 정관 및 투자합자조합·투자익명조합의 조합계약을 말한다.

㉓ 이 법에서 "집합투자자총회"란 집합투자기구의 투자자 전원으로 구성된 의사결정기관으로서 수익자총회, 주주총회, 사원총회, 조합원총회 및 익명조합원총회를 말한다.

제2장 집합투자기구의 구성 등

제1절 투자신탁

제188조(신탁계약의 체결 등)

① 투자신탁을 설정하고자 하는 집합투자업자는 다음 각호의 사항이 기재된 신탁계약서에 의하여 신탁업자와 신탁계약을 체결하여야

금융증권은 법으로 통한다

한다.

제2절 회사 형태의 집합투자기구

제1관 투자회사

제194조(투자회사의 설립 등)

① 「금융회사의 지배구조에 관한 법률」 제5조에 적합하지 아니한 자는 투자회사의 발기인이 될 수 없다.

② 발기인은 투자회사를 설립하는 경우 다음 각호의 사항을 기재한 정관을 작성하여 발기인 전원이 기명날인 또는 서명하여야 한다.

제2관 투자유한회사

제207조(투자유한회사의 설립 등)

① 집합투자업자는 투자유한회사를 설립하는 경우 다음 각호의 사항을 기재한 정관을 작성하여 기명날인 또는 서명하여야 한다.

제3관 투자합자회사

제213조(투자합자회사의 설립 등)

① 집합투자업자는 투자합자회사를 설립하는 경우 다음 각호의 사항을 기재한 정관을 작성하여 무한책임사원 1인과 유한책임사원 1인이 기명날인 또는 서명하여야 한다.

제4관 투자유한책임회사

제217조의2(투자유한책임회사의 설립 등)

① 집합투자업자는 투자유한책임회사를 설립하는 경우 다음 각호의
사항을 기재한 정관을 작성하여 사원 1인이 기명날인 또는 서명하
여야 한다.

제3절 조합 형태의 집합투자기구

제1관 투자합자조합
제218조(투자합자조합의 설립 등)
① 집합투자업자는 투자합자조합을 설립하는 경우 다음 각호의 사항
을 기재한 조합계약을 작성하여 제219조제1항에 따른 업무집행조
합원 1인과 유한책임조합원 1인이 기명날인 또는 서명하여야 한다.

제2관 투자익명조합
제224조(투자익명조합의 설립 등)
① 집합투자업자는 투자익명조합을 설립하는 경우 다음 각호의 사항
을 기재한 익명조합계약을 작성하여 영업자 1인과 익명조합원 1인
이 기명날인 또는 서명하여야 한다.

제3장 집합투자기구의 종류 등
제1절 집합투자기구의 종류
제229조(집합투자기구의 종류)
집합투자기구는 집합투자재산의 운용대상에 따라 다음 각호와 같이
구분한다.

1. 증권집합투자기구: 집합투자재산의 100분의 40 이상으로서 대통령령으로 정하는 비율을 초과하여 증권(대통령령으로 정하는 증권을 제외하며, 대통령령으로 정하는 증권 외의 증권을 기초자산으로 한 파생상품을 포함한다. 이하 이 조에서 같다)에 투자하는 집합투자기구로서 제2호 및 제3호에 해당하지 아니하는 집합투자기구

2. 부동산집합투자기구: 집합투자재산의 100분의 40 이상으로서 대통령령으로 정하는 비율을 초과하여 부동산(부동산을 기초자산으로 한 파생상품, 부동산 개발과 관련된 법인에 대한 대출, 그 밖에 대통령령으로 정하는 방법으로 부동산 및 대통령령으로 정하는 부동산과 관련된 증권에 투자하는 경우를 포함한다. 이하 이 조에서 같다)에 투자하는 집합투자기구

3. 특별자산집합투자기구: 집합투자재산의 100분의 40 이상으로서 대통령령으로 정하는 비율을 초과하여 특별자산(증권 및 부동산을 제외한 투자대상자산을 말한다)에 투자하는 집합투자기구

4. 혼합자산집합투자기구: 집합투자재산을 운용함에 있어서 제1호부터 제3호까지의 규정의 제한을 받지 아니하는 집합투자기구

5. 단기금융집합투자기구: 집합투자재산 전부를 대통령령으로 정하는 단기금융상품에 투자하는 집합투자기구로서 대통령령으로 정하는 방법으로 운용되는 집합투자기구

소수만이 투자하는
전유물은 무엇일까?

- 사모펀드(PEF)

"10% 룰" 폐지 등 헤지펀드 · PEF 운용규제 일원화 ……

사모펀드 날개 다나

[사모펀드 발전방향 토론회]

연기금 등 기관투자자의 사모펀드 투자 통로 넓히고

차입규제 완화에 대출 가능케 해 모험자본 역할 강화

지배구조 개편에 구조조정 · M&A 활성화 "마중물" 기대

출범 14년이 된 사모펀드 제도의 대대적인 규제 완화가 단행된다. **경영참여형 사모펀드(PEF)**와 전문투자형 사모펀드(헤지펀드)로 나누는 칸막이인 이른바 "10% 룰"(PEF의 의결권 있는 주식 10% 이상 취득의무)을 없애고 차입과 대출 규제를 완화해 모험자본으로서의 역할을 강화하겠다는 내용이 골자다. 연기금 등에서 혁신기업으로 흐르는 성장자본의 통로를 넓히는 것뿐만 아니라 사모펀드를 대기업의 지배

222   금융증권은 법으로 통한다

구조·개편, 구조조정과 기업 인수·합병(M&A) 활성화 등의 마중물로 활용하겠다는 게 금융당국의 복안이다. 27일 최종구 금융위원장은 서울 여의도 금융투자센터에서 열린 "사모펀드 발전방향 토론회"에서 기조연설을 통해 이 같은 내용을 담은 제도개편 추진방향을 발표했다.

2018. 9. 27. 파이낸스

1. 사모집합투자기구(사모펀드)란 무엇인가?

공모 집합투자기구(실무에서는 공모펀드라고 함)는 50인 이상의 불특정 다수를 대상으로 공개적으로 자금을 모집해서 투자하는 기구입니다. 이 다수의 투자자들은 소액 투자자이며 투자경험도 부족하다고 할 수 있으므로 투자자 보호를 위해 집합투자기구에 대한 엄격한 관리와 감독이 필요합니다.

이에 반해, 소수의 투자자를 대상으로 한 사모집합투자기구(실무에서는 사모펀드라고 함)는 투자금액이 거액이고 투자경험도 상대적으로 많으며, 특별한 투자목적을 가지고 투자하는 투자자들로 이루어져 있으므로, 공모에 비하여 상대적으로 투자자 보호의 필요성이 적고 관리·감독도 그만큼 완화됩니다. 자본시장법에서는 사모집합투자기구(사모펀드)에 대하여 "집합투자증권을 사모로만 발행하는 집합투자기구로서 전문투자자 등을 제외한 투자자의 총수가 49인 이하인 것을 말한다"라고 규정하고 있습니다(자본시장법 제9조 제19항).

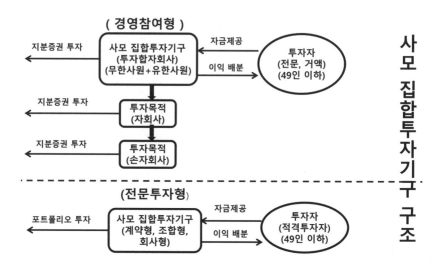

우리나라에서는 1997년 IMF사태로 인해 많은 기업들이 부실기업으로 전락하면서 뉴브리지(New Bridge), 론스타(Lone Star), 칼라일(Carlyle)과 같은 외국계 사모펀드들이 국내에 진출하여 제일은행, 외환은행, 한미은행 등을 인수한 후 막대한 차익을 남기고 떠난 아픈경험을 반면교사로 삼아, 이와 같은 외국자본에 대응하기 위해 자본시장법에서 사모집합투자기구(사모펀드)에 관한 규정을 신설하였습니다.

사모집합투자기구는 2015년 7월 자본시장법개정 전에는 일반사모펀드, 헤지펀드, 일반 사모투자전문회사(PEF), 재무안정 사무투자전문회사(재무안정PEF) 등 4종류가 있었으나, 법 개정으로 헤지펀드는 "전문투자형 사모집합투자기구"로 통합되고, PEF는 "경영참여형 사모집합투자기구"로 통합되어, 현재는 2종류로만 구분됩니다.

"경영참여형" 사모집합투자기구는 경영권 참여, 사업구조 또는 지배구조의 개선 등을 위해 지분증권 등에 투자·운용하는 투자합자 회사를 말하며, "전문투자형" 사모집합투자기구는 포트폴리오 투자를 통해 투자자산의 시장가치 상승으로 인한 이익추구를 목적으로 한 기구로서 위 "경형참여형"을 제외한 나머지 사모집합투자기구를 말합니다.

2. "경영참여형" 사모집합투자기구(경영참여형 사모펀드)

(1) 설립 목적

"경영참여형"은 경영권 참여 등을 목적으로 주식과 같은 지분증권 등에 투자하므로 기업인수목적의 바이아웃펀드(buy-out fund)의 일종이며, 법 개정 전의 PEF(private equity fund)가 이에 해당합니다.

(2) 출자자 구성 및 운영방법

"경영참여형"은 투자합자회사 형태만 허용되므로 무한책임사원 (general parter)과 유한책임사원(limited partner)으로 구성되어 있으며, 사모이므로 당연히 사원(투자자) 총수는 49인 이하입니다. 무한책임사원은 해당 집합투자기구의 업무집행사원으로 집합투자재산(펀드재산)을 운용할 권한이 있는 데 반하여(통상 자산운용사가 무한책임사원이 됨), 유한책임사원은 집합투자재산에 포함된 주식 또는 지분의 의결권의 행사나 대통령령으로 정하는 업무집행사원의 업무에 관여하는 것이 금지되어 있습니다(자본시장법 제249조의11 제4항).

무한책임사원은 해당 집합투자기구의 중요 의사결정을 할 수 있는 자이므로, 그 사원권을 임의대로 제3자에게 양도할 수 없으며, 예외적으로 정관에 의해 사원 전원의 동의를 얻어 사원 지분의 분할 없는 조건으로 양도가 가능합니다(지분을 분할하면 사원 수가 증가하므로 금지함)

"전문투자형"은 적격투자자만이 참여할 수 있으나, "경영참여형"은 이러한 제한이 없으므로, 법이 정하는 전문투자자(기관투자가)뿐만 아니라 아닌 일반투자자도 참여가 가능합니다. 하지만 자본시장법에서는 무한책임사원이나 운용역은 1억원 이상, 유한책임사원은 3억원 이상 투자한도를 규정하고 있으므로 실제로는 거액 투자자만이 참여할 수 있습니다(자본시장법 제249조의11 제6항 제2호, 동법시행령 제271조의14 제4항).

(3) 자회사 설립(투자목적회사)에 의한 간접투자

"경영참여형"은 직접투자 대신에 일종의 paper company인 투자목적회사를 자회사나 그 하위 손자회사 등 복층으로 설립하여 투자목적회사에 의해 최종 투자를 하는 간접적인 방식으로 투자할 수 있습니다(자본시장법 제249조의12 제1항 제6호). 투자목적회사는 주식회사 또는 유한회사로서, 이 역시 집합투자기구의 일종이므로 모회사처럼 49인 이하의 사모 요건을 충족하여야 하여, 상근임원이나 직원, 지점을 둘 수 없습니다. 모회사나 하위 자회사 모두 일정 금액 한도 내에서 차입이나 채무보증을 할 수 있는데, 모회사는 자기자본의 10% 이내, 하위 자회사는 자기자본의 300% 이내까지 허용되고 있으므로, 자회사를 이용하여 leverage 차입에 의한 재산운용을 할 수 있습니다.

(4) 재산운용방법

"경영참여형"은 경영권 참여목적의 집합투자기구이므로, 원칙적으로 설립일로부터 2년 이내에 자본금의 50% 이상을 지분증권 투자에 운용하여야 하며, 일단 취득한 지분증권은 6개월 이상 보유하여 초단기투자를 지양하여야 합니다.

(5) 존속기간

집합투자기구의 존속기간은 설립등기일부터 15년 이내입니다(자본시장법 제249조의10 제1항)

(6) 특례

"경영참여형"에는 기업의 재무구조개선 촉진을 위한 "기업재무안정 경영참여형 사모집합투자기구"와 벤처지원을 위한 "창업, 벤처 전문 경영참여형 사모집합투자기구"를 자본시장법특례로 별도로 규정하고 있습니다(자본시장법 제249조의22와 23).

3. "전문투자형" 사모집합투자기구(전문투자형 사모펀드)

(1) 설립목적

"전문투자형"은 "경영참여형" 사모집합투자기구를 제외한 나머지 사모집합투자기구를 총칭하고 있는데, 소액 일반 투자자가 할 수 없는 전문적인 투자를 목적으로 하는 집합투자기구로서 포트폴리오 투자를 통해 투자이익을 추구하며, 법 개정 전의 헤지펀드에 해당합니다.

(2) 투자자 구성 및 운영방법

"경영참여형"이 무한책임사원이 필요한 합자회사만 가능한 것과는 달리 "전문투자형"은 원칙대로 계약형, 조합형, 회사형 모두 가능하며, 사모이므로 투자자 총수는 49인 이하입니다. "전문투자형"은 "적격투자자"만이 참여할 수 있는데, 자본시장법에서 "적격투자자"는 일정한 기관투자가(전문투자자라고 함)와 투자금액이 일정 금액을 초과한 거액투자자로 규정하고 있습니다.

자본시장법은 거액투자자에 대하여 "전문투자형" 집합투자기구의 부채비율이 200% 이내인 경우에는 1억원 이상, 부채비율이 200% 초과 시에는 3억원 이상의 투자자를 적격투자자에 해당하는 거액투자자라고 규정하고 있습니다(자본시장법제249조의2 제2호, 동법시행령 제271조 제2항). "전문투자형"은 적격투자자를 위한 집합기구이므로, 집합투자증권을 적격투자자가 아닌 자에게 양도하는 것은 금지되어 있습니다.

(3) 자회사 설립(투자목적회사)에 의한 간접투자 불가

"경영참여형"은 일종의 paper company인 투자목적회사를 자회사로 설립하여 간접적인 방식으로 투자할 수 있지만, "전문투자형"은 경영 참여와 같은 특수목적을 위한 투자가 아니므로, 자회사인 투자목적회사의 설립이 허용되지 않고 있습니다.

(4) 재산운용방법

"전문투자형"은 파생상품, 채무보증, 담보제공, 차입의 총액이 자기자본의 400% 이내에서 허용됩니다.

(5) 투자권유

"전문투자형"은 집합투자증권 판매시에 상대방이 적격투자자인지 확인해야 하는데, 전문투자자를 위한 기구이므로 투자자 보호의 필요성이 그만큼 적어 금융투자상품 설명 시에 적합성의 원칙과 적정성의 원칙이 적용되지 않습니다.

4. 사모집합투자기구(사모펀드) 투자 시 유의할 사항은 무엇인가?

위에서 본 바와 같이, 사모집합투자기구는 최소 투자금액한도가 정해져 있어서 "전문투자형", "경영참여형" 불문하고 모두 기관투자가와 같은 전문투자자나 거액투자가 아니면 쉽게 접근할 수 없게 되어 있습니다. 이에, 금융위원회에서 2017년에 공모펀드의 투자대상에 사모펀드를 포함시키는 사모재간접 공모펀드의 상품을 허용하여, 현재는 거액이 아니더라도 최소 5백만원만 이상이면 간접적으로라도 사모펀드에 접근할 수 있는 기회가 제공되고 있습니다.

한편 이러한 사모재간접 공모펀드는 예외적인 펀드이며, 통상적인 사모펀드는 전문투자형, 경영참여형 모두가 포트폴리오 투자, 기업M&A 등 고위험 고수익을 추구하는 투자상품으로서 공모펀드에 적용되는 분산투자 의무, 공시의무 등과 같은 투자자 보호규정이 적용되지 않으므로, 기관투자가가 아닌 거액투자자는 스스로 유의해야 합니다.

사모펀드 판매자격도 없는 불법 유사수신업체들이 원금보장을 해준다며 투자자에게 가짜 사모펀드 상품을 판매하는 경우도 있고, 환매가 일정 기간 제한된 상품도 있으므로 유의해야 합니다. 아무래도, 사모펀드 투자는 소수의 거액투자자를 위한 상품으로서 포트폴리오 투자, 경영참여목적 투자와 같이 위험성 있는 자산에 투자하는 것이므로, 투자의 자기책임원칙에 의해 투자자 스스로가 해당 사모펀드의 투자전략, 운용대상, 운용사의 능력 등에 대한 면밀한 검토를 한 후 투자를 할 필요가 있습니다.

5. 맺음말

우리나라는 IMF사태 때 사모펀드인 외국자본이 많은 부실기업들을 인수 · 합병하여 막대한 차익을 누린 후 다시 철수해 버린 뼈아픈 기억을 가지고 있습니다. 현재는 제도가 정비되고 경험도 축적되어 우리 자본시장에서 크게 활약하고 있는 토종 사모펀드들이 많이 있습니다. 앞으로도 우리 사모펀드의 계속적인 발전과 성장이 기대됩니다.

📕 판례

A. 국제적 사모펀드의 법적 성격

대법원 2012. 1. 27. 선고 2010두5950 판결[양도소득세부과처분취소]
미국 델라웨어주 법률에 따라 **유한 파트너쉽(limited partnership)** **으로 설립된 갑 등을 그 일원으로 하는 국제적 사모펀드 "론스타펀드 Ⅲ"가**, 을 벨기에 법인을 설립한 뒤 을 법인을 통해 병 주식회사의 주식을 전부 인수하고, 병 회사를 통해 국내 부동산을 매입한 뒤 병 회사 주식을 매각하는 방식으로 막대한 양도소득이 발생하자, 과세관청이 갑 등을 양도소득의 실질적 귀속자로 보아 갑에게 구 소득세법 (2006. 12. 30. 법률 제8144호로 개정되기 전의 것) 제119조 제9호 등에 따른 양도소득세 부과처분을 한 사안.

갑은 고유한 투자목적을 가지고 자금운용을 하면서 구성원들과는 별 개의 재산을 보유하고 고유의 사업활동을 하는 영리단체로서 구성원의 개성이 강하게 드러나는 인적 결합체라기보다는 구성원들과는 별 개로 권리 · 의무의 주체가 될 수 있는 독자적 존재이므로 법인세법상 외국 법인으로 보아 법인세를 과세하여야 하며, 가사 외국 법인으로 볼 수 없다고 하더라도 구성원들에게 약정에 따라 이익을 분배하는 영리단체이므로 갑 자체를 하나의 비거주자나 거주자로 보아 소득세를 과세할 수는 없다는 이유로, 위 처분이 위법하다고 본 원심판단을 수긍한 사례.

금융증권은 법으로 통한다

📑 해설

A: 국제적 사모펀드(론스타 펀드), X: 미국법상 유한파트너쉽(Limited Partnership)(원고), Y: 세무서장(피고)

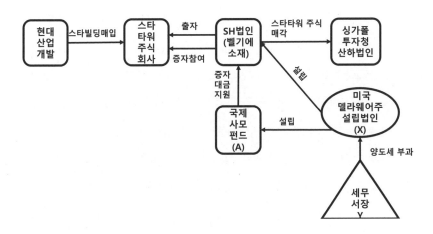

A펀드는 2000년 7월경 설정된 국제적 사모펀드인데, X(원고)는 A 펀드의 일원이었습니다. X(원고)는 미국 델라웨어 주 법률에 의해 유한 파트너쉽(Limited Partnership) 형태로 설립되었으며, 무한책임사원(GP)와 유한책임(LP)로 구성되어 있었습니다. X(원고)는 한국 내의 부동산에 투자하여 이익을 얻을 목적으로, A펀드의 다른 구성원과 함께 공동으로 자금을 출연하여 벨기에 국가에 상위 지주회사격인 "SH" 법인을 설립하였습니다.

SH는 한국에 소재하는 휴면회사인 "스타타워" 회사의 주식 전부를 인수하여 단독 주주가 되었는데, 주식인수 자금은 X(원고)가 지원하였습니다. 이후 "스타타워" 회사는 현대산업개발로부터 서울 강남구 역삼동에 있는 스타타워 빌딩을 매수하였는데, 빌딩 매수자금을 마련하기 위해 "스타타워" 회사가 유사증자를 실시하여 SH법인이 증자대금을 납입하였고, SH의 증자대금을 납입을 위해 미국에 있는 A펀드가 SH법인에게 자금을 지원하였습니다.

이후 빌딩의 가격이 오르자 SH법인은 부동산 양도차액에 대한 세금을 피하기 위해 부동산 양도 대신에 주식을 양도하는 방법을 택하기로 하고, 보유 중인 "스타타워" 회사 주식을 싱가폴 투자청 산하법인에게 매각하여 약 2450억원의 주식양도차익을 얻었습니다. 그런데 SH법인은 한국과 벨기에 간 조세조약의 이중과세방지 규정에 의해 주식양도차익은 SH 소재국인 벨기에서만 과세될 수 있다는 이유로 한국에서는 아무런 세금을 납부하지 않았습니다.

이에 Y세무서장(피고)은 SH법인은 실질적인 소득이나 자산의 지배와 관리권이 없이 조세회피목적을 위해 설립된 도관회사(conduit company)에 불과하므로 한·벨 조세조약이 적용되지 않으며, 오히려 주식 양도소득은 X(원고)를 포함한 A펀드에게 실질적으로 귀속되고, 따라서 미국 거주자인 X(원고)에 대하여는 한국 벨기에 조세조약이 아니라 한미조세조약이 적용된다고 보았습니다. 따라서 Y세무서장(피고)은 한미조세조약에서 부동산 과다보유 법인의 주식양도는 부동산 양도소득으로 보는 규정이 있음을 근거로 양도소득세 613억원(가산세 포함)을 부과하는 과세처분을 하였습니다.

이에 X(원고)가 벨기에 소재 법인으로서 한국과 벨기에 간 조세협약이 적용된다고 주장하며 이 사건 양도소득세 과세처분의 취소소송

금융증권은 법으로 통한다

을 제기하였습니다.

대법원은 실질과세의 원칙을 근거로 SH법인은 조세회피 목적으로 설립된 형식상의 회사에 불과하므로 한국 벨기에 조세조약이 적용되지 않고, 따라서 미국법에 의해 설립된 X(원고)에 대해 과세처분을 하는 것은 타당하다고 보았습니다. 그러나 X(원고)는 고유한 투자목적을 가지고 자금을 운용하면서 구성원들과는 별개의 재산을 보유하고 고유의 사업활동을 하는 권리의무의 주체로서 개인이 아니고, 한국 법인세법상 외국 법인에 해당하며, 따라서 X(원고)는 법인세를 납부할 주체가 될지언정 개인에게 부과되는 양도소득세를 납부할 주체는 아니라고 판시하여, X(원고)가 승소하였습니다.

···**참고**···

위 소송에서 패소한 Y세무서장(피고)은 1개월 후에 X(원고)에 대해 양도소득세 대신에 법인세 644억원의 부과처분을 하였고, 이에 X(원고)가 불복하였으나 2016년 대법원판결로 Y세무서장(피고)이 최종 승소하였습니다. 이 와중에 X(원고)는 법원 재판 결과에 대해 헌법소원까지 냈으나 법원 재판은 헌법재판소송에서 대상 적격이 없음을 이유로 부적법 각하되었습니다.

··

B. 사모펀드에 있어서 자산운용회사의 투자자 보호의무

대법원 2012. 11. 15. 선고 2011다10532,10549 판결[펀드투자금 · 펀드투자금]

구 간접투자자산 운용업법(2007. 8. 3. 법률 제8635호로 제정되어 2009. 2. 4.부터 시행된 자본시장과 금융투자업에 관한 법률 부칙 제2조에 의하여 폐지되기 전의 것)상의 **자산운용회사는 판매회사나 투자자에게 투자신탁의 수익구조와 위험요인에 관한 올바른 정보를 제공함으로써 투자자가 그 정보를 바탕으로 합리적인 투자판단을 할 수 있도록 투자자를 보호하여야 할 주의의무를 부담하므로,** 자산운용회사가 투자신탁에 관한 운용계획서를 작성하여 투자자에게 제공 · 전달한 경우에 투자자에게 중요한 사항에 대하여 오해를 유발할 수 있는 표시나 투자신탁의 수익과 위험에 관하여 균형성을 상실한 정보를 담고 있었고, 그것이 투자자의 투자판단에 영향을 주었다면, 자산운용회사는 투자권유단계에서의 투자자보호의무를 다하였다고 볼 수 없다(대법원 2011. 7. 28. 선고 2010다76368 판결 등 참조). **또한 자산운용회사가 투자신탁의 운용에 관한 구체적 기준이 담긴 운용계획서를 투자자에게 교부 · 제시한 경우 그 운용계획서가 개별약정에 해당한다고 볼 수 없더라도 그 내용은 자산운용회사의 운용단계에서의 투자자보호의무 내지 선관주의의무의 위반 여부를 판단하는 중요한 자료가 된다.**

금융증권은 법으로 통한다

⫶⫶⫷ 해설

Y: 사모펀드 설정 및 운용회사(피고), X: 사모펀드 투자자(기관투자가)(원고),

A: 건설회사(부동산개발사업 시행회사)

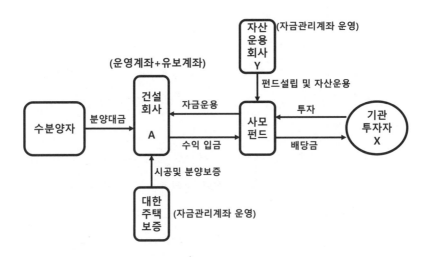

Y 자산운용회사(피고)는 A건설회사의 부동산 건설사업에 대한 자금대여를 투자목적으로 하는 사모펀드를 설정하여 펀드판매회사인 증권회사를 통해 소수의 기관 투자가에게 상품을 판매하였는데, X(원고)는 연금공단으로서 설립 목적상 영리가 아닌 안정적인 기금증식을 추구하는 기관투자가로서 이 상품에 투자하였습니다.

그런데 Y자산운용회사(피고)의 자산운용계획서에 따르면 A건설회사 부도 등의 사유 발생 시의 제반 리스크에 대해 안전성이 확보되어 있다는 취지의 내용이 기재되어 있었습니다(시공사 부도 시 대체

시공사 선정, 대한주택보증이나 건설공제조합의 보증, 분양수입금에 의한 대출금 상환으로 원리금 회수리스크가 낮음 등).

자산운용계획서의 기재사항 중에 특히 자금관리와 관련하여, 위 펀드 설정 이후 사업의 전 과정에서 발생하는 수입과 지출은 Y자산운용회사(피고)가 관리하는 자금관리계좌를 통해 이루어지도록 되어 있어 신용리스크가 낮고, 자금관리계좌에 대한 예금질권설정으로 분양수입금에 대해 제3자에 의한 권리 침해가 방지되어 있으며, 기분양분 중에서 일정 금액을 에스크로계좌에 대여 원리금 상환용으로 유보하여 공사비 등에 우선하여 펀드 원리금을 회수하도록 하는 내용 등이 기재되어 있었습니다.

이후 Y자산운용회사(피고)가 A건설회사의 부동산사업에 펀드자금을 집행하였는데, 자금관리계좌와 관련해서 A건설회사로 하여금 운영계좌와 유보계좌라는 복수의 계좌개설을 허용하면서, 운영계좌에 대해서만 질권을 취득하고 유보계좌에 대해서는 질권을 취득하지 않았습니다. 그 결과 실제로 A건설사의 분양대금이 운영계좌에서 유보계좌로 이체된 경우가 많아 투자 원리금을 제대로 회수할 수 없는 상태가 되었습니다.

나중에 A건설회사가 주택건설 중 부도 발생하게 되었고, 시공보증회사인 대한주택보증회사와 건설공제조합에 의해 건설공사는 계속되었으나, 분양대금은 자금운용계획서에 기재된 Y회사(피고)의 자금관리계좌가 아니라 시공보증회사의 자금관리계좌로 입금되어 Y회사(피고)가 분양대금을 더 이상 관리할 수 없는 상황에 이르렀고, 그 결과 분양대금을 펀드의 투자원리금회수의 실질적 담보로 삼으려 했던 당초의 자산운용계획은 이행이 불가능하였습니다. 결국, 펀드투자에서 투자원금을 회수하지 못한 X회사(원고)가 Y자산운용회사(피고)를 상대로 손해배상소송을 제기했습니다.

대법원은 Y자산운용회사(피고)가 투자자들에게 제공한 자산운용계획서도 Y자산운용회사(피고)의 투자자보호의무나 선관주의의무 위반 여부 판단에 있어서 중요한 자료가 된다고 전제하고, 위에서 설명한 Y자산운용회사(피고)의 행위는 펀드(투자신탁)의 수익구조와 위험요인에 대해 투자자의 판단에 오인을 일으킬 수 있는 것 의무위반이 된다고 판시하여 X(원고)가 승소하였습니다.

 법령

• 자본시장법

제1절 전문투자형 사모집합투자기구

제249조(미등록 영업행위의 금지)
누구든지 이 법에 따른 전문사모집합투자업 등록을 하지 아니하고는 전문사모집합투자업을 영위해서는 아니 된다.

제249조의2(**전문투자형 사모집합투자기구의 투자자**)
전문투자형 사모집합투자기구인 투자신탁이나 투자익명조합의 전문

사모집합투자업자 또는 전문투자형 사모집합투자기구인 **투자회사등은 다음 각호의 어느 하나에 해당하는 투자자(이하 이 장에서 "적격투자자"라 한다)에 한정하여 집합투자증권을 발행할 수 있다.**

1. **전문투자자로서** 대통령령으로 정하는 투자자
2. **1억원 이상으로서** 대통령령으로 정하는 금액 이상을 투자하는 개인 또는 법인, 그 밖의 단체(「국가재정법」 별표 2에서 정한 법률에 따른 기금제249조의4(전문투자형 사모집합투자기구의 투자권유 등)

제249조의4(전문투자형 사모집합투자기구의 투자권유 등)

① **전문투자형 사모집합투자기구의 집합투자증권을 판매하는 금융투자업자는 투자자가 적격투자자인지를 확인하여야 한다.**

② 제46조와 제46조의2는 전문투자형 사모집합투자기구의 집합투자증권을 판매하는 금융투자업자가 그 사모집합투자기구의 집합투자증권을 판매하는 경우에는 적용하지 아니한다. 다만, 적격투자자 중 일반투자자 등 대통령령으로 정하는 자가 요청하는 경우에는 그러하지 아니하다.

③ 전문투자형 사모집합투자기구의 집합투자증권을 판매하는 금융투자업자는 적격투자자에게 제46조와 제46조의2의 적용을 별도로 요청할 수 있음을 미리 알려야 한다.

제249조의5(전문투자형 사모집합투자기구의 투자광고)

전문투자형 사모집합투자기구의 집합투자증권을 판매하는 금융투자업자가 그 사모집합투자기구의 투자광고를 하는 경우에는 다음 각호의 요건을 모두 갖추어야 한다.

1. 전문투자자 또는 대통령령으로 정하는 투자자만을 대상으로 할 것
2. 대통령령으로 정하는 광고매체를 통할 것

제249조의7(전문투자형 사모집합투자기구의 집합투자재산 운용방법 등)

① 전문사모집합투자업자가 전문투자형 사모집합투자기구의 집합투자재산을 운용하는 경우 다음 각호의 금액을 합산한 금액이 전문투자형 사모집합투자기구의 자산총액에서 부채총액을 뺀 가액의 100분의 400 이내에서 대통령령으로 정하는 비율을 초과해서는 아니 된다.

1. 파생상품에 투자하는 경우 그 파생상품의 매매에 따른 위험평가액
2. 집합투자재산으로 해당 전문투자형 사모집합투자기구 외의 자를 위하여 채무보증 또는 담보제공을 하는 방법으로 운용하는 경우 그 채무보증액 또는 담보목적물의 가액
3. 전문투자형 사모집합투자기구의 계산으로 금전을 차입하는 경우 그 차입금의 총액

제2절 경영참여형 사모집합투자기구

제249조의10(설립 및 보고)

① 경영참여형 사모집합투자기구의 정관에는 다음 각호의 사항을 기재하고, 총사원이 기명날인 또는 서명하여야 한다.

제249조의11(사원 및 출자)

① **경영참여형 사모집합투자기구의 사원은 1인 이상의 무한책임사원과 1인 이상의 유한책임사원으로 하되, 사원의 총수는 49명 이하로 한다.**

② 제1항의 사원 총수를 계산할 때 다른 집합투자기구가 그 경영참여형 사모집합투자기구의 지분을 100분의 10 이상 취득하는 경우에는 그 다른 집합투자기구의 투자자 수를 합하여 계산하여야 한다.

④ **유한책임사원은 경영참여형 사모집합투자기구의 집합투자재산인 주식 또는 지분의 의결권 행사 및 대통령령으로 정하는 업무집행사원의 업무에 관여해서는 아니 된다.**

⑥ 유한책임사원은 다음 각호에 해당하는 자여야 한다.

   1. **전문투자자**로서 대통령령으로 정하는 투자자

   2. **1억원 이상으로서** 대통령령으로 정하는 금액 이상을 투자하는 개인 또는 법인, 그 밖의 단체(「국가재정법」 별표 2에서 정한 법률에 따른 기금과 집합투자기구를 포함한다)

제249조의13(**투자목적회사**)

① 투자목적회사는 다음 각호의 요건을 모두 충족하는 회사를 말한다.

   1. 「상법」에 따른 주식회사 또는 유한회사일 것

   2. 제249조의12제1항의 투자를 목적으로 할 것

3. 그 주주 또는 사원이 다음 각 목의 어느 하나에 해당하되, 가목에 해당하는 주주 또는 사원의 출자비율이 대통령령으로 정하는 비율 이상일 것

　가. 경영참여형 사모집합투자기구 또는 그 경영참여형 사모집합투자기구가 투자한 투자목적회사

　나. 투자목적회사가 투자하는 회사의 임원 또는 대주주

　다. 그 밖에 투자목적회사의 효율적 운영을 위하여 투자목적회사의 주주 또는 사원이 될 필요가 있는 자로서 대통령령으로 정하는 자

4. 그 주주 또는 사원인 경영참여형 사모집합투자기구의 사원 수와 경영참여형 사모집합투자기구가 아닌 주주 또는 사원의 수를 합산한 수가 49명 이내일 것

5. 상근임원을 두거나 직원을 고용하지 아니하고, 본점 외에 영업소를 설치하지 아니할 것

② 투자목적회사에 관하여는 이 법에 특별한 규정이 없으면 「상법」의 주식회사 또는 유한회사에 관한 규정을 적용한다.

③ **투자목적회사는 차입을 하거나 투자대상기업 또는 투자대상기업과 관련된 타인을 위하여 채무보증을 할 수 있다. 이 경우 차입금액과 채무보증액의 합계는 대통령령으로 정하는 한도를 초과하지 못한다.**

④ 투자목적회사 재산의 투자비율 산정방식과 그 밖에 투자목적회사 재산의 운용에 관하여 필요한 사항은 대통령령으로 정한다.

10장

소액으로도 부동산에
투자하는 방법이 있을까?

- 부동산투자회사(릿츠)(REITs)

그 많던 "리츠(Reits)"는 어디로 갔나

LH, 올 리츠 적용 공공임대아파트 4건 …… 작년보다 90% ↓
국민임대 · 행복주택 · 도시재생 · 산단재생 · 주거환경 등에서 자취 감춰

지난해까지 리츠 광풍이라고 부를 정도로 다양한 사업 영역에서 리츠 방식을 도입했지만, 올해부터 당장 리츠 축소에 나섰다. 10일 관련 업계에 따르면 올해 LH의 확정 운영계획에서 리츠 방식을 적용한 물량은 공공임대 아파트 4건, 2900억원 규모에 불과하다. 지난해 24건, 2조 3490억원 대비 90% 가까이 줄었다. LH 관계자는 "**리츠는 사실상 민간 사업으로 분류되기 때문에 LH 자체 실적으로 인정되지 않는다.** 때문에 예전 리츠 방식의 물량을 다른 방식으로 변경하는 등 주거복지로드맵에서 할

---

1. REITs(릿츠)란 무엇인가?

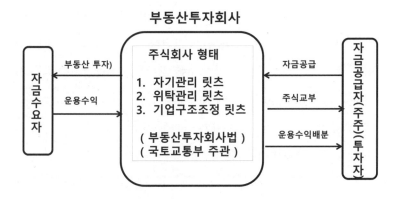

통상적으로 부동산은 덩치가 크고 유동성(환금성)이 없으며 개인
의 자산 중에서 가장 큰 비중을 차지합니다. 그래서인지 일반인이 부
동산을 매매하거나 임대차 거래를 하는 경우는 매우 드물고, 내 집 마
련과 같이 아주 특별한 경우에만 부동산 거래를 합니다. 더구나 실질
적인 부동산 수요가 아니라 투자목적으로 부동산을 거래한다는 것은
더욱 어려운 일이라고 할 수 있습니다. 이와 같이 거액이면서 환금성
도 떨어지는 부동산에 일반인이 소액으로도 투자할 수 있게 만든 제

도가 부동산투자회사(REITs)(릿츠)입니다. 우리나라에서는 REITs는 2001년 7월에 부동산투자회사법이라는 독립된 법에 의해 처음으로 설립이 가능해졌습니다. 우리나라의 경우는 부동산투기로 인한 부동산 가격 상승의 폐해가 심했기 때문에 일반인을 위한 부동산투자법이 다소 늦게 제정되었습니다.

REITs는 다수의 자금공급자(투자자)들이 모여 위탁자로서 자금을 수탁자인 자산운용사에 신탁하고 그 운용이익을 배분받는 투자신탁(Investment Trusts)의 구조를 가지고 있기 때문에, 영어 표기에서 투자신탁이라는 단어가 사용됩니다. 그러나 엄밀히 말하면 REITs는 상법상 주식회사의 형태를 갖기 때문에, 신탁 중 계약형이 아니라 투자회사형 신탁(mutual fund)에 해당합니다.

REITs 말고도 다수의 투자자가 집단을 이루어 부동산에 투자하는 것으로는 자본시장법상 부동산집합투자기구(부동산펀드)가 있습니다. 그런데 자본시장법에서 규정한 부동산펀드는 집합투자기구의 일종으로서 형식상의 paper company에 불과하고 실질적인 운용은 자산운용사가 담당하고 있습니다. 그러나 자산운용사는 부동산 투자만 전문으로 하는 것이 아니라 주식, 채권 등 여러 종류의 펀드도 함께 운용하는 펀드운용사로서, 사실상 금융업자이지 부동산 투자업자라고 보기가 어려운 측면이 있습니다. 또한 부동산 펀드는 자본시장법상의 집합투자기구이기 때문에 금융위원회가 주무부서입니다.

이에 반하여, REITs는 자본시장법이 아닌 별도의 독립된 법인 부

금융증권은 법으로 통한다

동산투자회사법에 근거한 상법상의 주식회사로서, 특히 "자기관리 REITs"는 자본금과 상근 인력을 두고 실제로 부동산 투자업을 전문으로 취급하는 실질적인 부동산투자회사입니다. REITs는 자본시장법과는 다른 별도의 부동산투자회사법에 근거하며 국토교통부가 주무부서입니다.

2. REITs의 설립과 운영

REITs는 자산운용 전문인력을 포함한 임직원을 상근으로 두고 실제로 자산의 투자·운용을 직접 수행하는 "자기관리 REITs", 이러한 전문인력이 없어서 자산관리회사에 운용을 위탁해야 하는 "위탁관리 REITs", 특별히 기업구조정용 부동산을 투자대상으로 삼는 "기업구조조정 REITS"(Corporate Restructuring REITs)가 있습니다.

REITs 설립 시 "자기관리 REITs"는 5억원 이상, 기타 REITs는 3억원 이상의 자본금이어야 하고, 영업인가일로부터 6개월 이내에 "자기관리 REITs"는 70억원 이상, 나머지 REITs는 50억원 이상의 자본금을 유지해야 합니다.

REITs는 상법상의 주식회사로 설립되기 때문에 주식을 발행하여 주주를 모집하여야 하는데, 부동산에 소액으로 투자를 하고자 하는 자는 이러한 주식을 취득함으로써 부동산 투자자가 됩니다.

REITs는 영업인가를 받거나 등록을 한 날부터 2년 이내에 발행하는 주식 총수의 30% 이상을 일반청약에 제공해야 하는 주식공모 의무비율이 있습니다. 주식분산의무도 있어서 최대주주는 50% 이상 소유가 금지됩니다.

REITs는 상장요건을 갖추면 증권거래소에 반드시 상장하여야 하며 REITs 투자자는 증권시장에서 REITs 주식을 매각하여 투자 자금을 회수할 수 있습니다. 따라서 당연히 REITs 투자자는 원금손실 가능성을 가지고 있습니다.

다만, REITs는 부동산이라는 실물에 간접투자를 하는 것이기 때문에, 부동산이라는 실물자산을 기반으로 하고 있는 REITs 주식은 상대적으로 일반 주식에 비하여 가격이 안정적인 특징을 가집니다.

소액투자자로부터 자금을 모집한 REITs는 실물 부동산뿐만 아니라 부동산 관련 증권에 운용할 수 있고, 부동산 개발사업(시행사업), 임대차, 부동산관리 등 부동산과 관련되는 여러 사업에 자금을 운용할 수 있으며, 당연히 이로 인해 발생하는 운용수익은 REITs의 주주에게 배당으로 지급합니다. 물론, 운용수익이 없으면 배당도 없습니다. REITs는 자기자본의 2배 이내에서 차입할 수 있으며, 주총 특별결의가 있으면 10배까지 차입이 가능하여 leverage에 의한 자산운용을 할 수 있습니다.

3. 최근에는 공공기관들이 REITs를 많이 활용하고 있습니다

    지금까지 REITs는 민간 부문에서 이용되어 왔는데, 최근에는 서울시나 한국토지주택공사 등 공공기관에서 REITs를 활용하는 경향을 보이고 있습니다. 공공기관들은 국가정책상 청년이나 신혼부부를 위한 주택 건설과 같은 부동산 개발사업을 할 의무가 있습니다. 하지만 이러한 개발사업에 필요한 막대한 재원의 확보가 어렵고, 차입금으로 인한 부채비율 악화를 관리해야 하는 문제가 있기 때문에, 최근에는 REITs를 통해 일반 투자자로부터 모집한 자금으로 부동산개발사업을 하고 있습니다.

    공공기관 입장에서는 REITs를 통해 부채비율 증가 없이 자금조달하는 장점이 있고, 일반 국민에게도 REITs를 통해 소액으로 부동산에 투자하여 배당수익을 얻을 수 있는 기회를 제공하는 이점이 있기 때문에, 현재 REITs가 활성화되고 있는 추세입니다.

4. 투자자가 유의할 사항은 무엇인가?

    REITs도 간접투자이기는 하지만 투자대상이 부동산이기 때문에 부동산 경기의 영향을 받지 않을 수 없습니다. 평상시에는 REITs가 투자한 부동산의 임대수익을 배당으로 받기에 은행이자보다 더 높은 수익을 보이는 경우가 많기도 합니다. 그러나 부동산 경기가 침체되어 REITs가 매입한 부동산에 공실이 많이 생겨 임대수익이 감소할 가능성이 있고, 특히나 부동산 가격이 하락하여 매매손실이 발생할 경우, 원금손실 가능성도 있다는 점에 유의해야 합니다.

부동산은 성격상 장기투자일 수밖에 없기 때문에 증권시장에 상장된 공모 REITS가 아닌 REITs에 투자하는 경우에 주식거래가 어려워 환금성에 제약이 있을 수 있다는 점도 고려해야 합니다. 안전한 REITs 투자를 위해 투자자는 REITs 운용회사의 운용 실적과 전문성 구비 여부도 체크할 필요가 있습니다.

5. 맺음말

일반인이 거액의 자금이 소요되는 부동산에 투자하는 것이 쉽지 않은 현실에서 REITs는 일반인에게 매우 유용한 투자수단이 되고 있습니다. REITs는 같은 간접투자 방식이기는 하지만 집합투자기구인 부동산펀드와는 다르게, 상법상의 주식회사이며 별도의 자산운용사가 아니라 REITs 자신이 주체가 되어 독자적으로 자산을 운용하고, 투자자는 통상적인 주식회사의 주주가 됩니다. 부동산 투자를 원하는 일반인의 많은 참여와 관심이 기대됩니다.

금융증권은 법으로 통한다

판례

A. 부동산투자회사의 지점 요건

대법원 2007. 8. 24. 선고 2005두13469 판결[등록세등부과처분취소]
부동산투자회사로부터 부동산의 관리용역을 위탁받은 회사가 위 부
동산투자회사와 독립된 법인의 형태를 취하고는 있으나 일반적인 건
물관리용역을 수행하는 이외에 위 투자회사의 지휘·감독하에 실질
적으로 위 투자회사의 지점으로서의 업무를 처리하여 온 경우, 구 지
방세법 제138조 제1항 제3호에 정한 "지점"에 해당한다고 한 사례.

원고는 **이 사건 부동산의 관리를 위해 설립된 삼일개발 주식회사(이
하 "삼일개발"이라 한다)**와 사이에 관리위탁계약을 체결하고, 삼일개
발로부터 건물청소·시설관리·경비 및 안전관리 등의 건물관리용역
을 제공받고는 있으나, 삼일개발이 이 사건 부동산 소재지에 본점 사
무실을 두고 있으면서 위와 같은 관리용역 이외에 원고의 한국지점장
인 소외인 명의로 임대료 및 관리비에 대한 세금계산서를 작성하여
임차인들에게 교부하고, 원고 명의의 예금통장과 인감 등을 보관하면
서 위 소외인의 승낙을 받아 그 통장에서 원고로부터 받을 위탁관리
용역에 대한 수수료와 원고가 납부할 부가가치세 등 제세공과금을 인
출하여 납부하여 왔을 뿐만 아니라, 원고를 대리하여 이 사건 건물 1
층에 관한 임대차계약을 체결하기도 하였으며, 삼일개발의 인력 채
용이나 충원 및 업무수행에 필요한 비용집행시 원고의 사전승낙을 받

거나 사후보고를 하도록 되어 있고, 또한 위 소외인이 국내에 체류하는 동안 삼일개발의 사무실 중 일부를 사용하여 업무를 처리하여 온 점 등을 종합하여 보면, 삼일개발은 비록 원고와 독립된 법인의 형태를 취하고는 있으나, 일반적인 건물관리용역을 수행하는 이외에 **원고의 지휘·감독하에 원고의 부동산 임대사업과 관련된 업무를 수행하는 등 실질적으로는 원고의 지점으로서의 업무를 처리하여 왔으므로,** 위 사업장을 원고의 지점으로 보고 이 사건 부동산등기가 구 지방세법 제138조 제1항 제3호 소정의 대도시 내에서의 지점설치에 따른 부동산등기에 해당한다고 보아 등록세를 중과세한 이 사건 처분은 적법하다.

🔲⟯ 해설

X: 부동산투자회사(원고), A: 부동산관리 수탁회사, Y: 구청장(피고)

X회사(원고)는 서울시에 소재한 부동산을 투자목적으로 매수한 후 그 관리를 위해 A회사와 부동산 관리위탁계약을 맺고 관리용역업무를 위탁하였습니다. A회사는 X회사(원고)가 매수한 부동산을 본점 소재지로 하여 설립된 회사였는데, 단순한 관리용역 이외에도 X회사(원고)가 매수한 부동산의 임대차 업무, 자금 및 통장관리 등 전반적인 업무를 수행하고 이에 대해 X회사(원고)의 지시감독을 받았습니다. 이에 Y구청장(피고)이 A회사는 지방세법상 사실상 X회사(원고)의 대도시 내에서의 지점을 새로 설치한 것이라는 이유로 X회사(원

고)의 부동산 취득에 대해 등록세를 중과하는 처분을 하였습니다. 이에 X회사(원고)가 Y세무서장(피고)를 상대로 과세처분에 불복하여 그 취소를 구하는 행정소송을 제기하였습니다.

대법원은 위에서 본 바와 같은 여러 가지 상황들을 종합하여 A회사를 X회사(원고)의 사실상 대도시 내의 지점으로 인정하여 지방세법상 중과세가 적법하다는 판시를 하여 X회사(원고)가 패소하였습니다.

 법령

• 부동산투자회사법

제1조(목적)
이 법은 부동산투자회사의 설립과 부동산투자회사의 자산운용 방법 및 투자자 보호 등에 관한 사항을 정함으로써 **일반 국민이 부동산에 투자할 수 있는 기회를 확대하고 부동산에 대한 건전한 투자를 활성화하여** 국민경제의 발전에 이바지함을 목적으로 한다.

제2조(정의) 이 법에서 사용하는 용어의 뜻은 다음과 같다.

1. **"부동산투자회사"란 자산을 부동산에 투자하여 운용하는 것을 주된 목적으로** 제3조부터 제8조까지, 제11조의2, 제45조 및 제

49조의2제1항에 적합하게 설립된 회사로서 다음 각 목의 회사를 말한다.

가. **자기관리 부동산투자회사**: 자산운용 전문인력을 포함한 임직원을 상근으로 두고 자산의 투자 · 운용을 직접 수행하는 회사

나. **위탁관리 부동산투자회사**: 자산의 투자 · 운용을 자산관리회사에 위탁하는 회사

다. **기업구조조정 부동산투자회사**: 제49조의2제1항 각호의 부동산을 투자 대상으로 하며 자산의 투자 · 운용을 자산관리회사에 위탁하는 회사

제3조(법인격)

① 부동산투자회사는 주식회사로 한다.

② 부동산투자회사는 이 법에서 특별히 정한 경우를 제외하고는 「상법」의 적용을 받는다.

제6조(**설립 자본금**)

① 자기관리 부동산투자회사의 설립 자본금은 5억원 이상으로 한다.

② 위탁관리 부동산투자회사 및 기업구조조정 부동산투자회사의 설립 자본금은 3억원 이상으로 한다.

제10조(**최저자본금**)

영업인가를 받거나 등록을 한 날부터 **6개월**(부동산투자회사 및 이해관계자 등이 다른 법령에서 정한 방법 및 절차 등을 이행하기 위하여 소요되는 기간으로서 국토교통부장관이 인정하는 기간은 제외한다. 이하 "최저자본금준비기간"이라 한다)이 지난 부동산투자회사의 자본금은 다음 각호에서 정한 금액 이상이 되어야 한다.

1. **자기관리 부동산투자회사**: 70억원
2. **위탁관리 부동산투자회사 및 기업구조조정 부동산투자회사**: 50억원

제14조의8(주식의 공모)

① 부동산투자회사는 영업인가를 받거나 등록을 하기 전(제12조제1항제4호의2에 따른 투자비율이 100분의 30을 초과하는 부동산투자회사의 경우에는 그가 투자하는 부동산개발사업에 관하여 관계 법령에 따른 시행에 대한 인가·허가 등이 있기 전)까지는 발행하는 주식을 일반의 청약에 제공할 수 없다.

② 부동산투자회사는 영업인가를 받거나 등록을 한 날(제12조제1항제4호의2에 따른 투자비율이 100분의 30을 초과하는 부동산투자회사의 경우에는 그가 투자하는 부동산개발사업에 관하여 관계 법령에 따른 시행에 대한 인가·허가 등이 있은 날을 말한다. 이하 이 조에서 같다)부터 **2년 이내에 발행하는 주식 총수의 100분의 30 이상을 일반의 청약에 제공하여야 한다.**

제15조(주식의 분산)

① **주주 1인과 그 특별관계자는** 최저자본금 준비기간이 끝난 후(제12조제1항제4호의2에 따른 투자비율이 100분의 30을 초과하는 부동산투자회사의 경우에는 부동산개발사업에 관하여 관계 법령에 따른 시행에 대한 인가 · 허가 등이 있은 날부터 6개월이 지난 후)에는 **부동산투자회사가 발행한 주식 총수의 100분의 50(이하 "1인당 주식소유한도"라 한다)을 초과하여 주식을 소유하지 못한다.**

② 주주 1인과 그 특별관계자(이하 "동일인"이라 한다)가 제1항을 위반하여 부동산투자회사의 주식을 소유하게 된 경우 그 주식의 의결권 행사 범위는 1인당 주식소유한도로 제한된다.

③ 국토교통부장관은 제1항을 위반하여 동일인이 1인당 주식소유한도를 초과하여 주식을 소유하는 경우에는 6개월 이내의 기간을 정하여 1인당 주식소유한도를 초과하는 주식을 처분할 것을 명할 수 있다.

제20조(주식의 상장 등)

① 부동산투자회사는 「자본시장과 금융투자업에 관한 법률」 제390조제1항에 따른 **상장규정의 상장 요건을 갖추게 된 때에는 지체 없이 같은 법 제8조의2제4항제1호에 따른 증권시장에 주식을 상장하여 그 주식이 증권시장에서 거래되도록 하여야 한다.**

② 국토교통부장관은 부동산투자회사가 정당한 사유 없이 제1항에 따른 증권시장에의 상장을 이행하지 아니하는 경우에는 기간을 정하여 상장을 명할 수 있다.

금융증권은 법으로 통한다

③ 국토교통부장관은 제2항에 따라 상장을 명하려면 미리 금융위원회의 의견을 들어야 한다.

제21조(자산의 투자 · 운용방법)

부동산투자회사는 그 자산을 다음 각호의 어느 하나에 해당하는 방법으로 투자 · 운용하여야 한다.

1. 부동산의 취득 · 관리 · 개량 및 처분
2. 부동산개발사업
3. 부동산의 임대차
4. 증권의 매매
5. 금융기관에의 예치
6. 지상권 · 임차권 등 부동산 사용에 관한 권리의 취득 · 관리 · 처분
7. 신탁이 종료된 때에 신탁재산 전부가 수익자에게 귀속하는 부동산 신탁의 수익권의 취득 · 관리 및 처분

제22조(자기관리 부동산투자회사의 자산운용 전문인력)

① 자기관리 부동산투자회사는 그 자산을 투자 · 운용할 때에는 전문성을 높이고 주주를 보호하기 위하여 대통령령으로 정하는 바에 따라 다음 각호에 따른 자산운용 전문인력을 상근으로 두어야 한다.

1. 감정평가사 또는 공인중개사로서 해당 분야에 5년 이상 종사한 사람

2. 부동산 관련 분야의 석사학위 이상의 소지자로서 부동산의 투자 · 운용과 관련된 업무에 3년 이상 종사한 사람

3. 그 밖에 제1호 또는 제2호에 준하는 경력이 있는 사람으로서 대통령령으로 정하는 사람

② 제1항에 따른 자산운용 전문인력은 자산운용에 관한 사전교육을 이수하여야 한다. 이 경우 교육기관, 교육과정 등 필요한 사항은 대통령령으로 정한다.

금융증권은 법으로 통한다

11장

개인도 기업인수(M&A)에 참여하는 방법이 있을까?

- 기업인수목적회사(스팩)(SPAC)

줌인터넷, 미래에셋SPAC 합병 ⋯⋯ 코스닥 상장

이스트소프트 자회사 줌인터넷이 코넥스에서 코스닥 이전 상장을 위해 미래에셋 제5호SPAC(기업인수목적회사)과 합병을 결정했다고 18일 밝혔다. 합병비율은 1:1.7505(줌인터넷)다. 합병기일은 2월 22일, 주식매수청구권 행사기간은 내년 1월 18일부터 2월 7일까지다. 줌인터넷은 SPAC이 보유한 자금 100억원을 활용해 AI 기반 신사업을 추진할 계획이다.

2018. 9. 18. 머니투데이

1. 기업인수목적회사(SPAC)란 무엇인가?

기업을 사고파는 M&A시장은 아무래도 대규모의 인수자금이 필요하고 기업에 대한 전문적인 정보와 분석이 필요하기 때문에, 일반인이 참여하기 어려운 특수한 시장이라고 볼 수 있습니다. 자본시장법은 경영권 참여, 사업구조 또는 지배구조의 개선 목적으로 투자할 수 있는 "경영참여형" 사모집합투자기구"(사모펀드, PEF)를 규정하여 일반인에 의한 M&A시장 참여를 가능하게 하고 있으나, 사모펀드이기 때문에 기관투자가와 같은 전문투자자나 거액투자자만 이용할 수 있는 한계가 있습니다. 이와 같은 상황을 고려하여, 2009년도에 처음으로 일반인도 기업 M&A시장에 참여하여 투자할 수 있도록 "기업인수목적회사(SPAC)"를 도입하였습니다. 투자자 입장에서는 위의 "경영참여형" 사모펀드의 대체상품인 셈입니다.

자본시장법은 동법 시행령 제6조 제4항 제14호에서 집합투자의 적용배제를 규정하면서, SPAC이 일정한 요건을 충족하면 집합투자기구가 아닌 것으로 규정하고, 다른 법인과의 합병을 유일한 사업목적으로 하고, 모집을 통해 주권을 발행하는 법인을 SPAC이라고 정의하고 있습니다. SPAC도 공모를 통해 불특정 다수로부터 투자자를 모집하고 모집된 자금을 운용하는 것이므로 사실상 집합투자기구와 동일한 구조를 가지고 있지만, SPAC은 다른 기업을 합병하기 위한 형식상의 회사로서 공모자금을 "합병"에만 사용하고 실질적인 사업을 하는 것이 아니기 때문에, 자본시장법에서는 SPAC에 대하여 집합투자의 적용을 배제하고 있습니다.

SPAC의 가장 큰 특징은 회사의 존재 목적이 다른 법인을 흡수합병 하는 것이라는 점입니다. 다른 법인을 흡수합병 함으로써 애초에 SPAC에 투자한 투자자는 합병 후 존속법인의 주주가 됩니다. 그리고 합병으로 소멸되는 기업 입장에서도 동 기업이 특히 비상장인 경우, 상장법인인 SPAC에 합병됨으로써 간편한 절차로 상장법인으로 전환되는 장점이 있어서 비상장 우량기업에 유용한 제도입니다.

반면에 "경영참여형" 사모펀드는 비록 투자 대상기업의 경영권을 취득하기 위해 대상기업의 지분을 취득하기는 하지만, 취득한 주식의 가격이 상승하면 이를 매각하여 그로 인한 차액을 얻고 그 이익을 투자자들에게 배분하는 것이기 때문에 경영권 취득은 일시적일 뿐 SPAC처럼 다른 기업을 합병하는 조직법적인 변화를 가져오지는 않습니다.

2. 기업인수 절차는 어떻게 진행되나?

(1) 설립, 공모, 상장 과정

SPAC은 다른 법인의 합병을 유일한 사업목적으로 하여 상법상의 주식회사로 설립되는 형식상의 paper company입니다. 설립 발기인은 자기자본 1,000억원 이상인 금융투자업자 1인 이상(보통은 증권사)이 포함되어야 하며, 정관작성, 임원선임 등 설립 관련 실무절차는 발기인으로 참여한 금융투자업자가 일종의 sponsor로서 주도하여 최종적으로 법인등기를 통해 설립이 완료됩니다.

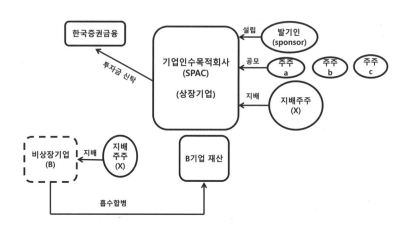

설립발기인이 납입한 금액은 SPAC의 기초 자본금이 되는데, 이때 발기인으로 참여한 금융투자업자는 5% 이상을 출자하도록 하여 sponsor인 금융투자업자가 SPAC의 성공을 책임지고 운영하도록 하고 있습니다.

설립 후 기업 공개를 통해 주주를 모집하여 추가 자본금을 조달하며 설립 자본금과 추가모집 자본금은 모두 결국 다른 기업의 합병을 위한 자금으로 사용됩니다. 또한 합병대상기업에 대한 내부정보가 유출되어 불공정거래가 이루어지는 것을 막고 합병대상기업의 선정 가능성을 넓히기 위해, SPAC의 기업 공개 전에는 합병 대상기업이 특정되지 않는 블라인드 방식을 사용합니다.

금융증권은 법으로 통한다

공모된 자금이 합병 외의 용도로 유용되는 것을 방지하기 위해, 공모자금의 90% 이상을 외부기관(한국증권금융)에 신탁해야 하고, 합병승인 전까지는 인출이나 담보제공이 금지됩니다. 모집한 주권은 주금납입일로부터 90일 이내에 증권시장에 상장하여 거래가 되도록 합니다. 유가증권상장 규정에 의해 SPAC의 자기자본은 코스피시장의 경우 200억원, 코스닥시장의 경우 30억원 이상이어야 합니다.

(2) 합병 과정

SPAC은 주금 납입일로부터 36개월(3년) 이내에 합병대상 법인을 발굴하여 합병을 성공시켜야 하며, 합병가액은 예치금의 80% 이상을 사용하여야 합니다. 그리고 이 기간 내에 합병에 성공하지 못할 경우, SPAC은 상장폐지 되고 해산 및 청산되며 외부에 예치된 공모자금은 해당 주주에게 반환됩니다. 주주가 합병에 반대할 경우 보통의 주식회사 주주처럼 당연히 SPAC을 상대로 주식매수청구권을 행사하여 주식을 팔고 떠날 수 있습니다. 따라서 SPAC 투자자는 원금손실의 투자 리스크가 전혀 없습니다.

반면에, 합병에 성공할 경우 주주는 해당 주식을 계속 보유하거나 증권시장에서 높은 가격에 매각하여 시세차익을 얻을 수도 있습니다. 우량 비상장기업의 경우, 사업자금이 필요하지만 일반 주식공모시장에서 정식 공모절차를 통해 자금을 모집하는 것이 여의치 않을 때 상장법인인 SPAC에 흡수 합병됨으로써 SPAC의 자본금이 자신의 자본금이 됩니다. 복잡한 기업공개 절차나 유상증자 절차 없이 SPAC에의 흡수합병이라는 단순한 절차를 통해 자본금이 증액되는 효과를 볼 수 있습니다.

합병에서 비록 SPAC이 존속법인이 되고 비상장기업이 소멸법인이 된다고 하더라도, SPAC은 본래부터 존재목적이 이와 같은 합병을 위해 존재하는 형식상의 회사에 불과하기에 합병 후에는 사실상 비상장기업의 사업이 존속법인의 실질적인 사업이 되고, 비상장기업의 지배주주가 계속해서 존속법인의 지배주주가 되어 경영권을 행사하게 됩니다.

3. 투자자가 유의할 사항은 무엇인가?

SPAC은 다른 법인의 합병을 유일한 사업목적으로 하는 형식상의 주식회사입니다. 아직은 이 제도가 대중화되어 있지 않아서 증권시장에서 차지하는 SPAC의 시가총액은 크지 않고 거래량도 많지 않습니다. 이에 주가 변동성이 높아 SPAC의 주가가 급등락을 하는 경향을 보이므로 여기에 투자하는 경우 상당한 주의를 해야 합니다. 그리고 SPAC이 합병대상 기업을 발굴하는 과정에서 이와 관련하여 증권시장에 사실이 아닌 소문이 돌며 SPAC의 주가가 오르내릴 수 있으므로 유의해야 하고, 3년의 합병기간 만료일이 가까워지면서 급하게 합병을 무리하게 추진하는 것이 아닌지 주의할 필요가 있습니다.

따라서 SPAC을 설립하고 상장시키는 업무를 주관하는 sponsor

인 주관 증권사가 상장 및 합병에 대한 노하우가 축적된 회사인지를 확인하는 것이 필요합니다. 즉, SPAC의 경영진이나 주관 증권회사가 회사의 평판 등을 우려하여 성장성이 낮은 기업을 대상으로 무리하게 합병을 강행하지 않은지 유의하고, 합병을 진행하는 과정에서 관련 직원들이 합병정보를 부당하게 이용하지 않은지도 유의할 필요가 있습니다.

종합하면 SPAC 투자자는 투자 전에 SPAC 구조를 정확히 이해하고, 합병대상 비상장기업에 대한 분석을 정확히 해야 합니다. SPAC에 대한 투자수익은 합병 후 존속기업의 경영실적에 크게 좌우되고, 합병 전후에 주가변동성도 매우 큽니다. 따라서 SPAC의 합병 결정 공시 전에 단기간에 급등하는 SPAC 종목에 대해서는 단순 추종매수 등의 투자방식은 자제해야 합니다.

4. 맺음말

부동산투자회사인 REITs와 마찬가지로 SPAC도 거액의 자금을 가진 투자자가 아닌 일반 소액투자자의 참여를 도모하기 위해 마련된 제도입니다. 제도의 운용과정에서 파생하는 부정적인 요소만 잘 제거한다면, SPAC은 대규모 자금이 필요하고 전문 노하우가 필요한 영역인 기업인수·합병시장에 일반 소액투자자가 쉽게 참여할 수 있게 한다는 점에서 바람직한 제도라고 할 수 있습니다.

판례

A. 기업인수목적회사의 합병과 미공개정보 이용행위

대법원 2017. 5. 17. 선고 2017도1616 판결[자본시장과금융투자업에관한법률위반]

(1) 자본시장법 제443조 제1항 제1호, 제174조 제1항은 상장법인 임직원으로서 그 직무와 관련하여 미공개중요정보를 알게 된 자, 그 법인과 계약을 체결하여 이행하는 과정에서 미공개중요정보를 알게 된 자(임직원을 포함한다) 및 그러한 자로부터 미공개중요정보를 받은 자 등이 미공개중요정보를 특정증권 등의 매매, 그 밖의 거래에 이용하거나 타인에게 이용하게 하는 행위를 금지하고 있다. 그리고 자본시장법 제448조 본문은 법인의 대표자나 종업원 등이 그 법인의 업무에 관하여 미공개중요정보 이용행위를 하면 "그 행위자를 벌하는 외에" 그 법인에게도 해당 조문의 벌금형을 과하도록 하고 있다. 따라서 법인의 대표자나 종업원 등이 미공개중요정보를 이용하여 그 법인의 업무에 관하여 주식을 매매하거나 그 밖의 거래를 하는 행위도 당연히 자본시장법 제443조 제1항 제1호의 처벌 대상이 된다(대법원 2002. 4. 12. 선고 2000도3350 판결 등 참조). 한편 위 조항이 금지하는 미공개중요정보 이용행위인지 여부를 판단함에 있어 행위자가 자신의 이익을 추구할 목적으로 자기 계산으로 하는 것이든 또는 행위자가 타인의 이익을 위하여 타인의 계산으로 하는 것이든 어떠한 제한이나 구별을 둘 것은 아니다(대법원 2009. 7. 9. 선고 2009도

금융증권은 법으로 통한다

1374 판결 등 참조).

(2) 원심판결 이유를 위와 같은 법리와 기록에 비추어 살펴보면, 원심이 앞서 본 사실관계를 토대로 피고인들의 이 사건 미공개중요정보 이용행위를 자본시장법 제448조, 제443조 제1항 제1호 위반행위라고 판단한 것은 정당하고, 거기에 상고이유 주장과 같이 불고불리의 원칙을 위반하거나, 자본시장법이 규정한 미공개중요정보 이용행위에 관한 법리를 오해하거나, 채증법칙을 위반하는 등의 잘못이 없다.

🗒️ 해설

A: 기업인수목적회사(SPAC), B: 증권회사, C: B회사의 직원, D: 비상장회사 (스펙에 흡수합병 된 회사), Y1: D의 소수주주(피고인1), Y2: Y1이 대표이사로 재임 중인 회사(피고인2)

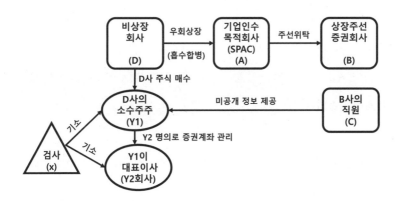

A회사는 다른 법인과 합병하는 것을 유일한 사업목적으로 하고 모집을 통하여 주권을 발행하는 기업인수목적회사입니다. A회사는 자본금 5천만원으로 설립된 후 일반 공모 방식으로 증자하여 자본금 7억원이 된 상태에서 주권이 코스닥시장에 상장되어 거래가 개시되었습니다. 그런데 A회사가 주식공모, 상장, 합병 등의 업무를 B증권회사에 위탁하였는데, B증권회사의 직원 C가 위탁된 업무를 처리하던 중에 A회사가 D회사를 흡수합병 하여 D회사가 우회상장 한다는 미공개 중요 정보를 알게 되었습니다. 이에 C는 그 정보를 D회사의 소수주주인 Y1(피고인1)에게 알려 주게 되었습니다. 그러자 Y1(피고인1)은 이때부터 몇 개월 동안 자신의 명의 또는 자신이 대표이사로 있는 Y2회사(피고인2)의 명의로 여러 개의 증권계좌를 개설하여 D회사의 주식을 매수하기 시작하였습니다. 이후 실제로 A회사는 D회사를 흡수합병 하는 이사회결의를 한 후 이를 공시하였고, D회사의 주식은 합병결정 공시일부터 우회상장에 따른 상장예비심사결과 적격 통보일까지 주식거래가 정지되었다가 그다음 날 거래가 재개되었습니다. 이 과정에서 Y1, Y2(피고인들)은 주식상승으로 인한 이득을 취득하였습니다. 이에 검사는 Y1(피고인1)과 Y2(피고인2)에 대해 자본시장법 제443조 제1항 제1호에 규정된 미공개정보이용행위 위반죄로 기소하였습니다.

　대법원은 위와 같은 상황을 종합하여 Y1, Y2(피고인들)에 대해 유죄를 인정하였습니다.

법령

• 자본시장법

제6조(금융투자업)

④ 이 법에서 "집합투자업"이란 집합투자를 영업으로 하는 것을 말한다.

⑤ 제4항에서 "집합투자"란 2인 이상의 투자자로부터 모은 금전등을 투자자로부터 일상적인 운용지시를 받지 아니하면서 재산적 가치가 있는 투자대상자산을 취득 · 처분, 그 밖의 방법으로 운용하고 그 결과를 투자자에게 배분하여 귀속시키는 것을 말한다. 다만, 다음 각호의 어느 하나에 해당하는 경우를 제외한다.

1. 대통령령으로 정하는 법률에 따라 사모(私募)의 방법으로 금전등을 모아 운용 · 배분하는 것으로서 대통령령으로 정하는 투자자의 총수가 대통령령으로 정하는 수 이하인 경우

2. 「자산유동화에 관한 법률」 제3조의 자산유동화계획에 따라 금전등을 모아 운용 · 배분하는 경우

3. **그 밖에 행위의 성격 및 투자자 보호의 필요성 등을 고려하여 대통령령으로 정하는 경우**

• 자본시장법 시행령

제6조(집합투자의 적용·배제)

④ 법 제6조제5항제3호에서 "대통령령으로 정하는 경우"란 다음 각 호의 어느 하나에 해당하는 경우를 말한다.

14. 다른 법인과 합병하는 것을 유일한 사업목적으로 하고 모집을 통하여 주권을 발행하는 법인(이하 "기업인수목적회사"라 한 다)이 다음 각 목의 요건을 모두 갖추어 그 사업목적에 속하는 행위를 하는 경우

가. 주권(최초 모집 이전에 발행된 주권은 제외한다)의 발행을 통하여 모은 금전의 100분의 90 이상으로서 금융위원회가 정하여 고시하는 금액 이상을 주금납입일의 다음 영업일까 지 법 제324조제1항에 따라 인가를 받은 자(이하 "증권금융 회사"라 한다) 등 금융위원회가 정하여 고시하는 기관에 예 치 또는 신탁할 것

나. 가목에 따라 예치 또는 신탁한 금전을 다른 법인과의 합병 등기가 완료되기 전에 인출하거나 담보로 제공하지 않을 것. 다만, 기업인수목적회사의 운영을 위하여 불가피한 경 우로서 법 제165조의5에 따른 주식매수청구권의 행사로 주 식을 매수하기 위한 경우 등 금융위원회가 정하여 고시하는 경우에는 인출할 수 있다.

다. 발기인 중 1인 이상은 금융위원회가 정하여 고시하는 규모 이상의 지분증권(집합투자증권은 제외한다) 투자매매업자 일 것

라. 임원이 「금융회사의 지배구조에 관한 법률」 제5조제1항 각
호의 어느 하나에 해당하지 아니할 것

마. 최초로 모집한 주권의 주금납입일부터 90일 이내에 그 주
권을 증권시장에 상장할 것

바. **최초로 모집한 주권의 주금납입일부터 36개월 이내에 다른
법인과의 합병등기를 완료할 것**

사. 그 밖에 투자자 보호를 위한 것으로서 금융위원회가 정하여
고시하는 기준을 갖출 것

12장

펀드가 펀드를 낳을 수 있을까?

- 모태펀드(Fund of Funds)

A. 한국벤처투자 "모태펀드 위탁운용자산 수탁기관 선정"

한국벤처투자(주)가 NH농협은행, KDB산업은행, KEB하나은행 등 3개 은행을 "**한국 모태펀드출자 자조합(자펀드) 위탁운용자산 수탁기관 POOL**" 우선협상대상자로 선정했다. 한국벤처투자 관계자는 "금번 한국모태펀드 자펀드 및 모펀드 위탁운용자산 수탁기관 선정은 국내의 벤처투자시장 확대 등에 따라 모태출자펀드 수탁기관 POOL 을 확대하였으며, 관련 수탁시스템도 고도화할 예정이다. **이번 수탁기관 선정을 통해 모태펀드 및 모태출자펀드의 안정적 운용으로 창업벤처기업의 지원 및 일자리 창출 에 적극 기대토록 노력을 기울여 나가겠다**"고 밝혔다.

2018. 10. 5. newsbrite

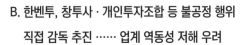
1. 모태펀드란 무엇인가?

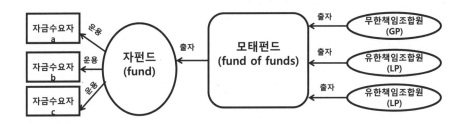

모태펀드의 구조

펀드란 다수의 투자자로부터 모집한 자금으로 부동산, 증권 등 투
자재산에 자산을 운용하여 그 운용수익을 투자자에게 다시 배분하는

것입니다. 펀드 가운데 최종적인 투자재산에 직접 투자하지 않고 펀드 자체에 투자하는 것을 목적으로 하는 펀드를 "모태펀드(Fund of Funds)"라고 합니다. 마치 모펀드가 자펀드를 출산하는 구조이기 때문에 "벤처기업육성에관한특별조치법"은 "모태"라는 단어를 사용하고 있습니다. 물론 모태펀드 자체도 다수의 출자자로부터 자금을 모집하고 그 자금으로 자산을 운용하여 그 운용수익을 출자자에게 배분하는 펀드의 일반적인 속성은 그대로 가지고 있습니다.

모태펀드가 최종적인 투자를 직접 하는 대신 펀드자금을 자펀드의 결성을 지원하는 데 사용한다면, 자펀드는 자펀드를 결성하기 위해 다수의 출자자를 모집하는 수고를 덜 수 있습니다. 벤처기업육성법에 의한 모태펀드나 자펀드도 그 구조는 펀드의 일반적인 속성을 그대로 가지고 있어서 자본시장법상의 집합투자기구와 다를 것이 없지만, 벤처 관련 펀드의 특수성을 감안하여 별도의 규율을 위해 자본시장법상 집합투자기구의 적용을 배제하고 있습니다.

2. 모태펀드의 장점은 무엇인가?

모태펀드는 고위험(high risk) 산업에 투자하기 적합한 구조를 가지고 있습니다. 즉, 모태펀드는 "펀드에 대한 펀드(Fund of Funds)"로서 모태펀드가 벤처기업에 직접적으로 자금을 투자하는 것이 아니라, 투자조합(자펀드)에 간접적으로 자금을 출자하면 최종적으로 투자조합(자펀드)이 벤처기업 등에 자금을 투자하는 구조입니다. 따라서 투자에 따른 직접적인 위험부담은 최종적인 직접투자를 실행한 투자조합(자펀드)이 부담하고, 모태펀드는 간접적인 위험만을 부담합니다. 또한 모태펀드는 어느 하나의 투자조합(자펀드)에만 투자하는 것이 아니라 여러 개의 투자조합(자펀드)에 집단적으로 분산투자 하여 위험을 감소시킵니다.

모태펀드의 위와 같은 간접투자와 집단투자 방식으로 인하여 모태펀드에 출자한 최초의 출자자(투자자)들은 투자위험의 분산효과(diversification effect)를 누리게 되어 투자위험을 낮게 유지할 수 있는 장점을 가집니다. 모태펀드에는 이와 같은 투자위험 감소의 장점이 있기 때문에 자금조달에 많은 어려움을 겪는 많은 고부가가치의 고위험산업인 벤처산업에 많이 활용되고 있고, 정부에서도 정책자금을 동원하여 모태펀드의 결성을 적극 지원하고 있습니다.

3. 모태펀드가 투자하는 자펀드에는 어떤 것이 있나?

고부가가치의 고위험 산업을 지원하기 위해 결성되는 모태펀드가 투자하는 자펀드에는 다양한 종류가 있습니다. 그 예로 와인펀드와 탄소펀드 등이 있습니다. 와인펀드(wine fund)는 해외의 유명 포도주를 매입하고 일정 기간 보유 후 와인의 시세가 상승하면 이를 처분하여 매매차익을 누리는 것을 목적으로 설립된 자펀드입니다. 탄소펀드(carbon fund)는 환경오염물질인 탄소의 배출로 인한 피해를 방지하기 위하여 탄소배출권이 국제시장에서 매매되는 경우, 탄소배출권에 투자하는 것을 목적으로 하는 자펀드입니다.

특히 최근에는 문화콘텐츠 자펀드가 많이 결성되어 큰 투자수익을 내는 것으로 알려져 있는데, 문화산업 분야가 모태펀드의 블루오션 역할을 하고 있습니다.

한편, 영화, 드라마, 창작뮤지컬, TV애니메이션과 같은 문화산업은 투자 위험성이 매우 높은 분야 중의 하나입니다. 영화 부문만 보더라도 한 편의 영화를 제작하기 위해서는 수억원의 투자가 이루어지지만, 투자성과는 영화 완성 후 작품의 흥행이라는 일회적인 결과에 전적으로 의존합니다. 영화 제작 단계에서는 그 성공 여부가 거의 미지수에 가깝다고 볼 수 있습니다. 물론 사전에 시연회 등을 통하여 어느 정도 흥행 여부를 예측하려는 시도도 있지만 이것만으로는 한계가 있습니다. 모태펀드는 이와 같이 고위험(High Risk)산업에 대하여 자펀드를 결성하는 마중물로써의 역할을 하여 문화산업 발달과 그로 인한 투자수익 확보의 효과를 낼 수 있습니다.

4. 모태펀드는 누가 운영하나?

모태펀드는 대규모의 자금이 필요하고 최종적인 투자대상자산에 직접적인 투자를 하는 것이 아니기 때문에 민간에 의한 기금결성이 어려워 현재 정부의 정책자금을 활용하여 결성되는 경우가 많습니다. 각 모태펀드는 여기에 출자한 정책자금의 성격에 따라 그에 적합

한 투자관리전문기관을 지정하고, 지정된 투자관리전문기관이 모태
펀드의 무한책임조합원(General Partner)이 되어 자산운용사의 역할
을 합니다. 특히 2005년경에는 위와 같은 모태펀드의 객관적이고 투
명한 운영을 위해 전담회사인 "한국벤처투자주식회사"가 최초로 설립
되어 모태펀드의 운영을 담당하고 있습니다. 또한 모태펀드에 기금을
출자한 출자자들은 유한책임조합원(Limited Partner)으로서 투자손
실에 대해 출자액을 한도로 책임을 부담합니다.

5. 맺음말

영화, 드라마, TV애니메이션과 같이 투자위험성이 매우 높은 문
화산업에는 누구나 직접적인 투자를 꺼릴 수밖에 없습니다. 펀드를
결성하려 해도 투자자의 참여가 저조하여 펀드가 제대로 구성되기 어
렵습니다. 이런 상황에서 펀드(모태펀드)가 펀드(자펀드)에 투자자로
참여하면, 펀드의 복층구조에 의해 투자의 위험성이 그만큼 감소되므
로 자펀드의 결성이 매우 용이해지고, 그 경우 자펀드는 투자자를 의
식하지 않고 위험성이 높은 산업에 투자할 수 있는 자신감을 얻게 됩
니다. 이런 장점이 잘 발휘될 수 있는 모태펀드의 발전이 기대됩니다.

판례

A. 벤처기업 출자와 양도소득세 감면

대법원 2013. 7. 25. 선고 2011두22358 판결[양도소득세경정거부처분
취소]

구 조세특례제한법(2000. 12. 29. 법률 제6297호로 개정되기 전의
것, 이하 "구 조특법"이라고 한다) 제14조 제1항 제4호의 입법 취지,
관련 규정의 개정 연혁 및 체계 등에 비추어 보면, 구 조특법 제14조
제1항 단서가 말하는 "타인의 주식이나 출자지분을 양수하는 방법으
로 출자하는 경우"란 결국 "출자에 의하여 최초로 주식 또는 출자지
분을 취득하는 것이 아닌 경우"를 확인적으로 설명한 것으로 이해되
므로, **구 조특법 제14조 제1항 제4호에서 말하는 "벤처기업에 출자함
으로써 최초로 취득하는 주식"이란 "출자자의 지위에서 벤처기업으로
부터 직접 취득하는 주식"을 의미한다고 봄이 타당하다.**

따라서 개인이 벤처기업이 설립되는 때에 자본금을 납입하여 주식을
취득하여 보유하던 중 주식발행초과금의 자본전입에 따라 무상주가
발행되어 이를 취득하는 경우에는 그 무상주 역시 출자자의 지위에서
벤처기업으로부터 직접 취득한 주식에 해당하여 구 조특법 제14조 제
1항 제4호에서 정한 양도소득세 과세특례의 적용대상이 된다. 주식발
행초과금의 자본전입에 따라 무상주가 발행되더라도 주주의 입장에
서는 원칙적으로 그가 가진 주식의 수만 늘어날 뿐이고 그가 보유하

금융증권은 법으로 통한다

는 총 주식의 자본금에 대한 비율이나 실질적인 재산적 가치에 차이가 없다는 점에 비추어 보더라도 위와 같이 해석할 것이다.

구 조특법 제14조 제1항 제4호가 규정하는 벤처기업에의 출자에 대한 양도소득세 과세특례제도는 종전에는 개인이 조합을 결성하여 벤처기업에 투자하는 경우에만 조세감면 혜택을 부여함에 따라 개인의 벤처기업에 대한 투자실적이 저조하였던 점 등을 고려하여 **개인이 벤처기업에 직접 투자하는 경우에도 각종 조합을 통하여 투자하는 것과 동일한 조세감면 혜택을 줌으로써 개인의 벤처기업에 대한 직접 투자를 활성화하려는 취지에서 도입된 것이다.**

🗏⃝ 해설

A: 신설된 벤처회사, X: A회사 설립 시 최초 출자자(원고), Y: 세무서장(피고)

X(원고)는 A벤처회사를 설립하면서 출자금 납입 대가로 받은 주식을 취득하여 보유하고 있었는데, A회사의 무상증자와 액면분할 실시로 인해 보유주식 수가 증가하게 되었습니다. 이후 X(원고)는 보유주식의 일부를 제3자에게 양도하였는데, 양도주식에는 무상증자로 받은 주식도 포함되었습니다. X(원고)는 주식양도에 대해 양도소득세를 자신신고·납부하였다가, 벤처기업 출자로 취득한 주식양도는 당시의 조세특례제한법에 의해 감면된다고 주장하며 Y세무서장(피고)을 상대로 기납부한 양도소득세의 환급을 구하는 경정청구를 하였습

니다. Y세무서장(피고)이 이를 거부하자, X(원고)가 이의절차를 거쳐 Y세무서장(피고)를 상대로 경정청구거부처분 취소소송을 제기하였습니다.

대법원은 당시의 조세특례제한법에서 양도소득세 감면대상으로 인정하고 있는 주식은 벤처기업 설립 시 최초 출자한 주식을 양도하는 경우에만 해당되며, 이때 최초 출자주식에는 주식발행초과금의 자본전입으로 인해 최초 출자주주에게 발행하는 무상주도 포함된다고 판시하여 X(원고)가 승소하였습니다.

 법령

• 벤처기업육성에 관한 특별조치법(약칭: 벤처기업법)

제4조의2(**중소기업투자모태조합의 결성 등**)

① 중소벤처기업부장관이 중소기업진흥공단 등 대통령령으로 정하는 투자관리기관 중에서 지정하는 기관(이하 **"투자관리전문기관"이라 한다**)은 「중소기업진흥에 관한 법률」 제63조에 따른 중소기업창업 및 진흥기금(이하 "중소기업창업 및 진흥기금"이라 한다)을 관리하는 자 등으로부터 **출자를 받아 중소기업과 벤처기업에 대한 투자를 목적으로 설립된 조합 또는 회사에 출자하는 중소기업투자모태조합(이하 "모태조합"이라 한다)을 결성할 수 있다.**

금융증권은 법으로 통한다

② 중소기업창업 및 진흥기금을 관리하는 자는 「중소기업진흥에 관한 법률」 제67조에도 불구하고 **모태조합에 출자할 수 있다.**

③ 투자관리전문기관은 **모태조합의 자산을 다음 각호의 조합이나 회사에 출자하여야 한다.**

   1. 중소기업창업투자조합

   2. 제4조의3에 따른 한국벤처투자조합

   3. 산업발전법」(법률 제9584호 산업발전법 전부개정법률로 개정되기 전의 것을 말한다) 제15조에 따라 등록된 기업구조조정조합 및 「산업발전법」 제20조에 따른 기업구조개선 경영참여형 사모집합투자기구

   4. 「자본시장과 금융투자업에 관한 법률」 제9조제19항제1호에 따른 경영참여형 사모집합투자기구

   5. 신기술사업투자조합

   6. 제13조에 따른 개인투자조합

④ 투자관리전문기관은 모태조합의 자산을 관리 · 운용하여야 하며, 그 밖에 투자관리전문기관의 지정 · 관리 등에 필요한 사항은 대통령령으로 정한다.

⑨ 모태조합의 존속기간은 30년 이내의 범위에서 대통령령으로 정하는 기간으로 하며, 그 밖에 모태조합의 관리 · 운용 등에 필요한 사항은 대통령령으로 정한다.

제4조의3(**한국벤처투자조합의 결성 등**)

① 다음 각호의 어느 하나에 해당하는 자는 **모태조합으로부터 출자를**

받아 중소기업과 벤처기업에 대한 투자와 제6항제3호에 따른 투자조합에 대한 출자 등을 목적으로 조합(이하 "한국벤처투자조합"이라 한다)을 결성할 수 있다. 다만, 중소기업 또는 벤처기업을 인수합병하거나, 다른 중소기업창업투자조합 또는 한국벤처투자조합이 보유하고 있는 주식 등의 자산 매수 등 중소벤처기업부장관이 정하는 목적과 기준에 부합하게 조합을 결성하고자 하는 자는 모태조합으로부터 출자를 받지 아니하고 한국벤처투자조합을 결성할 수 있다.

1. 중소기업창업투자회사

2. 신기술사업금융업자

3. 다음 각 목의 요건을 갖추고 있는 「상법」상 유한회사 또는 유한책임회사

　　가. 출자금 총액이 조합 결성금액의 1퍼센트 이상일 것

　　나. 대통령령으로 정하는 기준에 맞는 전문인력을 보유할 것

4. 다음 각 목의 요건을 갖추고 있다고 중소벤처기업부장관이 인정하는 외국투자회사. 다만, 외국투자회사가 제1호부터 제3호까지에 해당하는 자와 함께 한국벤처투자조합을 결성하는 경우에는 다음 각 목의 요건을 충족한 것으로 본다.

③ 한국벤처투자조합은 조합의 채무에 대하여 무한책임을 지는 1인 이상의 조합원(이하 "업무집행조합원"이라 한다)과 출자액을 한도로 하여 유한책임을 지는 조합원(이하 "유한책임조합원"이라 한다)으로 구성한다. 이 경우 업무집행조합원은 다음 각호의 어느 하나에 해당하는 자로 하되, 그 중 1인은 제1호에 해당하는 자이

어야 하고, 제1항제4호 단서의 경우 업무집행조합원은 제1항제1
호부터 제3호까지에 해당하는 자와 외국투자회사가 공동으로 하
여야 한다.

④ 제3항 전단에도 불구하고 제4조의8에 따른 공모한국벤처투자조합
을 결성하는 경우 업무집행조합원은 1인으로 한다.

⑤ 한국벤처투자조합의 출자금액, 조합원 수 및 존속기간을 포함한
결성 요건과 신고 사항, 그 밖에 운영 등에 필요한 사항은 대통령
령으로 정한다.

⑥ **업무집행조합원은 한국벤처투자조합의 자금을 다음 각호의 사업
을 위하여 사용하여야 한다.** 다만, 제3호의 사업에 대하여는 그 사
업을 주된 목적으로 결성된 조합에만 자금을 사용할 수 있다.

1. 중소기업과 벤처기업에 대한 투자

2. 「중소기업창업 지원법」 제10조제1항제4호에 따른 해외투자

3. 중소기업창업투자조합 · 신기술사업투자조합 또는 제13조에 따
른 개인투자조합에 대한 출자

4. 그 밖에 중소기업과 벤처기업의 경쟁력을 강화하기 위하여 중
소벤처기업부장관이 인정하는 사업

⑦ 업무집행조합원은 선량한 관리자로서 출자자의 이익을 위하여 한
국벤처투자조합의 자산을 관리하여야 한다.

13장

투자자를 보호하는 원칙은 무엇일까?

- 적합성 원칙 등(Suitability)

허술한 법망 ······ 투자자 법적 보호 어려워

예탁결제원 관계자는 "온라인 소액투자중개업자는 단순 중개 업무만 가능할 뿐 투자자문 행위 등이 금지돼 있어 **자본시장법상 투자자 보호 제도인 '적합성 원칙'과 '설명의무'의 책임이 없다**"고 밝혔다. 제작사의 부실채권으로 투자자의 피해가 발생해도 크라우드펀딩 중개사는 법적으로 아무런 책임이 없다는 것이다.

예탁결제원에서 운영하는 크라우드펀딩 플랫폼인 "크라우드넷" 홈페이지에는 온라인 중개사를 "금융투자업자"로 규정하고 있지만, 중개사의 법적 지위는 "온라인 소액투자중개업자"에 해당해 투자자의 혼란이 커지고 있다.

2018. 9. 7 스냅타임

금융증권은 법으로 통한다

> ## 신한은행, 영업행위 윤리준칙 직원 서약식
>
> 신한은행(은행장 위성호)은 본점 영업부에서 위성호 행장과 직원들이 참석한 가운데 영업행위 윤리준칙을 제정하고 실천을 다짐하는 서약식을 열었다고 16일 밝혔다. "신한 영업행위 윤리준칙"은 금융상품 판매 종사자들이 금융소비자 중심의 영업 절차를 통해 소비자 권익 제고에 기여하도록 하는 내용을 담았다. **불완전 판매를 예방하도록** ▲ **신의성실의 원칙** ▲ **적합성 원칙** ▲ **이해하기 쉬운 상품설명** ▲ **구속행위 금지** ▲ **약관 · 상품서 제공 등 영업 시 준수해야 할 기본 원칙을 정했다. 또** ▲ **상품 공시 및 광고** ▲ **민원(분쟁) 처리** ▲ **고객정보 보호 등에서 지켜야 할 기준을 담았다.**
>
> 2018. 8. 16. SR타임스

1. 투자자 보호가 왜 필요한가?

대여금은 채권자가 만기에 채무자로부터 대여 원금을 상환받을 권리가 있으나, 투자금은 이익배당 여부가 사업의 성공 여부에 좌우되어 불확실하고, 투자상품 자체의 매매손실(capital loss)도 발생할 수 있기 때문에 투자원금의 회수가 반드시 보장되는 것이 아닙니다. 즉, 투자에는 원금의 손실가능성이라는 위험이 항상 존재합니다. 원금손실의 가능성이라는 투자위험(investment risk)을 안고 있는 투자자를 위해서는 대여금 채권자와는 다른 특별한 보호대책이 필요합니다.

물론 투자에는 그와 같은 원금손실의 가능성이 항상 내재되어 있고, 그럼에도 불구하고 스스로 투자하기로 결정한 투자자(risk taker)에 대하여는 기본적으로 "자기책임의 원칙"이 적용되어야 하지만, 원금손실 위험성이 있는 금융투자상품을 판매하는 금융투자업자(금융기관이라 약칭)는 해당 상품을 설계하고, 상품의 구조와 특징을 결정하는 우월한 위치에 있기 때문에, 해당 상품에 대한 정보가 투자자에 비하여 월등히 많습니다. 이와 같은 정보 비대칭의 상황을 고려할 때, "자기책임의 원칙"을 보완할 투자자 보호의 필요성이 요구됩니다.

물론, 기관투자가와 같이 금융투자상품에 대한 전문성이 높고, 소유자산 규모도 커서 투자에 따른 위험감수능력이 충분한 "전문투자자"(자본시장법 제9조 제5항)는 그렇지 못한 "일반투자자"에 비하여 투자자 보호의 필요성이 그만큼 적습니다. 자본시장법은 투자위험으로부터 "일반투자자"를 보호하기 위해 금융투자상품을 판매(자본시장법에서는 "투자권유"라고 함)하는 금융기관에 대하여 몇 가지 원칙을 설정하여 금융기관이 이를 준수할 것을 요구하고 있으며, 금융기관이 이 원칙을 위반할 때는 투자자에 대하여 손해배상을 하도록 하고 있습니다.

대법원 판례는 오래전부터 민법상 채무자가 이행하여야 할 채무(급부)의 내용과 관련하여 "고객보호의무"라는 용어를 사용하여 왔는데, 자본시장법에서 규정한 금융기관의 고객에 대한 보호의무조항도 대법원 판례상으로 정립되어 온 민법상의 "고객보호의무"의 내용을 구체화한 것이라고 볼 수 있습니다.

금융증권은 법으로 통한다

2. 일반 투자자를 보호하기 위한 3대 원칙은 무엇인가?

금융기관(금융투자업자)이 전문투자자가 아닌 일반투자자에게 금융투자상품을 판매(투자권유)할 때는 고객파악의무, 적합성·적정성 원칙 준수의무, 설명의무 등의 3대 원칙을 준수하여야 합니다.

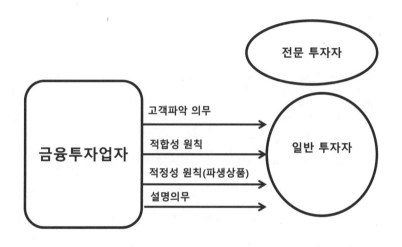

금융투자업자의 고객보호 원칙

(1) 고객파악 의무(know your customer rule)(자본시장법 제46조 제1-2항, 제46조의2 제1항)

일단, 금융기관은 투자자(고객)에게 투자를 권유할 때, 투자자가 자본시장법에서 규정하는 "전문투자자"인지 "일반 투자자"인지를 구분·파악할 의무가 있습니다(1단계 고객파악 의무)(자본시장법 제46조 제1항). 자본시장법에서 정하는 전문투자자는 기관투자가가 대부분이고, 개인은 자산규모나 투자경험에 비추어 자본시장법이 정하는 요건을 갖춘 자만 전문투자자로 인정되고 있습니다(자본시장법 제9조 제5항).

이와 같이 투자자의 종류에 따라 투자위험이 다르고, 투자자 보호 방법도 다르기 때문에 투자를 권유하는 금융기관은 먼저 이러한 투자자의 구분, 파악이 필수적입니다. 금융기관이 투자자를 구분, 파악해 본 결과 그 투자자가 "일반투자자"로 확인될 경우에만 추가적인 파악 의무가 금융기관에 부여됩니다(단, 예외적으로 전문 투자자가 일반 투자자로서의 대우를 받겠다고 요청한 경우에는 일반 투자자와 같이 처리해야 합니다).

즉, 금융기관은 이렇게 일반 투자자로 확인된 투자자를 상대로 투자권유를 하기 전에 면담이나 질문 등을 통하여 그의 투자목적, 재산 상황, 투자경험 등의 추가적인 정보를 반드시 파악할 의무가 있습니다(2단계 고객파악의무). 그런 정보가 파악되면 반드시 서명, 기명날인, 녹취 등의 방법으로 일반투자자로부터 확인을 받아 유지 · 관리하여야 하며, 확인받은 내용을 그 투자자에게 제공해야 합니다(자본시장법 제46조 제2항). 이와 같은 금융기관의 고객파악 의무는 금융기관이 일반 투자자에게 투자권유 행위를 하는 경우에만 적용되는 것이 아니라, 설사 "투자권유행위"가 없더라도 특별히 해당 투자상품이 "파생상품" 등 위험상품인 경우에는 금융기관은 반드시 위에서 설명한 2단계 고객파악의무를 동일하게 준수하여야 합니다(자본시장법 제46조의2 제1항).

지금까지 설명한 금융기관의 고객파악의무는 다음 단계의 투자자 보호가 가능하게 하기 위한 전제가 되는 의무로, 만약 이러한 초기 단계의 고객파악의무가 제대로 이행되지 않는다면 금융기관은 다음 단계의 고객보호의무를 위반할 가능성이 매우 높은 것으로 평가될 것입니다.

(2) 적합성(suitability), 적정성(appropriateness)의 원칙(자본시장법 제46조 제3항, 제46조의2 제2항)

"적합성"의 원칙은 금융기관이 일반 투자자에게 투자권유 시 일반 투자자의 재산목적, 재산상황, 투자경험 등에 비추어 그 일반 투자자에게 적합하지 아니하다고 인정되는 투자권유를 해서는 안 되는 것을 내용으로 합니다. 적합성의 원칙은 금융기관이 일단 1원칙인 고객파악의무를 제대로 이행하여 고객이 전문 투자자가 아닌 일반투자자로 확인이 이루어진 경우에 비로소 적용되는 원칙입니다. 적합성 원칙에 의하면, 고객과 상품 간에 적절한 균형이 이루어져야 하는데, 예를 들면 고객의 투자성향보다 투자위험이 더 높은 투자상품을 고객에게 권유하는 것이 금지됩니다.

"적정성"의 원칙도 적합성의 원칙과 그 내용은 유사합니다. 다만, 적합성의 원칙은 금융기관이 투자권유를 하는 경우에 적용되지만, 적정성의 원칙은 금융기관의 투자권유가 없는 경우에 적용되는 원칙입니다.

즉, 파생상품과 같이 투자위험이 매우 높은 금융투자상품의 경우에는 설사 금융기관의 투자권유가 없더라도 금융기관은 적정성의 원칙을 준수하여야 하는데, 그 내용은 적합성의 원칙에서 정하는 것과 동일합니다(즉, 일반 투자자의 재산목적, 재산상황, 투자경험 등에 비추어 그 일반투자자에게 적정하지 아니하다고 판단되는 경우를 규정하고 있습니다).

(3) 설명의무 원칙(자본시장법 제47조)

설명의무는 이미 오래전부터 약관의 규제에 관한 법률에서 약관을 계약내용으로 편입시키기 위해 사업자가 고객에게 준수해야 할 의무로 규정하고 있었고, 상법에서도 보험계약 시 보험회사의 설명의무가 규정되고 있었습니다. 자본시장법 이전의 구 증권거래법에서도 선물, 자산운용, 부동산투자회사에 대하여는 설명의무를 규정하고 있었습니다. 그러나 정작 중요한 증권사나 신탁회사에 대하여는 명시적인 근거규정이 없었는데, 자본시장법에서 모든 금융투자업자에 대하여 설명의무를 명시적으로 규정하여 이제 통일적인 규율이 가능하게 되었습니다.

자본시장법은 금융기관이 일반투자자를 상대로 투자권유 시 금융투자상품의 내용, 투자에 따른 위험 등을 일반투자자가 이해할 수 있도록 설명하도록 하고 있고, 반드시 고객으로부터 그 확인받도록 하고 있습니다. 이전에는 단순히 투자설명서를 제공하거나 설명하면 족하였고, 투자자의 이해 여부에 대해서까지 확인을 할 의무를 금융기관에 부과하지는 않았습니다.

금융기관의 이와 같은 설명의무는 금융투자상품을 판매하는 금융기관이 해당 상품에 대하여 일반투자자보다 훨씬 우월한 입장에서 높은 전문성과 정보력을 가지고 있다는 사실에 근거를 두고 있습니다. 즉, 일반 투자자는 상품에 대한 전문적인 지식이나 충분한 정보가 없으므로 투자를 결정하기 전에 일반 투자자의 전문성과 정보력을 보완하기 위한 수단으로서 금융기관의 설명의무가 필요합니다. 결국 이 의무는 일반 투자자가 자기책임의 원칙하에 원금손실의 가능성이 있는 투자를 결정하는 전제로 필요한 것이며, 만약 이 의무가 제대로 이행되지 않는다면 일반투자자에게 자기책임의 원칙을 적용하는 것은 부당할 것입니다.

대법원 판례도 예전부터 투자대상인 상품의 특성, 위험도의 수준, 고객의 투자경험 및 능력 등을 종합하여 금융기관의 설명의무를 판단하여야 한다고 판시했습니다.

3. 금융기관이 투자자 보호원칙을 위반하면 어떻게 되나?

자본시장법은 앞에서 설명한 투자자보호 3대 원칙 가운데 제3원칙인 설명의무 불이행에 대해서만 금융기관의 손해배상책임을 규정하고 있습니다. 그러나 금융기관이 제1원칙인 고객파악 의무나, 제2원칙인 적합성, 적정성 원칙 의무를 위반하는 경우에도 당연히 자본시장법에 규정한 금융기관의 명시적인 법적 의무를 불이행하는 것이므로, 자본시장법 위반을 근거로 손해배상책임을 부담한다고 보아야 할 것입니다. 금융기관의 그와 같은 손해배상책임은 자본시장법 제47조에 규정한 설명의무 위반책임 자체는 아니기 때문에, 설명의무와는 다른 별도의 법적 의무인 고객파악의무, 적합성·적정성원칙 준수의무를 불이행한 것을 근거로 하여 민법 제390조의 채무불이행 책임이나 민법 제750조의 일반불법행위책임에 의해 손해배상책임이 인정될 것입니다.

대법원은 자본시장법 시행 오래전부터 "보호의무"의 개념을 사용하여 금융기관의 이와 같은 손해배상책임을 불법행위책임으로 규율하여 왔습니다.

"거래행위와 거래방법, 고객의 투자성향, 거래위험도 및 이에 관한 설명의 정도 등을 종합적으로 고려한 후, 당해 권유행위가 경험이 부족한 일반투자자에게 거래행위에 필연적으로 수반되는 위험성에 관한 올바른 인식형성을 방해하거나, 고객의 투자성향에 비추어 과대한 위험성을 수반하는 거래를 적극적으로 권유한 경우에 해당하여, **결국 고객에 대한 보호의무를 저버려 불법행위를 구성한다.**"(대법원 2004다62641 판결)

그 후 대법원은 자본시장법 시행 이후에도 "보호의무"의 개념을 계속 사용하여 불법행위책임으로 규율하면서도, 그 보호의무의 구체적인 내용에 대하여는 자본시장법에서 규정한 "적합성 원칙" 위반으로 판시하고 있습니다.

"은행은 환헤지(hedge) 목적을 가진 기업과 통화옵션계약을 체결함에 있어서 해당 기업의 예상 외화유입액, 자산 및 매출 규모를 포함한 재산상태, 환헤지의 필요 여부, 거래목적, 거래경험, 당해 계약에 대한 지식 또는 이해의 정도, 다른 환 헤지 계약체결 여부 등 경영상황을 미리 파악한 다음, 그에 비추어 해당 기업에 적합하지 아니하다고 인정되는 종류의 상품 또는 그러한 특성이 있는 통화옵션계약의 체결을 권유해서는 아니 된다. 은행이 그러한 의무를 위반하여 해당 기업의 경영상황에 비추어 과대한 위험성을 초래하는 통화옵션계약을 적극적으로 권유하여 이를 체결하게 한 때에는, **이러한 권유행위는 이른바 적합성의 원칙을 위반하여 고객에 대한 보호의무를 저버리는 위법한 것으로서 불법행위를 구성한다**"(대법원 2013다26746 판결).

결국, 대법원은 민법에서 규정하는 채무의 내용 중의 하나인 "고객보호의무"를 투자자 보호의 대원칙으로 삼고서, 고객보호의무의 구체적인 내용으로 적합성원칙 · 적정성 원칙, 설명의무를 설명하고 있는 것입니다.

한편, 손해배상책임이 인정된다 하더라도 그 배상의 범위가 어디까지일 것이냐가 논란이 될 수 있습니다. 자본시장법은 설명의무 위반의 경우에 금융상품 취득가액과 회수가액의 차액을 손해액으로 추정한다고 규정하여, 투자자의 손해액 입증의 부담을 경감시켜 주고 오히려 금융기관이 그 추정손해액을 감경할 사유를 입증할 책임을 부담하는 것으로 하고 있습니다. 한편, 설명의무 위반 아닌 다른 의무

위반 시 손해배상의 범위에 대하여는 자본시장법에 아무런 규정이 없는데, 그 경우에도 설명의무 위반 시의 손해배상책임을 유추·적용할 수 있을 것입니다.

4. 맺음말

원금손실 가능성을 특징으로 하는 투자에는 기본적으로 자기책임의 원칙이 적용됩니다. 하지만 현실에서 자본시장의 참여 주체인 투자자나 금융기관은 전문성과 정보력에서 서로 큰 차이가 날 수밖에 없고, 투자자도 전문투자자와 그렇지 않은 일반투자자가 있습니다. 이런 상황에서 투자에 대해 자기책임 원칙을 기계적으로 적용하면 매우 부당한 결과가 발생할 것이라는 점은 두말할 필요가 없습니다. 이런 점에서 자본시장법이 투자자 보호의 3대 원칙을 정하여 자기책임의 원칙을 보완하려고 하는 것은 지극히 타당한 태도라고 할 수 있습니다.

금융증권은 법으로 통한다

판례

A. 특정금전신탁 투자권유와 고객보호의무

대법원 2018. 6. 15. 선고 2016다212272 판결[손해배상(기)]
특정금전신탁은 위탁자가 신탁재산인 금전의 운용방법을 지정하는 금전신탁으로서 신탁회사는 위탁자가 지정한 운용방법대로 자산을 운용하여야 한다. 그 운용과정에서 신탁회사가 신탁재산에 대하여 **선량한 관리자의 주의의무를** 다하였다면 **자기책임의 원칙상** 신탁재산의 운용 결과에 대한 손익은 모두 수익자에게 귀속된다. 그러나 신탁회사가 특정금전신탁의 신탁재산인 금전의 구체적인 운용방법을 미리 정하여 놓고 고객에게 계약 체결을 권유하는 등 실질적으로 **투자를 권유**하였다고 볼 수 있는 경우에는, 신탁회사는 신탁재산의 구체적 운용방법을 포함한 신탁계약의 특성 및 주요 내용과 그에 따르는 위험을 적절하고 합리적으로 조사하고, 그 결과를 고객이 이해할 수 있도록 **명확히 설명함으로써** 고객이 그 정보를 바탕으로 합리적인 투자판단을 할 수 있도록 **고객을 보호하여야 할 주의의무가 있다.** 이 경우 신탁회사가 고객에게 어느 정도의 설명을 하여야 하는지는 신탁재산 운용방법의 구체적 내용 및 위험도의 수준, 고객의 투자경험 및 능력 등을 종합적으로 고려하여 판단하여야 한다.

불법행위로 인한 손해배상책임은 원칙적으로 위법행위 시에 성립하지만 위법행위 시점과 손해발생 시점 사이에 시간적 간격이 있는 경우에는 손해가 발생한 때에 성립한다. 손해란 위법한 가해행위로 인하여 발생한 재산상의 불이익, 즉 그 위법행위가 없었더라면 존재하였을 재산상태와 그 위법행위가 있은 후의 재산상태의 차이를 말한다. 또한 손해의 발생 시점이란 이러한 손해가 현실적으로 발생한 시점을 의미하는데, 현실적으로 손해가 발생하였는지 여부는 사회통념에 비추어 객관적이고 합리적으로 판단하여야 한다.

신탁회사가 특정금전신탁의 신탁재산인 금전의 구체적인 운용방법을 미리 정하여 놓고 고객에게 계약 체결을 권유하는 등 실질적으로 투자를 권유하였다고 볼 수 있는 경우 **고객보호의무 위반으로 인하여** 고객이 입은 손해액은 신탁금액에서 "신탁계약에 따라 회수하였거나 회수할 수 있는 금전의 총액"을 뺀 금액(이하 "미회수금액"이라고 한다)이 된다. 따라서 신탁회사가 위와 같은 주의의무를 위반함에 따른 고객의 손해는 미회수금액의 발생이 확정된 시점에 현실적으로 발생하고, 그 손해액 역시 위 시점을 기준으로 산정하여야 한다.

📑 해설

X: 특정금전신탁 투자자(신탁의 위탁자 겸 수익자)(원고), Y1: ○○증권회사(신탁의 수탁자)(피고1), Y2: Y1증권회사 직원(투자권유자)(피고2)

X(원고)는 Y1증권회사(피고1)의 직원인 Y2(피고2)의 권유로 신용등급 B의 고위험군인 동양그룹 계열사가 발행하는 전자단기사채 5

천만원을 매입하는 특정금전신탁에 투자하는 신탁계약을 Y1(피고1)과 체결하였습니다. 당시 동양그룹 계열사는 재무안정성이 매우 취약하여 부도 위험에 처해 있었는데 Y2 직원(피고2)은 신탁계약 당시 이러한 사실을 X(원고)에게 충분히 설명하지 않았습니다. 동양그룹 계열사는 결국 회생개시결정을 받았고, 그 결과 X(원고)는 투자원금에 미달하는 금액을 회수하는 손해를 입었습니다. 이에 X(원고)가 Y1, Y2(피고들)를 상대로 불법행위로 인한 연대 손해배상책임을 청구하는 소송을 제기했습니다.

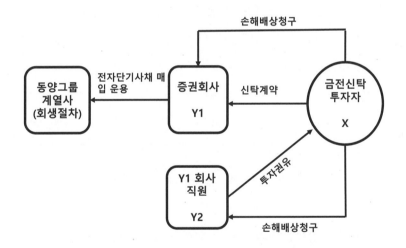

대법원은 특정금전신탁 상품의 경우 수탁자인 Y1, Y2(피고들)가 신탁재산인 금전의 운용방법에 대해 구체적인 운용방법을 미리 정해 놓고 고객에게 투자를 권유하는 경우에는 고객(투자자)이 그 위험을 알 수 있도록 충분한 설명의무를 부담하고, 이를 위반한 경우 설명의

무 위반으로 인해 고객보호의무를 불이행한 것이라고 판시하여, X(원고)가 승소하였습니다.

B. 적합성 원칙

대법원 2014. 5. 16. 선고 2012다46644 판결[손해배상]

• 판시 사항

자본시장과 금융투자업에 관한 법률상 금융투자업자가 일반투자자를 상대로 투자권유를 할 때 준수하여야 하는 **적합성원칙과 설명의무**에 관한 규정이 유사투자자문업자나 미등록 투자자문업자에게 유추ㆍ적용되거나 같은 내용의 신의칙상 의무가 인정되는지 여부

• 판결 요지

자본시장과 금융투자업에 관한 법률(이하 "자본시장법"이라 한다)은 금융투자업자가 일반투자자를 상대로 투자권유를 하는 경우에 준수하여야 할 **적합성원칙(제46조)과 설명의무(제47조)**에 관하여 규정하고 있는데, 여기서 금융투자업자란 "투자자문업 등 자본시장법 제6조 제1항 각호에 정한 금융투자업에 대하여 금융위원회의 인가를 받거나 금융위원회에 등록하여 이를 영위하는 자"를 말한다(제8조 제1항). 따라서 금융투자업자를 대상으로 하는 자본시장법상의 적합성원칙 및 설명의무가 유사투자자문업 신고를 하고 불특정 다수인을 대상

으로 간행물, 출판물, 통신물 또는 방송 등을 통하여 투자조언을 하는 유사투자자문업자(제101조)나 등록 없이 투자자문업을 하는 미등록 투자자문업자에게는 적용된다고 볼 수 없다.

그리고 **위 적합성원칙과 설명의무는 특정 투자자를 상대로 하여 투자자로부터 그의 투자목적 · 재산상황 · 투자경험 등의 정보를 얻어 그에게 적합한 투자권유를 할 의무와 금융투자상품의 내용 등에 관하여 특정 투자자가 이해할 수 있을 정도로 설명을 할 의무를 말하므로,** 불특정 다수인을 상대로 투자조언을 하는 유사투자자문업자에게는 적합성 원칙과 설명의무에 관한 규정이 유추 · 적용된다거나 같은 내용의 신의칙상 의무가 인정된다고 할 수 없다. 또한 미등록 투자자문업자의 경우 투자자문을 받는 자와의 계약에서 자본시장법이 정한 투자자문업자의 의무와 같은 내용의 의무를 부담하기로 약정하였다는 등의 특별한 사정이 없는 이상, 미등록 투자자문행위에 대하여 자본시장법 위반을 이유로 형사처벌을 받는 것은 별론으로 하고, 미등록 투자자문업자에게도 자본시장법이 정한 적합성 원칙과 설명의무가 유추 · 적용된다거나 그러한 내용의 신의칙상 의무가 인정된다고 할 수 없다.

🗐⫟ 해설

X: 투자자(원고), Y1: 유사투자자문업자(피고1), Y2: 인터넷사이트 증권투자 전문가(피고2)

Y1회사(피고1)는 인터넷사이트에서 고객들로부터 수수료를 받고 투자정보를 제공하는 회사로서 자본시장법에 따라 유사투자자문업 신고를 하였고, Y2(피고2)는 이 사이트에서 증권투자전문가로 활동하면서 인터넷방송 등으로 고객들에게 투자정보를 제공하고 Y1과 고객들의 수수료를 나누어 가졌습니다. X(원고)는 Y1(피고1)이 운영하는 위 사이트의 이용약관에 동의하고 이용계약을 체결하였으며, Y2(피고)가 이 사이트에서 운영하는 투자클럽에 유료회원으로 가입하여 80만원 상당의 가입비를 지급하고 각종 투자정보를 제공받았습니다.

이후, X(원고)는 Y2(피고2)가 제공한 정보에 따라 한국9460 KOSPI200콜 및 대우9347 워런트증권[ELW, ELW란 특정 대상물(기초자산)을 사전에 정한 미래의 시기(만기일)에 미리 정한 가격(권리행사가격)으로 살 수 있는 권리 또는 팔 수 있는 권리를 갖는 증권을 말한다. 이하 "한국콜" 등이라 한다.] 및 주식, 기타 파생상품에 투자하였으나, 위 한국콜 등이 만기출고에 따른 대체출고가 이루어짐으로써 한국콜 등의 X(원고)의 계좌 잔액은 0원이 되었습니다.

이에 X(원고)가 Y1, Y2(피고1, 2)을 상대로 자본시장법 제46조 적합성원칙과 제47조 설명의무 위반을 이유로 손해배상책임을 구하는 소송을 제기하였습니다.

대법원은 자본시장법에 규정된 적합성 원칙과 설명의무는 금융투자업자에 대해 적용되는 것이지 유사투자자문업자나 미등록 투자자문업자에게는 해당되지 않는다고 판시하여 X(원고)가 패소하였습니다.

 법령

• **자본시장법**

제2관 투자권유

제46조(**적합성 원칙** 등)

① 금융투자업자는 투자자가 **일반투자자인지 전문투자자인지의 여부를 확인**하여야 한다.

② 금융투자업자는 일반투자자에게 **투자권유를 하기 전에** 면담·질문 등을 통하여 **일반투자자의 투자목적·재산상황 및 투자경험 등의 정보를 파악**하고, 일반투자자로부터 서명(「전자서명법」 제2조 제2호에 따른 전자서명을 포함한다. 이하 같다), 기명날인, 녹취, 그 밖에 대통령령으로 정하는 방법으로 확인을 받아 이를 유지·관리하여야 하며, 확인받은 내용을 투자자에게 지체 없이 제공하여야 한다.

③ 금융투자업자는 일반투자자에게 투자권유를 하는 경우에는 **일반투자자의 투자목적·재산상황 및 투자경험 등에 비추어 그 일반투자자에게 적합하지 아니하다고 인정되는 투자권유를 하여서는 아니 된다.**

제47조(설명의무)

① 금융투자업자는 **일반투자자를 상대로 투자권유를 하는 경우에는 금융투자상품의 내용, 투자에 따르는 위험, 그 밖에 대통령령으로 정하는 사항을 일반투자자가 이해할 수 있도록 설명하여야 한다.**

② 금융투자업자는 제1항에 따라 설명한 내용을 일반투자자가 이해하였음을 서명, 기명날인, 녹취, 그 밖의 대통령령으로 정하는 방법 중 하나 이상의 방법으로 확인을 받아야 한다.

③ 금융투자업자는 제1항에 따른 설명을 함에 있어서 투자자의 합리적인 투자판단 또는 해당 금융투자상품의 가치에 중대한 영향을 미칠 수 있는 사항(이하 "중요사항"이라 한다)을 거짓으로 설명하거나 중요사항을 누락하여서는 아니 된다.

제48조(손해배상책임)

① 금융투자업자는 **제47조제1항 또는 제3항을 위반한 경우 이로 인하여 발생한 일반투자자의 손해를 배상할 책임이 있다.**

② 금융투자상품의 취득으로 인하여 일반투자자가 지급하였거나 지급하여야 할 금전등의 총액(대통령령으로 정하는 금액을 제외한다)에서 그 금융투자상품의 처분, 그 밖의 방법으로 그 일반투자자가 회수하였거나 회수할 수 있는 금전등의 총액(대통령령으로 정하는 금액을 포함한다)을 뺀 금액은 제1항에 따른 손해액으로 추정한다.

제49조(부당권유의 금지)

금융투자업자는 투자권유를 함에 있어서 다음 각호의 어느 하나에 해당하는 행위를 하여서는 아니 된다.

1. 거짓의 내용을 알리는 행위
2. 불확실한 사항에 대하여 단정적 판단을 제공하거나 확실하다고 오인하게 할 소지가 있는 내용을 알리는 행위
3. 투자자로부터 투자권유의 요청을 받지 아니하고 방문 · 전화 등 실시간 대화의 방법을 이용하는 행위. 다만, 투자자 보호 및 건전한 거래질서를 해할 우려가 없는 행위로서 대통령령으로 정하는 행위를 제외한다.
4. 투자권유를 받은 투자자가 이를 거부하는 취지의 의사를 표시하였음에도 불구하고 투자권유를 계속하는 행위. 다만, 투자자 보호 및 건전한 거래질서를 해할 우려가 없는 행위로서 대통령령으로 정하는 행위를 제외한다.
5. 그 밖에 투자자 보호 또는 건전한 거래질서를 해할 우려가 있는 행위로서 대통령령으로 정하는 행위

제50조(투자권유준칙)

① 금융투자업자는 투자권유를 함에 있어서 금융투자업자의 임직원이 준수하여야 할 구체적인 기준 및 절차(이하 "투자권유준칙"이라 한다)를 정하여야 한다.
② 금융투자업자는 투자권유준칙을 정한 경우 이를 인터넷 홈페이지 등을 이용하여 공시하여야 한다. 투자권유준칙을 변경한 경우에도

또한 같다.

③ 협회는 투자권유준칙과 관련하여 금융투자업자가 공통으로 사용할 수 있는 표준투자권유준칙을 제정할 수 있다.

금융증권은 법으로 통한다

정원에
흐르는 강물

: 금융

FINANCE &
SECURITY LAW

14장

프로젝트 자체에 대출할 수 있을까?

- 프로젝트파이낸싱(PF)

증권사들 **부동산 PF에 사활** …… 우발채무 리스크는?

부동산 경기 하강 우려에 증권사 우발채무 '경고등'

부동산 쏠림 투자 지적도

증권사들이 **부동산 프로젝트파이낸싱(PF)**에 공격적인 움직임을 이어 가면서 관련 리스크에 대한 우려도 덩달아 커지고 있다. 최근 정부의 잇따른 부동산 규제대책으로 향후 부동산 경기가 위축될 수 있다는 관측이 쏟아지면서. 28일 금융투자업계에 따르면 현재 **증권사들의 부동산 PF 등과 관련된 우발채무 규모는 30조원을 넘어선 상태다.** 투자은행(IB)업계 관계자는 "초대형 IB는 물론 중소형 증권사 등 너 나 할 것 없이 전국 각지에 흩어져 있는 부동산 PF를 따내기 위한 경쟁이 여전히 치열하다"며 "이로 인해 증권사들의 우발채무도 하루가 다르게 늘어나고 있다"고 전했다.

2018. 10. 2. 매일경제

---

1. Project Financing(PF)란 무엇인가?

간단히 말해서 PF란 전통적인 기업금융 방식과는 다르게, 기업이 아닌 해당 프로젝트 사업 자체에 금융을 제공하고 그 프로젝트에서 발생하는 수익으로 대출금을 상환하는 금융기법입니다. 즉, PF 방식의 금융기법은 자금 차입자인 기업(Corporate) 자체의 신용을 토대로 하여 대출이 이루어지는 기존의 전통적인 기업금융(CF, Corporate Financing) 방식과 달리, 프로젝트사업 자체를 토대로 대출이 이루어진다는 점에서 큰 차이가 있습니다.

전통적인 CF 방식은 해당 프로젝트를 포함한 기업 자체를 차입 주체로 하여 금융이 이루어지기 때문에, 해당 프로젝트가 수익성이 좋아 아무리 많은 이익이 나더라도 해당 프로젝트 이외의 다른 부문의 영업이 부진하여 기업 전체가 부실하다면, 금융기관 입장에서는 대출금을 회수하지 못하는 신용리스크가 발생할 수밖에 없는 한계가 있습니다.

PF 방식은 CF 방식의 이러한 한계를 극복하기 위하여 개발된 금융기법으로서 차입 주체를 기업 전체가 아니라 당해 사업 자체에 한정합니다. 따라서 기업 자체의 신용도가 낮다고 해도 해당 프로젝트에서 발생하는 수익의 현금흐름(Cash Flow)이 차입 자금의 상환에 충분하다면, 금융기관의 신용리스크를 없앨 수 있다는 장점을 가집니다. PF 방식은 최근에 개발된 금융기법이 아닙니다. 이는 1930년대 미국의 석유개발 사업이 한창일 때 유전개발업자들이 기업 자체가 아

금융증권은 법으로 통한다

니라 개발에 따른 수익을 담보로 하여 은행으로부터 개발자금을 조달하면서 시작되었고, 천연자원이 풍부한 캐나다, 호주 등의 국가로 위 금융기법이 전파되어 1960년대 국제금융시장에서 크게 활성화된 후 오늘에 이르고 있습니다.

우리나라에서도 1990년대 중반부터 사회간접자본(SOC, Social Overhead Capital)시설 확충정책이 시행됨에 따라 PF 방식이 활발하게 활용되었고, 최근에는 금융기관들이 공격적인 경영을 통해 영업을 신장하기 위해 IB(Investment Banking: 투자은행) 업무의 일환으로서 PF사업에 집중하면서 이제 PF 방식은 우리에게 매우 일반화된 금융기법으로 자리 잡게 되었습니다.

2. PF는 어떻게 이루어지나?

PF 방식에서 해당 프로젝트사업을 배후에서 실질적으로 주관하는 기업을 프로젝트 스폰서(Project Sponsor)라고 하는데, 프로젝트 스폰서는 법적인 차입주체가 되지 않습니다. PF에서 법률상의 차입주체가 되는 것은 형식상의 Paper Company인 "프로젝트 컴퍼니"(Project Company)입니다. 즉, 프로젝트 스폰서가 형식상의 회사로 세운 Paper Company인 프로젝트 컴퍼니가 법률상의 차입 주체가 되어 사업에 필요한 개발자금을 조달하고 프로젝트와 관련되는 제반 계약을 체결하며, 프로젝트가 완성된 후에는 프로젝트의 관리 및 운영자로서 활동합니다.

이처럼 실질적인 사업주체인 프로젝트 스폰서와 형식상의 회사인 프로젝트 컴퍼니의 법적 분리로 인해, 대출 금융기관(Lender)은 설사 차입 주체인 프로젝트 컴퍼니에 신용위험이 발생해도 프로젝트 스폰서를 상대로 대출금 상환을 청구할 수 없거나(non-recourse 방식) 아주 제한적으로만 행사할 수 있습니다(limited-recourse 방식).

결국, 프로젝트를 배후에서 실질적으로 수행하는 프로젝트 스폰서는 프로젝트로부터 발생하는 여러 법적 책임으로부터 자유로운 상태에서 프로젝트를 용이하게 진행할 수 있게 됩니다. 이렇게 PF를 법률적으로만 보면 프로젝트 스폰서가 자유롭게 프로젝트를 진행할 수 있을 것으로 보이지만, 경제 현실에서 위와 같은 순수한 의미의 non-recourse financing은 사실상 드물고 프로젝트 스폰서가 Lender에 대하여 직접·간접으로 투자위험을 분담하고 있습니다.

즉, 대출금융기관은 프로젝트 실패 시에 프로젝트 스폰서로 하여금 프로젝트 컴퍼니에 추가 출자하도록 하는 투자보증(Investment Guarantee) 의무나, 예정된 기간 내에 프로젝트를 일정한 수준으로 완성시키겠다는 공사완공 보증의무(Completion Guarantee)를 부담시킵니다.

PF와 관련해서 법적으로 검토해야 할 사항들은 매우 많습니다. 즉, 어떤 프로젝트가 진행되기 전에 위와 같은 프로젝트 전반의 구조에 대한 이해를 바탕으로 대출계약(Loan Agreement), 담보권설정

계약(Security Agreement), 투자보증계약(Investment Guarantee Agreement), 공사완공보증계약(Completion Guarantee Agreement), 채권양도계약(Concession Agreement) 등 여러 계약의 법률적 사항을 자세히 검토할 필요가 있습니다.

3. 부동산 PF는 어떻게 이루어지나?

Project Financing 구조

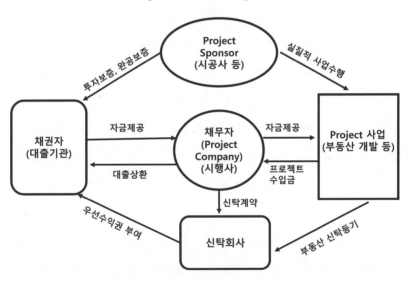

통상적으로 PF는 사업에 막대한 자금이 들어가서 기업 자체에 대출하기 곤란한 경우에 활용되는 것이 일반적인데, 그중 특히 부동산 개발사업 분야가 이에 해당합니다. 부동산 개발을 위해서는 고가의

토지를 구입한 후 건물을 세울 수 있는 상태로 토지를 조성해야 하므로 토지구입비, 토지조성비가 많이 소요되며, 더구나 토지 위에 건물을 신축해야 하므로 막대한 건물공사비가 소요되고 개발기간도 장기간 소요됩니다.

또한 건물 완공 후에는 분양을 해서 분양수입금으로 이와 같은 비용을 회수하여야 합니다. 이런 상황에서 부동산 개발회사 자체의 신용만을 보고 대출을 하는 것은 매우 위험하기 때문에, 부동산 PF금융이 사용됩니다.

부동산 개발사업에 있어서 PF금융을 제공받는 차입주체는 보통 "시행사"(developer)라고 하며, 시행사는 Project Company에 해당합니다. 시행사는 프로젝트 컴퍼니로서, 건축부지의 매입, 건축허가신청, 분양사무의 처리, 건설자금 조달 등 부동산 개발 전 과정에 걸쳐 역할을 합니다. 그러나 이와 같은 업무는 주로 행정적인 업무에 불과하므로, 시행사는 사실상 형식상의 회사(Paper Company)라고 할 수 있습니다. 시공사는 원칙적으로 건축 공사만을 담당해야 하지만 현실에서는 시공사가 시행사보다 신용도가 훨씬 높기 때문에, 경우에 따라 대출 금융기관이 시공사에게 시행사를 위해 연대보증을 할 것을 요구하는 경우가 많습니다. 즉, 시공사가 프로젝트 스폰서 역할을 수행합니다.

한편, 대출 금융기관은 시행사에게 부동산 개발을 위한 PF금융을 제공할 때, 당연히 형식상의 Paper Company인 시행사의 신용을 신뢰할 수 없기 때문에 시행사로 하여금 토지와 신축건물을 부동산 신탁회사에 신탁하도록 요구합니다. 부동산 신탁이 이루어지면 시행사가 부도가 나더라도 신탁법에 의해 시행사에 대한 일반 채권자들은 이미 신탁사에 신탁된 토지와 신축건물에 대하여는 강제집행을 할 수가 없게 됩니다(신탁의 강제집행 절연효과). 따라서 시행사 부도에 불구하고 부동산은 신탁사에 안전하게 보호되며, 대출금융기관은 채권회수에 아무런 문제가 없게 됩니다.

대출금융기관은 시행사와 부동산 신탁회사와의 담보신탁 계약에 의해 신탁된 부동산에 대하여 최우선 순위의 수익권자의 지위를 보장받게 되므로, 설사 시행사가 대출금을 연체하거나 부도가 나더라도 담보신탁 계약상의 최우선 수익권에 의해 신탁된 부동산을 처분하여 채권을 회수할 수 있습니다.

신탁 계약 시에 분양수입금은 PF 대출금, 차순위 대출금, 시공비, 신탁수수료, 시행사 사업비 등의 순위로 상환되는 것으로 약정하여, PF 대출금이 최우선적으로 상환되도록 구조화되어 있습니다. 그러나 최종적으로 건물의 분양 자체가 미진해지고 미분양이 발생한다면, 시행사가 분양을 통해 거둬들인 수입금 자체가 절대적으로 감소하게 되어 결국 대출 금융기관의 채권을 전액 회수할 수 없는 문제가 발생할 수도 있습니다.

통상 분양수입금은 시공사와 시행사가 공동으로 관리하여 시행사가 임의로 분양수입금을 사용하는 것을 방지하고 있으나, 경우에 따라서는 시행사가 이러한 공동관리 계약을 무시하고 분양수입금을 부당하게 사용한 후 고의로 부도를 내는 경우도 있을 수 있으므로 주의를 해야 합니다. 이를 방지하기 위해 부동산 분양대금도 시행사와 신탁사가 자금관리 계약을 체결하여 신탁사에서 관리하도록 하고 있습니다.

··· 참고 ···

<u>일반적인 대출과의 비교</u>

부동산 PF대출은 부동산 개발사업이라는 프로젝트에 주안점을 두고 대출이 실행되는 것입니다. 토지구입, 토지조성, 건물시공 등 각 사업 단계별로 계속 발생하는 비용 지출을 PF대출로 충당하고 건물 완공 후 분양을 통해 들어오는 분양수입금으로 대출금을 회수하는 것이기 때문에, 대출실행과 대출금 상환이 부동산 개발사업 프로젝트 자체에 순차적으로 연동이 되는 특징이 있습니다.

이와 달리 부동산 PF대출이 아닌 보통의 일반대출은 계속 진행되는 사업인 부동산 개발사업 자체에 대한 대출이 아니라, 이미 완성되어 존재하는 특정 부동산을 담보로 해서 일회적인 대출을 하고, 대출금 회수도 차입자의 자체 신용으로 이루어지는 것이지 프로젝트에서 들어오는 수입으로 하는 것이 아니기 때문에, 대출의 실행과정과 자금의 회수과정이 프로젝트에 연동됨이 없다는 점에서 차이가 있습니다.

··

4. 부동산 PF의 자산유동화는 무엇인가?

부동산 개발사업에 대한 PF대출은 보통 대출금액이 거액이고 분양에 따르는 자금회수가 장기간 소요되기 때문에, PF 대출 금융기관은 분양이 종료되기 전까지 자금압박을 받을 수 있습니다. 이와 같은 자금압박을 피하고 채권회수를 원활히 하기 위해 PF 대출금융기관은 대출채권을 다른 기관에 양도하여 자금을 회수하는 "자산유동화" 방법을 사용합니다.

자산유동화는 만기나 신용도, 이자율 등이 다양한 PF대출채권을 대출기관으로부터 양수한 기관(자산유동화 회사라고 합니다)이 PF 대출채권을 투자자에게 판매하기 좋게 만기별, 신용도별, 이자율별로 적절하게 쪼개서 균질적인 상품(자산유동화증권)(Asset Backed Securities)(ABS증권)으로 만들어 이를 투자자들에게 판매하는 방법입니다. 자산유동화 회사도 자산유동화를 통해 자금을 회수하고, 결국은 최종적인 투자자들이 최종적인 자금공급자가 되는 셈입니다.

5. PF에서 주의할 사항은 무엇인가?

PF금융은 기업체보다는 프로젝트 자체의 수익성을 보고 대출을 하는 것이므로 기업신용(CP)보다는 안전하지만, 프로젝트 자체가 거액의 금액이 소요되고 자금회수기간도 장기에 해당하는 경우가 많아 프로젝트의 성공 여부가 불확실한 점도 상존합니다. 특히 부동산 PF 금융은 막대한 개발비용이 들어가면서도 자금회수를 할 수 있는 분양의 성공 여부는 부동산 경기에 달려 있기 때문에, 예상과 달리 미분양으로 인해 자금회수가 안 될 수도 있습니다.

이렇게 PF대출기관이 아무리 신탁사와 담보신탁 계약을 체결하여 1순위의 우선수익권을 확보하고 있다 하더라도 부동산 가격이 당초의 건설투입 비용에 미달한다면, 담보물을 처분하더라도 1순위의 우선수익권 금액을 전액 회수하는 것이 어려운 상황이 발생할 수도 있습니다.

실제로 우리나라에서 2008년 글로벌 금융위기와 더불어 부동산 경기가 침체기로 접어들자, 그동안 부동산 PF대출을 대량으로 취급했던 금융기관(특히 저축은행)들이 부동산 가격 하락으로 인한 거액의 손실을 보았던 경험이 있습니다. 일반 투자자가 부동산집합투자기구(부동산펀드), 부동산투자회사(REITs)(릿츠)를 통해 부동산 PF에 간접투자 하는 경우도 비록 간접투자이기는 하나 원금 보장이 안 되기 때문에 부동산 가격하락으로 인한 PF대출의 위험성은 항상 있다는 점에 유의해야 합니다.

더구나 최근에 유행하고 있는 개인 간 대출인 P2P대출은 간접투자도 아니고 투자자가 직접 PF대출을 하는 형식으로 이루어지기 때문에, 부동산 PF대출의 위험성을 명확히 인식하여야 합니다.

6. 맺음말

PF금융은 전통적인 기업금융(CF)에서 한 단계 진전된 금융기법입니다. 기업이 아닌 프로젝트 자체의 수익성을 보고 대출하는 PF 금융은 우리나라에서 부동산 개발사업에 활발히 활용되었습니다. 그러나 PF금융도 PF프로젝트 자체의 수입이 당초의 예상과 다르게 될 경우 대출금의 회수가 안 되는 리스크는 여전히 피할 수는 없는 것이며, 우리나라의 경우 몇 년 전에 저축은행의 대규모 부동산 PF부실사태에서 익히 경험하였습니다. 이런 점에서 PF금융의 장점과 한계를 명확하게 인식할 필요가 있습니다.

판례

A. 프로젝트 파이낸스 대출과 금융기관 이사의 손해배상책임

대법원 2011. 10. 13. 선고 2009다80521 판결[손해배상(기)등]
이른바 프로젝트 파이낸스 대출은 부동산 개발 관련 특정 프로젝트의
사업성을 평가하여 그 사업에서 발생할 미래의 현금흐름을 대출원리
금의 주된 변제재원으로 하는 금융거래이므로, 대출을 할 때 이루어
지는 대출상환능력에 대한 판단은 프로젝트의 사업성에 대한 평가에
주로 의존하게 된다.

이러한 경우 금융기관의 이사가 대출요건으로서 프로젝트의 사업성
에 관하여 심사하면서 필요한 정보를 충분히 수집·조사하고 검토하
는 절차를 거친 다음 이를 근거로 금융기관의 최대 이익에 부합한다
고 합리적으로 신뢰하고 신의성실에 따라 경영상의 판단을 내렸고,
그 내용이 현저히 불합리하지 아니하여 이사로서 통상 선택할 수 있
는 범위 안에 있는 것이라면, 비록 사후에 회사가 손해를 입게 되는
결과가 발생하였다고 하더라도 그로 인하여 이사가 회사에 대하여 손
해배상책임을 부담한다고 할 수 없지만, 금융기관의 이사가 이러한
과정을 거쳐 임무를 수행한 것이 아니라 단순히 회사의 영업에 이익
이 될 것이라는 일반적·추상적인 기대하에 일방적으로 임무를 수행
하여 회사에 손해를 입게 한 경우에는 필요한 정보를 충분히 수집·
조사하고 검토하는 절차를 거친 다음 이를 근거로 회사의 최대 이익

금융증권은 법으로 통한다

에 부합한다고 합리적으로 신뢰하고 신의성실의 원칙에 따라 경영상의 판단을 내린 것이라고 볼 수 없으므로, 그와 같은 이사의 행위는 허용되는 경영판단의 재량 범위 내에 있는 것이라고 할 수 없다.

금융기관이 아파트 건축 사업을 시행하는 갑, 을, 병, 정 회사에 각각 프로젝트 파이낸스 대출 등을 하였다가 대출금을 회수하지 못하는 손해를 입은 사안에서, 위 대출들 중 갑, 병, 정 회사에 대한 대출에 관하여는 그 대출에 대한 의사결정 과정 및 내용이 현저히 불합리하다고 보이지 않으므로 결과적으로 대출금을 회수하지 못하게 되었다 하더라도, 대출업무를 담당한 금융기관 임원에게 주의의무 위반이 없다고 본 원심판단이 정당하나, **을 회사에 대한 대출에 관하여는 사업 부지에 관한 법적 분쟁으로 부지 매입이 장기간 지연되어 사업의 수익성이 악화될 수 있었음에도 그 가능성 유무에 관하여 충분한 자료를 제출받아 이를 면밀히 검토하는 등의 절차를 거치지 않고 거액의 대출을 실행한 것으로 볼 수 있는 점 등 대출담당 임원에게 주의의무 위반이 있다고 볼 여지가 있음에도,** 이에 관하여 더 이상의 심리를 해봄이 없이 위 대출에 관하여 임원의 주의의무 위반을 인정하기에 부족하다고 단정한 원심판결에는 금융기관 임원의 선량한 관리자로서의 주의의무 위반에 관한 법리를 오해한 나머지 심리를 다하지 않은 위법이 있다고 한 사례.

匝? 해설

A: 부동산 개발사업 시행사, B: ○○상호저축은행, Y: B저축은행의 이사(피고), X: B저축은행의 파산관재인 예금보험공사(원고)

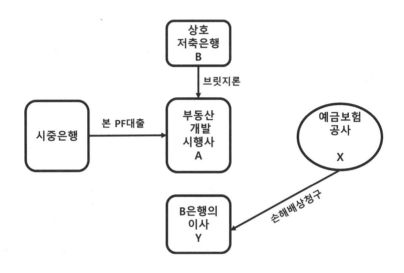

A회사는 부동산 개발사업 시행사로서 아파트건설 프로젝트사업을 진행하고 있었는데, A회사는 이 당시 자본잠식 상태로서 자체적으로는 신축사업 부지 매입을 위한 계약금조차 조달할 수 없을 정도로 재무상태가 취약하여 채무상환능력이 매우 취약하였습니다. 이 상태에서 A회사는 B저축은행으로부터 아파트 건설부지 매입을 위한 계약금에 사용할 대출자금을 브릿지론 형식으로 받은 후, 제1금융권의 일반 시중은행으로부터 본 PF를 대출받아 그 대출금으로 B저축은행의 브릿지론 대출금을 상환하기로 계획하였습니다. 이에 따라 A회사

는 B저축은행으로부터 브릿지론 대출을 받았습니다. 그러나 A회사가 건설부지로 매입하려고 한 토지는 이전부터 다른 건설업체가 매수하려고 했다가 매매계약 문제로 토지소유자와 법적 분쟁이 생겨 해결되지 않은 상태였는데, 결국 A회사는 아파트 부지를 매입하지 못하였습니다. 그 결과 아파트 부지의 매입을 전제로 하는 일반 시중은행의 본 PF대출도 무산되었습니다. 결국 A회사는 B저축은행의 대출금만 연체하다가 나중에 폐업되었고, 종국적으로 파산되어 X(예금보험공사)(원고)가 파산관재인이 되어 B저축은행의 당시 대출담당 이사인 Y(피고)를 상대로 손해배상을 청구하는 소송을 제기했습니다.

대법원은 대출 당시 Y이사(피고)가 A회사의 아파트 건설사업에 대한 추진가능성과 매입계획토지의 법적 분쟁 존재로 인한 사업 장기화 가능성과 그로 인한 대출금 회수 가능성 등에 대한 합당한 심사절차가 없었던 점을 종합하여 Y이사(피고)의 관리자로서의 의무위반을 인정하여 X(원고)가 승소하였습니다.

B. 프로젝트파이낸스 자금의 관리와 횡령죄

대법원 2017. 3. 22. 선고 2016도17465 판결[특정경제범죄가중처벌등에관한법률위반(횡령)]

법인 소유의 자금에 대한 사실상 또는 법률상 지배·처분 권한을 가지고 있는 대표자 등은 법인에 대한 관계에서 자금의 보관자 지위에 있으므로, **법인이 특정 사업의 명목상의 주체로 특수목적법인을 설**

립하여 그 명의로 자금 집행 등 사업진행을 하면서도 자금의 관리 · 처분에 관하여는 실질적 사업주체인 법인이 의사결정권한을 행사하면서 특수목적법인 명의로 보유한 자금에 대하여 현실적 지배를 하고 있는 경우에는, 사업주체인 법인의 대표자 등이 특수목적법인의 보유자금을 정해진 목적과 용도 외에 임의로 사용하면 위탁자인 법인에 대하여 횡령죄가 성립할 수 있다.

피고인 2는 용도나 목적이 엄격히 제한된 공소외 1 주식회사(이하 "공소외 1 회사"라고 한다) 소유의 PF대출금을 위탁받아 보관하는 자이고, 공소외 1 회사 명의의 국내 계좌에서 이 사건 ○○빌딩 사업을 위하여 홍콩에 설립된 특수목적법인인 공소외 2 회사[영문 명칭 1 생략]의 계좌로 PF대출금 미화 173,800,000달러가 송금된 후 다시 공소외 2 회사의 계좌에서 피고인 2가 설립한 서류상 회사인 공소외 3 회사(영문 명칭 2 생략)와 공소외 4 회사(영문 명칭 3 생략)의 각 계좌로 송금된 미화 37,808,000달러 및 미화 27,815,000달러 합계 미화 65,623,000달러(원화 623억원 상당)에 대하여도 이를 위탁자인 공소외 1 회사를 위하여 그 용도대로 사용하여야 할 보관자의 지위에 있다고 할 것이므로, 피고인 2가 공소외 3 회사의 계좌에서 공소외 5 주식회사(이하 "공소외 5 회사"라고 한다)의 계좌로 미화 21,799,969달러(원화 201억원 상당)를 임의로 송금한 행위 및 공소외 3 회사의 계좌에 남은 자금과 공소외 4 회사의 계좌에 입금된 미화 27,815,000달러 중에서 합계 미화 43,822,853.31달러(원화 403억원 상당)를 총 12회에 걸쳐 개인적인 용도로 사용하기 위하여 임의로 인출한 행위는 피해자 공소외 1 회사에 대한 횡령행위에 해당한다고 판단하였다.

원심이 같은 취지로 판단한 것은 정당하고, 거기에 피고인 2의 상고
이유 주장과 같이 논리와 경험의 법칙을 위반하여 자유심증주의의 한
계를 벗어나거나 횡령죄에 있어서 용도나 목적을 엄격히 특정한 자
금, 그 보관자 및 피해자 등에 관한 법리나 금전소비대차계약의 효력
에 관한 법리를 오해하는 등의 잘못이 없다.

🗏7 해설

A: PF대출을 받아 빌딩사업을 추진하는 국내회사, Y: A의 대표이사(피고인),
B: 빌딩사업을 위해 설립된 명목상의 특수목적법인(홍콩법인), C: Y가 개인
적으로 설립한 형식상의 서류상 회사, D: 국내 PF대출은행, E: A의 PF대출
채무에 대한 국내 보증은행

Y(피고인)는 빌딩을 인수하는 사업을 추진하면서 국내에 A회사를
설립하였는데, 이 사업과 관련하여 D은행으로부터 PF대출을 받기로
하였고, 그 대출금에 대하여는 E은행이 지급보증을 하기로 이들 간에
업무협약이 체결되었습니다. 이 업무협약의 내용 중에는 E은행의 승
인 없이는 PF대출금의 자금집행을 할 수 없다는 것도 포함되어 있었
습니다. 이 사업의 추진을 위해 Y(피고인)는 A회사에서 100% 출자하
여 홍콩에 형식상의 특수목적법인(B)을 설립하였습니다. 이후 A회사
는 D은행으로부터 PF대출을 받은 후 홍콩의 특수목적법인인 B법인

과 금전소비대차계약을 체결하고 해외투자형식으로 그 대출금을 B법인에게 송금하였는데, 나중에 Y(피고인)가 위 대출금 대부분을 자신이 개인적으로 설립한 형식상의 서류상 회사인 C회사의 계좌로 송금하거나 개인적으로 소비하였습니다.

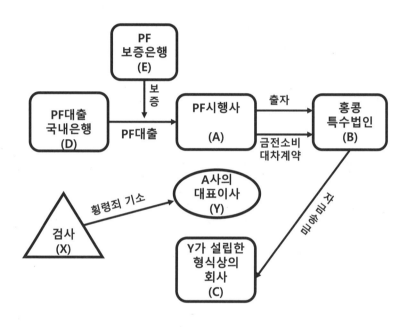

이에 검사는 Y(피고인)를 특정범죄가중처벌법(업무상횡령죄)로 기소하였는데, Y(피고인)는 PF대출금은 A회사가 홍콩의 B회사와 금전소비대차계약을 체결하여 해외투자금으로 송금한 것이므로 B회사에 소유권이 귀속되어서 A회사의 재산이 더 이상 아니고, B회사는 홍콩법인으로서 피해자(B회사)가 국외 법인이므로 대한민국 형법이 적용되지 않는다고 항변하였습니다.

금융증권은 법으로 통한다

대법원은 실질적인 법률관계에 주목하여 형식적으로는 A회사와 홍콩법인(B)간의 금전소비대차계약이나 해외직접투자에 의해 PF대출금의 송금이 이루어진 것처럼 되어 있으나, 실질은 국내의 A회사가 빌딩사업 인수진행의 전체적인 계획을 세우고 국내의 보증은행인 E은행의 승인을 받아 자금집행이 이루어진 것이므로, PF대출금은 단지 A회사가 홍콩의 B법인에 보관을 위탁한 것에 불과하고, 따라서 그 자금의 실질 소유자는 A회사라고 판시하고, 따라서 Y(피고인)의 횡령행위로 인한 피해자는 홍콩의 B법인이 아니라 국내의 A회사이므로, 국내의 형법이 적용될 수 있다고 보아 Y(피고인)에 대한 유죄가 인정되었습니다.

C. 담보신탁의 우선수익권의 의미

대법원 2018. 4. 12. 선고 2016다223357 판결[사해행위취소]
신탁행위로 정한 바에 따라 수익자로 지정된 사람은 당연히 수익권을 취득한다(신탁법 제56조 제1항). 신탁재산에 속한 재산의 인도와 그 밖에 신탁재산에 기한 급부를 요구하는 청구권이 수익권의 주된 내용을 이루지만, 수익자는 그 외에도 신탁법상 수익자의 지위에서 여러 가지 권능을 가지며, 수익권의 구체적인 내용은 특별한 사정이 없는 한 계약자유의 원칙에 따라 신탁계약에서 다양한 내용으로 정할 수 있다. 우선수익권은 구 신탁법이나 신탁법에서 규정한 법률 용어는 아니나, 거래 관행상 통상 부동산담보신탁계약에서 우선수익자로 지정된 채권자가 채무자의 채무불이행 시에 신탁재산 처분을 요청하고

처분대금에서 자신의 채권을 위탁자인 채무자나 그 밖의 다른 채권자들에 우선하여 변제받을 수 있는 권리를 말한다. 우선수익권은 수익급부의 순위가 다른 수익자에 앞선다는 점을 제외하면 그 법적 성질은 일반적인 수익권과 다르지 않다. 채권자는 담보신탁을 통하여 담보물권을 얻는 것이 아니라 신탁이라는 법적 형식을 통하여 도산 절연 및 담보적 기능이라는 경제적 효과를 달성하게 되는 것일 뿐이므로, 그 우선수익권은 우선 변제적 효과를 채권자에게 귀속시킬 수 있는 신탁계약상 권리이다.

갑 주식회사가 을 주식회사에 대한 채무를 담보하기 위해 신탁회사인 병 주식회사와 갑 회사 소유의 아파트에 관하여 우선수익자를 을 회사로 하는 부동산담보신탁계약을 체결하였는데, 그 후 갑 회사가 을 회사의 동의를 받아 신탁계약을 해지하고 갑 회사 명의로 아파트에 관한 소유권이전등기를 마친 다음, 같은 날 을 회사와 대물변제계약을 체결하여 을 회사에 아파트에 관한 소유권이전등기를 마쳐주자, 갑 회사의 채권자인 국가가 대물변제계약이 사해행위에 해당한다며 을 회사를 상대로 사해행위취소를 구한 사안에서, 대물변제계약의 이행을 위하여 작성한 분양계약서에 매도인이 병 회사가 아닌 갑 회사로 기재되어 있는 점, 을 회사에 아파트에 관한 소유권이전등기를 마쳐준 것도 병 회사가 아닌 갑 회사인 점 등에 비추어 대물변제계약이 신탁계약에서 정한 처분·환가의 일환으로 체결된 것이라고 보기 어렵고, 오히려 신탁계약이 해지로 종료하여 "우선수익자가 갖는 수익권의 유효기간은 신탁계약에 따른 우선수익자의 채권발생일부터 신

탁계약 종료일까지로 한다"는 내용의 신탁계약 조항에 따라 을 회사
가 더 이상 우선수익자로서 수익권을 행사할 수 없는데도, 이와 달리
보아 대물변제계약이 사해행위에 해당하지 않는다고 판단한 원심판
결에 부동산담보신탁계약의 해지 및 종료 사유와 우선수익권의 법적
성질 등에 관한 법리오해 등 잘못이 있다고 한 사례.

🖥️ 해설

A: 아파트 신축분양사업 시행사, B: 대출은행, Y: 대위변제 회사(피고), C: 부
동산신탁회사, X: 대한민국(원고)

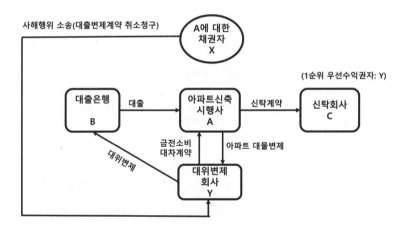

A회사는 송파구 일대에 아파트를 신축 분양하는 사업을 하는 시
행사인데, 이를 위해 B은행으로부터 대출을 받았습니다. 이후 Y회사
(피고)가 A회사를 위해 B은행의 대출금의 일부를 대위변제 하였고,

대가로 A회사는 Y회사(피고)와 금전소비대차계약을 체결하여 차주가 되었고, 이 채무를 담보하기 위해 A회사가 Y회사(피고)를 위해 Y회사(피고)를 우선수익권자로 하는 부동산 담보신탁계약을 체결해 주기로 하였습니다. A회사는 신축 아파트 중 13세대에 관하여 C부동산신탁회사와 신탁계약을 체결하여 1순위 우선수익자를 B은행, 2순위 우선수익자를 Y회사(피고)로 하여 신탁등기를 마쳤습니다. 이후 A회사는 위 신탁계약을 해지하였다가 그다음 날 C신탁회사와 신탁계약을 체결하여 Y회사(피고)를 제1순위 우선수익권자로 하였습니다. 그 후 A회사는 제1순위 우선수익권자인 Y회사(피고)의 동의를 받아 C신탁사와의 위 부동산 신탁계약을 해지하고 13세대의 소유권을 모두 A회사에 복귀시켰다가, 이후 Y회사(피고)에 대한 대출채무의 변제에 갈음하여 Y회사(피고)와 대물변제계약을 하고 모두 Y회사(피고)에게 소유권이전등기를 마쳤습니다. 그러자 A회사에 대한 채권자인 X(원고)가 A회사와 Y회사(피고) 간의 대물변제계약이 X(원고)의 권리를 침해한다는 이유로 Y회사(피고)를 상대로 하여 사해행위취소 소송을 제기하였습니다.

대법원은 부동산 담보신탁에서의 우선수익권은 담보물권이 아니라 일반 채권으로서 단지 우선변제적 효력을 우선 수익권자에게 귀속시키는 권리라고 전제하고, 이 사건에서 A회사가 A회사가 C신탁사와 신탁계약을 해지함으로써 신탁은 이미 종료되었는데, 그 이후에 A회사가 Y회사(피고)와의 별도의 금전소비대차계약에 근거하여 대물변제계약을 체결한 것은 이미 종료된 신탁계약의 처분, 환가행위의 일환이라고 볼 수가 없고, 따라서 Y회사(피고)는 더 이상 담보신탁계약에서의 우선수익권을 행사할 수 없다고 보았습니다. 그럼에도 불구하고, 채무자인 A회사가 13세대의 소유권을 특정 채권자인 Y회사(피고)에게 이전한 것은 또 다른 채권자인 X(원고)의 권리를 침해하여 사해행위에 해당한다고 판시하여 X(원고)가 승소하였습니다.

 법령

• 신탁법

제2조(신탁의 정의)
이 법에서 "신탁"이란 신탁을 설정하는 자(이하 "위탁자"라 한다)와 신탁을 인수하는 자(이하 "수탁자"라 한다) 간의 신임관계에 기하여 위탁자가 수탁자에게 특정의 재산(영업이나 저작재산권의 일부를 포함한다)을 이전하거나 담보권의 설정 또는 그 밖의 처분을 하고 수탁자로 하여금 일정한 자(이하 "수익자"라 한다)의 이익 또는 특정의 목적을 위하여 그 재산의 관리, 처분, 운용, 개발, 그 밖에 신탁 목적의 달성을 위하여 필요한 행위를 하게 하는 법률관계를 말한다.

제8조(사해신탁)
① 채무자가 채권자를 해함을 알면서 신탁을 설정한 경우 채권자는 수탁자가 선의일지라도 수탁자나 수익자에게 「민법」 제406조제1항의 취소 및 원상회복을 청구할 수 있다. 다만, 수익자가 수익권

을 취득할 당시 채권자를 해함을 알지 못한 경우에는 그러하지 아니하다.

② 제1항 단서의 경우에 여러 명의 수익자 중 일부가 수익권을 취득할 당시 채권자를 해함을 알지 못한 경우에는 악의의 수익자만을 상대로 제1항 본문의 취소 및 원상회복을 청구할 수 있다.

③ 제1항 본문의 경우에 채권자는 선의의 수탁자에게 현존하는 신탁재산의 범위 내에서 원상회복을 청구할 수 있다.

④ 신탁이 취소되어 신탁재산이 원상회복된 경우 위탁자는 취소된 신탁과 관련하여 그 신탁의 수탁자와 거래한 선의의 제3자에 대하여 원상회복된 신탁재산의 한도 내에서 책임을 진다.

⑤ 채권자는 악의의 수익자에게 그가 취득한 수익권을 위탁자에게 양도할 것을 청구할 수 있다. 이때 「민법」 제406조제2항을 준용한다.

⑥ 제1항의 경우 위탁자와 사해신탁(詐害信託)의 설정을 공모하거나 위탁자에게 사해신탁의 설정을 교사·방조한 수익자 또는 수탁자는 위탁자와 연대하여 이로 인하여 채권자가 받은 손해를 배상할 책임을 진다.

제22조(강제집행 등의 금지)

① **신탁재산에 대하여는 강제집행, 담보권 실행 등을 위한 경매, 보전처분(이하 "강제집행등"이라 한다) 또는 국세 등 체납처분을 할 수 없다.** 다만, 신탁 전의 원인으로 발생한 권리 또는 신탁사무의 처리상 발생한 권리에 기한 경우에는 그러하지 아니하다.

② 위탁자, 수익자나 수탁자는 제1항을 위반한 강제집행등에 대하여

이의를 제기할 수 있다. 이 경우 「민사집행법」 제48조를 준용한다.

③ 위탁자, 수익자나 수탁자는 제1항을 위반한 국세 등 체납처분에 대하여 이의를 제기할 수 있다. 이 경우 국세 등 체납처분에 대한 불복절차를 준용한다.

제56조(수익권의 취득)

① **신탁행위로 정한 바에 따라 수익자로 지정된 자(제58조제1항 및 제2항에 따라 수익자로 지정된 자를 포함한다)는 당연히 수익권을 취득한다. 다만, 신탁행위로 달리 정한 경우에는 그에 따른다.**

② 수탁자는 지체 없이 제1항에 따라 수익자로 지정된 자에게 그 사실을 통지하여야 한다. 다만, 수익권에 부담이 있는 경우를 제외하고는 신탁행위로 통지시기를 달리 정할 수 있다.

15장

부실채권을 우량증권으로 탈바꿈시킬 수 있는 방법이 있을까?

- 자산유동화(ABS)

국민연금 · 새마을 · 산은, 신보 유동화증권 1566억 매수

28일 투자은행(IB) 업계에 따르면 국민연금, 새마을금고, KDB산업은행은 최근 **신용보증기금이 발행한 "신보2018제5차유동화사채"**의 선순위를 1566억원 매수했다. 신보의 유동화회사보증은 **개별기업이 발행하는 회사채 등을 기초자산으로 유동화증권을 발행해 기업이 직접금융시장에서 자금을 조달할 수 있도록 지원하는 제도**다. 유동화 유형은 P-CBO(회사채담보부증권)으로 자산관리자는 신용보증기금, 자금관리자는 IBK기업은행이다. 신보2018제5차유동화 1-1, 1-2는 기초자산이 200개 기업의 무보증 회사채 및 대출채권이다.

2018. 9. 28. 파이낸셜뉴스

1. 자산유동화란 무엇인가?

자산유동화란 고정성 있는 자산을 유동성(현금성) 있는 자산으로 만드는 것을 말합니다. 여기서 고정자산을 유동자산으로 만드는 데 가장 중요한 수단은 자산을 "양도"하는 것입니다. 즉, 자산유동화는 달리 말하면 자산의 양도 과정과 그로 인한 현금성 증가를 의미합니다. 이런 자산유동화는 고정성 자산을 보유하고 있는 금융기관이나 기업으로 하여금 유동성(현금성)을 증대시키고 투자자에게는 새로운 투자대상을 제공하는 것을 목적으로 하고 있습니다.

자산유동화에 대하여 "자산유동화에 관한 법률" 제2조에서는 "유동화전문회사(Special Purpose Vehicle)(SPV)가 자산 보유자로부터 유동화시킬 자산을 양도 또는 신탁받아, 이를 기초로 유동화증권(Asset Backed Securities)(ABS)을 발행하고 유동화자산의 관리, 운용, 처분에 의한 수익이나 차입금 등으로 유동화증권의 원리금 또는 배당금을 지급하는 일련의 행위"라고 정의하고 있습니다.

다시 말하면 자산 보유자(기업이나 금융기관)가 보유하고 있는 다양한 기초자산(각종 대출채권이나 매출채권, 부동산 기타 다양한 형태의 현금흐름을 가지는 자산)을 자산 보유자로부터 분리한 다음, 이를 표준화하고 정형화시킨 후 조건별로 집합한 후에 이를 기초로 하여 기초자산과는 다른 새로운 증권을 발행하여 이 증권을 자본시장에서 투자자에게 매출하여 투자자로부터 자금을 조달하는 것을 말합니다.

이와 같이 자산유동화법은 IMF사태로 인하여 타격을 입은 부실금융기관이 BIS 비율을 높이거나, 도산 상태에 빠진 일반 기업이 재무구조를 개선하기 위한 목적에서 처음으로 도입되었습니다. 부실금융기관이나 도산 기업들이 자금이 필요할 때 신속한 자금조달이 가능하도록 이들이 보유하고 있는 부실화된 대출채권이나 외상매출채권 등과 같은 비유동성 자산(Asset)을 유동화시키기 위해 동법이 도입된 것인데, 현재까지도 자산유동화에 의한 자금조달 방법은 경제거래에서 여전히 잘 활용되고 있는 제도 중의 하나입니다.

2. 자산유동화는 구체적으로 어떻게 이루어지나?

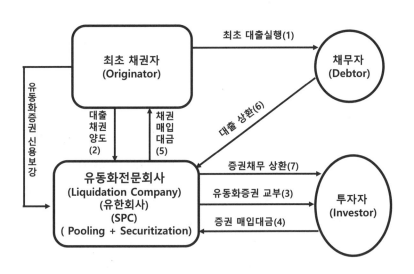

앞에서 설명한 자산유동화의 과정을 법률관계 측면에서 분석해 보면, ① 유동화자산을 창출하는 주체로서 자산의 보유자(Originator),

② 자산을 양수받는 유동화전문회사(SPV), ③ 유동화자산을 담보로
하여 유동화전문회사가 새로이 발행하는 자산유동화증권(ABS)을 매
입하는 투자자(Investor) 등 3개 주체 간의 경제적 거래로 분해할 수
있습니다.

(1) 최초의 자산보유단계

위 ①의 단계, 즉 자산 보유자가 유동화의 대상이 되는 자산을 창
출하는 단계는 금융기관이 고객에게 대출하는 과정이나 기업이 구매
자에게 외상매출을 하여 금전채권을 발생시키는 과정으로 일반적인
금융과 크게 다를 것이 없습니다. 다만 "자산유동화에 관한 법률" 제2
조 제2호에서는 자산보유자를 금융기관이나 신용도가 우수한 일반법
인 등으로 한정적으로 제한하고 있는 점만이 특이할 뿐입니다.

(2) 자산양도단계

②의 단계에서는, 자산 보유자와 유동화전문회사를 별개의 법적
주체로 분리하여 전자로부터 후자로 채권양도(유동화자산의 양도)를
합니다. 이로써 전자는 자산양도의 대가인 현금이라는 유동성 자산
(Liquidity Asset)을 확보하고, 후자는 특수법인(자산유동화 법률에
서는 "유한회사"라고 규정하고 있음)으로서 양수받은 자산을 대차대
조표상의 유일한 자산항목으로 보유하게 됩니다.

여기서 자산을 최초의 자산 보유자로부터 분리시켜 특별목적기구
(Special Purpose Vehicle)인 유동화전문회사에 양도하는 이유는,
설사 자산 보유자가 파산하더라도 양수받은 자산이 그 영향을 받지

않도록 하기 위해서입니다. 결국 이러한 특별목적기구인 유동화전문회사는 실제로 사업수행을 하는 것이 아니라, 단순히 자산보유를 위해 설립되는 일종의 도관체 내지 매개수단에 불과한 형식상의 회사입니다.

그렇기 때문에 자산유동화법에서 유동화전문회사는 본점 외의 영업소 설치나 직원의 고용을 할 수 없게 하고, 그 업무를 유동화자산의 양수·양도, 유동화증권의 발행 등에 한정하며, 자산관리 업무도 반드시 자산 보유자나 기타 제3자에게 위탁하도록 규정하고 있습니다. 그러나 유동화전문회사는 유한회사임에도 불구하고 사채를 발행할 수 있을 뿐만 아니라 상법의 사채발행한도(자기자본 4배)의 적용도 받지 않으며, 자산유동화법에 따라 유동화자산의 매입가격 또는 평가 가액의 총액을 한도로 그 범위 내에서 유동화증권을 발행할 수 있습니다.

자산유동화법은 위에서 설명한 자산 양도과정을 단순화·간략화 시키기 위해 민법 제449조에 규정한 채권양도의 법리도 약간 변형하여 채권양도 통지절차를 채권양도인만 할 수 있는 것이 아니라 채권 양수인인 유동화전문회사도 할 수 있게 합니다. 제3자에 대한 대항요 건도 확정일자 있는 증서 대신에 자산양도 사실을 금융감독위원회에 등록하는 것으로 대체하고 있습니다. 이렇게 ①과 ②의 단계를 통하여 자산 보유자는 유동화전문회사에로의 자산양도를 통해 자신의 최초 고객에 대한 신용위험을 유동화전문회사로 이전시켜 유동성 있는 현금자산을 확보하고, 이렇게 확보된 현금자산으로 다시 새로운 고객에 대한 금융영업활동을 계속할 수 있습니다.

(3) 유동화증권 발행 및 판매 단계

①과 ②의 과정은 채권양도라는 민법상의 규정을 응용하는 것이므로 법률영역이라고 볼 수 있지만, ③의 과정은 사실 법률영역이라기보다는 금융영역의 색채가 더욱 느껴지는 부분입니다. 이 과정에서는 유동화전문회사가 자산 보유자로부터 양수받은 다양한 자산, 즉 금액, 만기, 이자율, 신용위험도가 제각기인 수많은 자산들을 집단화(Pooling)하는 과정과 이를 통하여 투자자의 수요에 적합한 균질적인 금융상품인 자산유동화증권(ABS)을 발행하는 과정(Securitization)이 있습니다. 따라서 이 과정은 법률영역이라기보다는 자산의 내용과 투자자들의 속성을 잘 아는 전문적인 금융영역이라고 볼 수 있습니다.

금융기관이나 기업들이 대출이나 상거래를 통해 발생시킨 최초의 자산들은 당연히 금액, 이자율, 만기, 신용위험도가 각각 천차만별일 수밖에 없으므로 만약 이러한 자산을 그 상태 그대로 투자자들에게 판매한다면 이를 매수할 투자자가 거의 없을 것입니다.

그렇기 때문에 이런 자산을 집단화(Polling)하여 액면금액, 만기, 이자율이 균질적인 증권을 새롭게 창출(Securitization)하고, 투자자들에게는 이렇게 균질화된 증권(즉, 유동화증권)을 판매합니다. 이와 같이 창출된 유동화증권의 신용위험도는 원칙적으로 유동화전문회사가 자산 보유자로부터 양수받은 자산의 현금흐름이 유동화전문회사가 발행한 유동화증권의 원리금을 상환할 수 있는 능력과 비교하여 어느 정도인지에 따라 결정됩니다. 하지만 유동화증권의 발행회사인 유동화전문회사가 특수법인으로서 사실상 실체가 없기 때문에 증권의 신용을 보강(Credit Enhancement)하는 것이 필수적입니다.

따라서 최초의 자산 양도인인 자산 보유자가 양도인의 지위에서 매매에 있어서의 하자담보책임을 지거나, 유동화자산과 자산유동화증권(ABS) 간의 Cash Flow상의 Gap으로 인한 일시적인 유동성 결핍 시에 자산 보유자가 유동화전문회사에 필요 자금을 제공해 줌으로써 유동화증권의 채무 불이행위험(default)을 줄여 신용도를 보강해 줍니다. 이렇게 유동화전문회사는 pooling(집단화)과 securitization(증권화), 신용보강 등의 절차를 통해 새롭게 탄생한 유동화증권을 일반 투자자에게 판매하여 자금을 조달하게 되는데, 결국 역으로 생각하면 유동화전문회사는 이렇게 조달한 자금으로 최초의 자산 보유자에게 대금을 주고 유동화자산을 양수받을 수 있게 됩니다.

3. 유동화증권의 종류에는 무엇이 있나?

자산유동화를 통해 창출되는 유동화증권은 여러 명칭으로 불리고 있습니다.

유동화를 위해 자산 보유자로부터 유동화전문회사가 양수받는 자산의 종류에 따라, 유동화전문회사가 기업의 회사채를 양수받아 유동화하는 CBO(Collateralized Bond Obligation)(채권담보부 유동화증권), 금융기관의 대출채권(loan)을 양수받아 유동화하는 CLO(Collateralized Loan Obligation)(대출채권담보부 유동화증권), 주택담보대출채권을 유동화하는 MBS(Mortgage Backed Securities)(주택저당담보부 유동화증권)로 각각 불립니다. 특히, 신규로 발행되는 회사채를 양수받아 유동화하면 Primary CBO, 기발행되어 유통되는 회사채를 대상으로 유동화하면 Secondary CBO로 불립니다. 한편 유동화전문회사가 투자자에게 발행하는 유동화증권의 형태에 따라, 증권 형태로 발행하면 ABS, 기업어음 형태이면 ABCP(Asset Backed Commercial Paper)라고 불립니다.

4. 유동화증권과 이중상환청구권부채권(Covered Bond)은 어떻게 다른가?

유동화증권은 유동화전문회사가 기초자산을 양도받은 후 이를 기초로 균질적인 채무증권을 발행하면서 생성됩니다. 그리고 그 증권에 대한 상환은 유동화전문회사가 양수받은 기초자산에서 회수한 자금을 재원으로 합니다. 그러나 그렇다고 하여 유동화증권의 소유자(채권자)가 유동화전문회사의 기초자산에 대하여 질권이나 저당권처럼 우선변제적 효력이 있는 담보권을 갖는 것은 아닙니다. 따라서 만약 유동화전문회사가 채무를 이행하지 않을 경우, 유동화증권의 소유자는 우선변제적 효력이 있는 담보권이 없기 때문에 다른 채권자와 동등한 위치에서 채권자 평등의 원칙에 따라 동등하게 변제를 받아야 합니다.

반면에 이중상환청구권부 채권은 채권자가 채권 발행기관(채무자)에 대한 상환청구권과 함께, 발행기관이 담보로 제공하는 기초자산 집합에 대하여 제3자보다 우선하여 변제를 받을 권리(우선변제적 효력)를 동시에 보유합니다. 특히 이중상환청구권부채권의 담보물은 점유 취득이나 등기가 없어도 됩니다. 즉, 담보가 되는 기초자산이 채무자인 발행기관의 소유인 상태에서 채권자에게 우선변제적 효력이 인정됩니다. 따라서 만약 채권발행기관(채무자)가 채무를 이행하지 않을 경우, 이중상환청구권부 채권자는 담보되는 기초자산 집합에 대하여 채권자 평등원칙이 아닌 우선변제적 효력에 의해 우선적으로 변제를 받을 수 있습니다.

5. 자산유동화는 지금도 계속 활용되고 있나?

자산유동화는 현재도 경제거래를 할 때 여러 방면에서 활용되고 있습니다. 프로젝트 파이낸싱(Project Financing)(PF)과 결합하여 프로젝트 대출채권을 유동화하거나, 주택자금 대출로 인해 발생하는 주택저당채권을 유동화시키는 것도 지금은 일반화된 현상입니다. 특히, 부동산 개발사업의 경우에는 대규모의 개발자금이 소요되는데,

부동산 PF대출을 한 금융기관들은 PF대출로 인해 대규모의 자금이 대출만기일까지 고정되는 문제를 해결하기 위해 대부분 PF대출채권을 유동화전문회사에 양도하고, 유동화전문회사는 이를 바탕으로 유동화증권을 발행하여 투자자에게 판매해 자금을 조달하는 자산유동화의 방법으로 진행하고 있습니다. 투자자들도 유동화증권을 매개로 하여 부동산에 간접적으로 투자하는 효과를 보고 있는 셈입니다.

6. 맺음말

부실채권을 우량증권으로 탈바꿈시키는 수단인 자산유동화는 우리나라에서는 IMF 사태 때 발생한 부실자산을 신속히 정리하기 위한 과정에서 발전된 기법입니다. 하지만 자산유동화를 통해 최초의 자산보유자 입장에서는 유동화전문회사에 고정성 자산을 양도하여 확보된 새로운 자금으로 지속적인 영업활동을 할 수 있는 확대된 기회를 제공하고, 투자자 입장에서도 상대적으로 높은 수익률로 투자할 수 있는 다양한 투자상품이 제공되는 셈이므로, 앞으로도 활발한 이용이 기대됩니다.

판례

A. 자산유동화 과정(Pooling 과정, 신용보강)

대법원 2008. 7. 10. 선고 2006다79674 판결[손해배상(기)]

원심이 그 거시 증거들을 종합하여 적법하게 인정한 바에 의하면, 이 사건의 경우 소외 1 주식회사를 비롯한 여러 기업체가 회사채를 발행하거나 대출을 받고, 그 회사채를 총액인수 한 증권사나 소외 1 주식회사에 대출을 해 준 금융기관은 그 회사채 및 대출채권을 5개 유동화전문회사에게 양도하고, 각 유동화전문회사는 이를 기초자산으로 유동화증권을 발행하여 투자자들에게 매각함으로써 기업체들의 자금조달을 도모하는 이른바 자산유동화 과정을 거쳤고, 유동화전문회사의 신용보완을 위하여 5개 금융기관이 각 유동화전문회사와 여신거래약정을 체결하고 투자자를 위하여 현금흐름을 관리하는 역할을 수행하였으며, 유동화전문회사의 위 각 금융기관에 대한 구상금 채무를 신용보증기관인 원고가 보증하였고, 그 구체적인 유동화 과정은, 소외 1 주식회사를 비롯한 회사로부터 유동화자산에의 편입 신청을 받은 증권회사 등이 그 편입 대상 업체를 확정하기에 앞서 원고로부터 위 신용보증을 받기 위한 목적으로 미리 원고에게 유동화증권 발행제안서와 함께 편입신청기업의 목록을 제출하였고, 원고는 유동화자산 편입 신청 기업들에 대한 적격 여부의 심사를 위해 신용평가기관에게 신용평가를 의뢰함은 물론 해당 기업 등을 통해 재무제표에 대한 감사보고서를 수집하고, 이후 자체 심사과정을 거쳐 유동화자산 편입

대상 적격업체를 최종 선정하였으며, 증권회사나 금융기관은 원고가 적격업체로 선정한 기업들과 무보증사모사채인수계약 등을 체결하거나 대출계약을 체결하였다는 것이다.

이에 의하면, 결국 위와 같은 **소외 1 주식회사의 유동화 과정을 통한 자금조달에 있어서 궁극적인 신용위험의 부담자는 위 유동화전문회사나 금융기관이 아닌 원고라고 할 것이고, 소외 1 주식회사 등 기업체의 각 회사채 발행 및 대출계약은 오로지 유동화자산을 형성하기 위한 것으로서 유동화자산에 집합(Pooling)되는 회사채의 신용등급 및 재무상태 등을 심사하여 원고가 정한 일정한 기준에 부합하는 경우에 한하여 비로소 발행되거나 체결되었음을 알 수 있으니,** 앞서 본 법리에 의할 때 원고는 외감법 제17조 제2항에 정한 제3자에 해당한다고 보아야 할 것이고, 형식적으로는 원고가 소외 1 주식회사와 직접 신용보증계약을 하지 않고 위 각 유동화전문회사와 체결하였으며, 소외 1 주식회사의 회사채를 직접 인수하거나 소외 1 주식회사에 대출을 한 것은 증권회사 혹은 은행들로서 그 과정에서 원고가 직접 신용보증을 제공하지 아니하였고, **또한 위 각 유동화자산에는 소외 1 주식회사뿐 아니라 같은 과정을 거쳐 편입된 다른 20여 개의 회사의 회사채 혹은 대출채권들이 포함되어 있었으며, 원고는 집합(Pooling)된 전체 유동화자산의 잉여 현금흐름 등을 감안하여 위 각 신용보증계약을 체결한 것이라 하여 달리 볼 것은 아니다.**

A: 자금조달회사, Y: 회계법인(피고), B: 증권회사, C: 유동화전문회사(SPC),

D: 여신금융기관, X: 신용보증기금(원고)

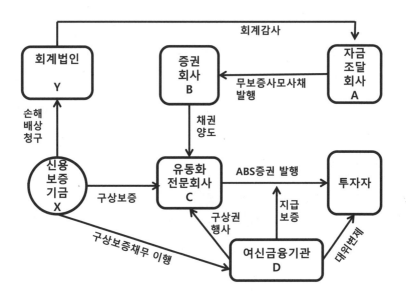

A회사는 위성통신기기를 제조·판매하는 회사로, 외부감사 대상 기업이었으며 외부감사인은 Y회계법인(피고)이었습니다. 그런데 A회사가 적자가 누적되고 재무구조가 악화됨에 따라 신규 자금조달이나 기존 차입금의 만기연장에 어려움이 발생할 것으로 예상되어, A회사의 대표이사와 경리담당 이사는 허위의 매출채권과 재고자산을 계상하는 방법 등으로 재무 상태에 문제가 없는 것처럼 분식회계를 하였습니다. 이후 Y회계법인(피고)이 외부감사인이 되어 A회사의 재무제

표를 감사하였는데, 이런 분식회계를 발견하지 못하였고, 그 결과 A회사에 대해 "적정의견"의 감사의견이 포함된 감사보고서를 작성하여 A회사에 제출하여 대외적으로 공시까지 되었습니다.

이후 A회사는 분식결산된 재무제표를 이용하여 자산유동화 방식으로 자금을 조달하기로 하여 B증권회사와 무보증 사모사채 인수계약을 체결하고 분식결산 된 재무제표와 감사보고서, 신용평가서 등을 B증권회사에 제공하였습니다. A회사가 발행한 무보증 사모사채는 자산유동화법에 따라 B증권회사 등이 설립한 C유동화전문회사에게 양도되었고, C유동화전문회사는 A의 무보증 사모사채뿐만 아니라 다른 기업들이 발행한 회사채들도 유동화자산에 편입한 후, 이런 편입 채권들을 기초로 C유동화전문회사 명의의 자산유동화증권(Aseet Backed Securities)(ABS)을 발행하여 그 증권을 투자가들에게 매각하였습니다. 이 자산유동화증권(ABS)의 지급을 담보하기 위해서, D금융기관이 C유동화전문회사와 여신거래약정을 체결하여 C유동화전문회사의 미변제 시 D금융기관이 대신에 자산유동화증권(ABS) 소유자(투자자)에게 대위변제 하기로 하였고, 대위변제 후 D금융기관이 C유동화전문회사에 구상금을 청구하는 것에 대해 X(원고)가 지급보증(구상보증)을 하였습니다. 이 당시 X(원고)는 분식결산 된 감사보고서에 기재된 재무제표를 기초로 C유동화전문회사를 위한 구상보증을 결정하였습니다.

이후 결국 A회사는 부도 발생하여 법원으로부터 회사정리절차 개시결정을 받았고, 그 결과 A회사가 자신이 발행한 무보증 사모사채의 원리금을 C유동화전문회사에게 제대로 상환하지 못하게 되자, 연쇄적으로 C유동화전문회사도 유동화증권(ABS)을 보유한 투자자들에게 상환하지 못하게 되었습니다. 그러자 D여신금융기관이 여신거래약정에 의해 C유동화전문회사를 대신하여 투자자들에게 대위변제한 후, C유동화전문회사의 구상금 채무를 보증한 X(원고)를 상대로 보증채무 이행을 청구하여 X(원고)가 보증 금액을 D여신금융기관에게 지급하였습니다.

이후 증권선물위원회가 분식결산에 근거한 감사보고서에 대해 조사 감리 후 Y회계법인(피고)에 대해 징계조치를 하자, X(원고)가 외부감사법에 규정된 제3자에 대한 손해배상 규정(감사인이 중요한 사항에 관하여 감사보고서에 기재하지 아니하거나 허위의 기재를 함으로써 이를 믿고 이용한 제3자가 손해를 입은 경우 그 감사인은 위 손해를 배상할 책임이 있다)에 근거하여 Y회계법인(피고)을 상대로 손해배상 소송을 제기하였습니다.

대법원은 X(원고)는 A회사가 발행한 채권을 직접 인수하거나 A회사에게 직접 대출한 주체는 아니지만, 자산유동화 과정에서 궁극적인 신용위험을 부담하는 주체는 X(원고)이므로 외부감사법에 규정된 피해자인 제3자에 포함된다고 판시하여 X(원고)가 승소하였습니다.

B. 유동화전문회사의 경매부동산 취득과 조세감면

대법원 2015. 10. 15. 선고 2015두36652 판결[취득세등부과처분취소]
유동화전문회사가 구 조세특례제한법(2010. 12. 27. 법률 제10406호로 개정되기 전의 것) 제120조 제1항 제12호, 제119조 제1항 제13호

(이하 "구 조특법 규정"이라 한다) 시행 당시 **유동화자산인 부동산 담보부 채권을 양수한 후 담보 부동산의 경매절차에서 매수신청을 하고 매각허가결정을 받아 매수신청인 또는 매수인의 지위를 취득하는 등으로 부동산의 취득과 밀접하게 관련된 행위로 나아간 경우에는,** 비록 구 조세특례제한법(2014. 12. 23. 법률 제12853호로 개정되기 전의 것, 이하 "개정 조특법"이라 한다)이 시행된 후 매각대금을 완납하였다고 하더라도 유동화전문회사의 신뢰보호를 위하여 조세특례제한법 부칙(2010. 12. 27.) 제52조에 따라 구 조특법 규정이 적용되어 취득세가 감면되나, 이에 이르지 아니한 채 유동화전문회사가 구 조특법 규정의 시행 당시 단순히 유동화자산인 부동산 담보부 채권을 양수하여 보유하고 있었던 경우에는, 설령 장래의 담보 부동산 취득에 대한 취득세 감면을 신뢰하였더라도 이는 단순한 기대에 불과할 뿐 신뢰가 마땅히 보호하여야 할 정도에 이르렀다고 볼 수 없으므로, 구 조특법 규정이 적용되지 않고 납세의무의 성립 당시 법령인 개정 조특법 제120조 제1항 제9호가 적용되어 취득세가 감면되지 않는다.

🗂 해설

X: 유동화전문회사(원고), A: 채무자, B: A에 대한 대출채권자, Y: 구청장(피고)

채무자 A는 보유 부동산을 담보로 대출자 B로부터 대출을 받았는데, 유동화전문회사인 X(원고)는 대출채권자인 B로부터 이 대출채권을 양수받았습니다. 이후 채무자 A가 변제를 하지 못하자 소유 부동산에 대해 법원 경매절차가 진행되었고, X(원고)는 이 경매절차에서 직접 입찰자로 참가하여 대출채무자의 부동산을 경락받았습니다. 이에 Y 구청장(피고)이 부동산을 경락받은 X(원고)에 대해 취득세를 부과하였는데, X(원고)가 조세감면규제특례법상 취득세 감면에 해당함을 주장하며 과세부과처분의 취소를 구하는 행정소송을 제기했습니다.

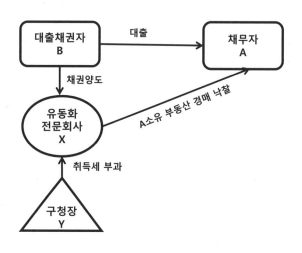

대법원은 조세감면규제특례법상 취득세 감면이 되는 경우는 해당 법 시행 당시에 유동화전문회사가 경매절차에서 매수신청을 하고 매각결정을 받아 부동산 매수인의 지위까지 취득한 경우에만 인정이 되는데, 이 사건에서는 유동화전문회사인 X(원고)가 해당 법 시행 당시에는 아직 이러한 절차까지 가지 못하고 단지 유동화자산인 부동산담보부 채권을 양수하여 보유하고 있었을 뿐이므로 취득세 감면대상이 아니라고 판시하여 X(원고)가 패소하였습니다.

금융증권은 법으로 통한다

C. 자산유동화에서 채권양도통지의 주체

대법원 2008. 11. 27. 선고 2008다55672 판결[대여금]

자산유동화에 관한 법률 제7조는 자산유동화에 따른 시간비용을 최소화하기 위하여 지명채권양도의 대항요건에 관한 민법 제450조의 특례를 규정하고 있는바, **자산유동화계획에 따른 채권을 양도하였을 경우에 채무자에 대한 양도 통지는 채권양도인뿐만 아니라 채권양수인이 한 경우에도 이로써 채무자에게 대항할 수 있는 것이다**(위 법률 제7조 제1항 참조).

D. 자산유동화증권의 일종인 채권담보부증권(Primary Collateralized Bond Obligation, 이하 "P-CBO")

대법원 2017. 1. 25. 선고 2015두3270 판결[증여세부과처분취소]

○○회사는 2006. 12. 7. 운영자금 조달을 위해 ○○증권 주식회사(이하 "○○증권회사"이라 한다)와 권면총액 일화 370,000,000엔, 만기일 2009. 11. 25., 표면금리 연 5.4%, 행사가격 35,000원, 행사청구기간은 2007. 12. 12.부터 2011. 10. 25.까지로 하는 내용의 신주인수권부사채 인수계약을 체결하였고, 이에 따라 2006. 12. 12. ○○증권회사에 권면총액 일화 370,000,000엔(고정 환율 100엔당 800.38원)의 제1회 무보증 분리형 해외사모 신주인수권부사채(이하 "이 사건 제1신주인수권부사채"라 한다)를 발행하였다.

○○증권회사는 발행 당일인 2006. 12. 12. 이 사건 제1신주인수권부
사채 전부를 ASIAN BOND FUND Ⅱ(CAYMAN) LIMITED(자산유
동화증권 발행을 위한 특수목적법인으로서 이하 "아시안 본드"라 한
다)에 양도하였고, 아시안 본드는 이 사건 제1신주인수권부사채에서
사채와 신주인수권을 분리하여 사채는 유동화한 후 채권담보부증권
인 자산유동화증권(Primary Collateralized Bond Obligation, 이하
"P-CBO"라 한다)을 발행하여 해외투자자 및 중소기업진흥공단에 매
각하고, 분리된 신주인수권증권(이하 "이 사건 제1신주인수권증권"이
라 한다)은 원고와 ○○증권회사 등에 매각하기로 하였다.

○○회사는 당시 모토로라에 대한 무기 자체발광물질의 납품 과정에
서 매출액과 비용이 모두 크게 증가하였으나 모토로라에 대한 채권회
수기간이 매출일부터 약 90일 이상 소요됨으로 인하여 제품 생산을
위한 1~2개월분의 단기 운영자금이 필요한 상황이었고, **마침 중소기
업진흥공단이 다수의 중소기업이 발행하는 채권을 모아 P-CBO를 발
행하기로 하여 ○○증권회사를 주간증권사로 선정하고 ○○회사를
비롯한 중소기업들에게 자금조달 수단으로 P-CBO를 발행할 것을 홍
보함에 따라 ○○회사가 ○○증권회사와 사채인수계약을 체결하여
이 사건 제1신주인수권부사채를 발행하였으므로, 이 사건 제1신주인
수권부사채 발행은 그 자체로 사업상 목적이 있는 거래이다.**

🗐7 해설

A: 사채발행회사, X: A회사의 대주주이자 대표이사(원고), B: 증권회사, Y: 세무서장(피고)

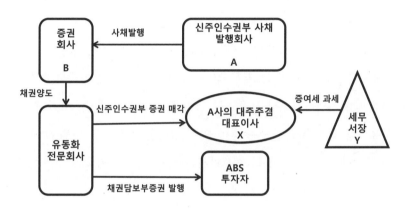

A회사가 무보증 분리형 해외사모 신주인수권부사채를 발행하고 이를 B증권회사가 인수하여 유동화전문회사인 아시안 펀드에 양도하고, 아시안 펀드는 사채와 신주인수권증권을 분리하여 이 중에 사채는 유동화시켜서 자산유동화증권인 채권담보부증권(P-CBO)를 발행하여 투자자인 해외투자자와 중소기업진흥공단에 매각하고, 신주인수권증권은 X(원고)에게 매각하였습니다.

이후 X(원고)는 신주인수권증권에 의해 신주인수권을 행사하여 A회사로부터 보통주를 취득하였는데, Y세무서장(피고)이 X(원고)가 당시의 지분율을 초과하여 취득한 신주인수분에 대해 당시의 시가와 행사가액의 차액에 대하여 증여세를 과세하였고, X(원고)가 이에 불복하여 과세처분의 취소를 구하는 행정소송을 제기하였습니다.

원심 법원은 X(원고)가 A회사의 신주인수권증권을 유동화전문회사(아시안 펀드)로부터 취득하는 형식을 취했으나 경제적 실질은 A회사로부터 취득한 것과 동일한 것이라고 보고, 이 경우 X(원고)가 증여세를 회피할 목적이 있다고 판시하여 X(원고)에 대한 증여세 과세처분이 정당하다고 보았습니다.

그러나 대법원은 A회사가 당시 자금조달이 필요했던 상황과 중소기업진흥공단이 채권담보부증권(P-CBO)에 의한 자산유동화방식에 의해 중소기업자금조달을 홍보한 상황 등을 종합하여, 이 사건의 자산유동화 과정은 사업상 목적이 있는 정당한 거래이고 X(원고)에게는 증여세 회피 목적이 없다고 판시하여 X(원고)가 최종 승소하였습니다.

 법령

• 자산유동화법

제2조(정의) 이 법에서 사용하는 용어의 정의는 다음과 같다.

1. **"자산유동화"**라 함은 다음 각목의 1에 해당하는 행위를 말한다.

   가. 유동화전문회사(資産流動化業務를 專業으로 하는 外國法人을 포함한다)가 자산보유자로부터 유동화자산을 양도받아 이를 기초로 유동화증권을 발행하고, 당해 유동화자산

금융증권은 법으로 통한다

의 관리 · 운용 · 처분에 의한 수익이나 차입금 등으로 유동
화증권의 원리금 또는 배당금을 지급하는 일련의 행위

나. 「자본시장과 금융투자업에 관한 법률」에 따른 신탁업자(이
하 "신탁업자"라 한다)가 자산보유자로부터 유동화자산을
신탁받아 이를 기초로 유동화증권을 발행하고, 당해 유동
화자산의 관리 · 운용 · 처분에 의한 수익이나 차입금등으로
유동화증권의 수익금을 지급하는 일련의 행위

다. 신탁업자가 유동화증권을 발행하여 신탁받은 금전으로 자
산보유자로부터 유동화자산을 양도받아 당해 유동화자산의
관리 · 운용 · 처분에 의한 수익이나 차입금 등으로 유동화
증권의 수익금을 지급하는 일련의 행위

라. 유동화전문회사 또는 신탁업자가 다른 유동화전문회사 또
는 신탁업자로부터 유동화자산 또는 이를 기초로 발행된 유
동화증권을 양도 또는 신탁받아 이를 기초로 하여 유동화증
권을 발행하고 당초에 양도 또는 신탁받은 유동화자산 또는
유동화증권의 관리 · 운용 · 처분에 의한 수익이나 차입금
등으로 자기가 발행한 유동화증권의 원리금 · 배당금 또는
수익금을 지급하는 일련의 행위

2. **"자산보유자"**라 함은 유동화자산을 보유하고 있는 다음 각목의

1에 해당하는 자를 말한다.

3. **"유동화자산"**이라 함은 자산유동화의 대상이 되는 채권·부동산 기타의 재산권을 말한다.

4. **"유동화증권"**이라 함은 유동화자산을 기초로 하여 제3조의 규정에 의한 자산유동화계획에 따라 발행되는 출자증권·사채·수익증권 기타의 증권 또는 증서를 말한다.

5. "유동화전문회사"라 함은 제17조 및 제20조의 규정에 의하여 설립되어 자산유동화업무를 영위하는 회사를 말한다.

제7조(채권양도의 대항요건에 관한 특례)

① **자산유동화계획에 따른 채권의 양도·신탁 또는 반환은 양도인(委託者를 포함한다. 이하 같다) 또는 양수인(受託者를 포함한다. 이하 같다)이 채무자에게 통지하거나 채무자가 승낙하지 아니하면 채무자에게 대항하지 못한다.** 다만, 양도인 또는 양수인이 당해 채무자에게 다음 각호의 1에 해당하는 주소로 2회 이상 내용증명우편으로 채권양도(債權의 信託 또는 반환을 포함한다. 이하 이 條에서 같다)의 통지를 발송하였으나 소재불명 등으로 반송된 때에는 채무자의 주소지를 주된 보급지역으로 하는 2개 이상의 일간신문(全國을 보급지역으로 하는 日刊新聞이 1개 이상 포함되어야 한다)에 채권양도사실을 공고함으로써 그 공고일에 채무자에 대한 채권양도의 통지를 한 것으로 본다.

1. 당해 저당권의 등기부 또는 등록부에 기재되어 있는 채무자의

주소(登記簿 또는 登錄簿에 기재되어 있는 住所가 債務者의 최후 住所가 아닌 경우 讓渡人 또는 讓受人이 債務者의 최후 住所를 알고 있는 때에는 그 최후 住所를 말한다)

2. 당해 저당권의 등기부 또는 등록부에 채무자의 주소가 기재되어 있지 아니하거나 등기부 또는 등록부가 없는 경우로서 양도인 또는 양수인이 채무자의 최후 주소를 알고 있는 때에는 그 최후 주소

② 자산유동화계획에 따라 행하는 채권의 양도·신탁 또는 반환에 관하여 제6조제1항의 규정에 의한 등록을 한 때에는 당해 유동화자산인 채권의 채무자(流動化資産에 대한 返還請求權의 讓渡인 경우 그 流動化資産을 占有하고 있는 第3者를 포함한다. 이하 같다)외의 제3자에 대하여는 당해 채권의 양도에 관하여 제6조제1항의 규정에 의한 등록이 있은 때에 민법 제450조제2항의 규정에 의한 대항요건을 갖춘 것으로 본다.

제10조(자산관리의 위탁)
① 유동화전문회사등(신탁업자를 제외한다)은 자산관리위탁계약에 의하여 다음 각호의 1에 해당하는 자(이하 "資産管理者"라 한다)에게 유동화자산의 관리를 위탁하여야 한다.

1. 자산보유자

2. 「신용정보의 이용 및 보호에 관한 법률」 제4조제1항제1호부터
   제3호까지의 업무를 허가받은 신용정보회사

3. 기타 자산관리업무를 전문적으로 수행하는 자로서 대통령령이
   정하는 요건을 갖춘 자

제11조(유동화자산의 관리)

① 자산관리자는 제10조제1항의 규정에 의하여 관리를 위탁받은 유
동화자산(流動化資産을 관리 · 運用 및 처분함에 따라 취득한 金錢
등의 財産權을 포함한다. 이하 第40條第1號에서 같다)을 그의 고
유재산과 구분하여 관리하여야 한다.

② 자산관리자는 유동화자산의 관리에 관한 장부를 별도로 작성 · 비
치하여야 한다.

제12조(자산관리자의 파산 등)

① 자산관리자가 파산하는 경우 제10조제1항의 규정에 의하여 위탁관
리하는 유동화자산(流動化資産을 관리 · 運用 및 처분함에 따라 취
득한 金錢등의 財産權을 포함한다. 이하 이 條에서 같다)은 자산관
리자의 파산재단을 구성하지 아니하며, 유동화전문회사등은 그 자
산관리자 또는 파산관재인에 대하여 유동화자산의 인도를 청구할
수 있다.

② 제1항의 규정은 「채무자 회생 및 파산에 관한 법률」에 의한 회생절
차가 개시된 경우에 관하여 이를 준용한다.

③ 자산관리자가 제10조제1항의 규정에 의하여 위탁관리하는 유동화

자산은 자산관리자의 채권자가 이를 강제집행할 수 없으며, 「채무
자 회생 및 파산에 관한 법률」에 의한 보전처분 또는 중지명령의
대상이 되지 아니한다.

제13조(양도의 방식)

유동화자산의 양도는 자산유동화계획에 따라 다음 각호의 방식에 의
하여야 한다. 이 경우 이를 담보권의 설정으로 보지 아니한다.

1. 매매 또는 교환에 의할 것.
2. 유동화자산에 대한 수익권 및 처분권은 양수인이 가질 것. 이
   경우 양수인이 당해 자산을 처분하는 때에 양도인이 이를 우선
   적으로 매수할 수 있는 권리를 가지는 경우에도 수익권 및 처
   분권은 양수인이 가진 것으로 본다.
3. 양도인은 유동화자산에 대한 반환청구권을 가지지 아니하고,
   양수인은 유동화자산에 대한 대가의 반환청구권을 가지지 아니
   할 것.
4. 양수인이 양도된 자산에 관한 위험을 인수할 것. 다만, 당해 유
   동화자산에 대하여 양도인이 일정 기간 그 위험을 부담하거나
   하자담보책임(債權의 讓渡人이 債務者의 資力을 擔保한 경우
   에는 이를 포함한다)을 지는 경우에는 그러하지 아니하다.

제17조(회사의 형태)

① **유동화전문회사는 유한회사로 한다.**

② 유동화전문회사에 관하여는 이 법에 달리 정함이 있는 경우를 제

외하고는 상법 제3편제5장의 규정을 적용한다.

제27조(상법등의 적용)

자산유동화계획에 따른 유동화증권의 발행에 관하여는 이 법에 달리
정함이 있는 경우를 제외하고는 상법 ·「자본시장과 금융투자업에 관
한 법률」기타 관계법령에 따른다.

16장

금융을 구조화시킬 수 있을까?

- 구조화금융(SF)

부동산 금융 열 올리는 증권가 …… 우발채무 확대 우려도

IB 호조로 최고 실적 거뒀지만 하반기 전망 불투명

부동산 경기 하강에 따른 관련 상품 부실 우려↑

30조 육박한 우발 채무가 대표적

한때 업계에서는 부동산 PF나 자산유동화증권(ABS) 등 기존 금융상품을 새롭게 구조화하는 "구조화금융" 열풍이 불었다. 하지만 증권사들이 수익성 높은 분야에 집중하면서 곧 구조화금융의 대부분을 부동산금융이 차지하게 된다. 여기서 가장 부각된 사업이 바로 주택사업 관련 프로젝트 파이낸싱(PF) 지급보증 사업이다.

2018. 8. 22. 뉴스핌

1. 구조화금융이란 무엇인가?

구조화는 단순한 현상을 단계화, 체계화, 고도화시키는 것을 의미하므로, 구조화금융이란 특정 목적 달성을 위해 기존의 단순 구조로 되어 있는 금융 현상(자금의 조달과 운용)을 특수한 방법(유동화, 증권화, 파생상품결합, 특수목적기구)을 사용하여 단계화, 체계화시켜서 고도화된 구조로 전환시키는 것을 말합니다.

따라서 유동화증권(Asset Backed Securities)(ABS)이나 파생결합증권(주가연계증권 등)을 형성시키는 것도 구조화금융의 한 예입니다. 이와 같은 구조화금융은 기존의 전통적인 금융 방법으로는 새로운 금융 수요를 충족시킬 수 없을 뿐만 아니라 리스크 관리도 제대로 이루어지지 않기 때문에, 이를 극복하기 위한 수단으로 고안된 금융 방법의 하나입니다. 구조화금융은 그 필요에 따라 다양한 방법으로 이루어질 수 있는데, 특히 부동산 개발사업에서 많이 활용되고 있습니다.

금융증권은 법으로 통한다

2. 부동산 개발사업의 구조화금융은 어떻게 이루어지나?

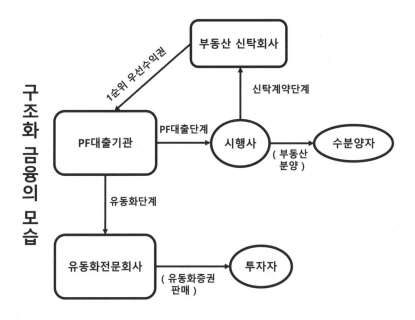

구조화 금융의 모습

부동산 개발사업은 거액의 자금이 소요되고, 자금 투입 후 회수기간이 장기간 소요되며, 자금의 온전한 회수와 사업의 성공 여부가 최종적인 분양의 성공 여부에 달려 있는 특징을 가지고 있습니다.

따라서 부동산 개발사업은 전통적인 금융기법만으로는 충분치 않기 때문에 금융의 구조화가 절실히 필요한 영역이고, 실제 실무에서 이 분야의 구조화금융이 가장 활발하게 이용되고 있기도 합니다.

부동산 개발사업의 구조화금융은 1단계 자금조달 단계에서 새로운 금융기법인 프로젝트 파이낸싱(PF)이 활용되고, 2단계 자금회수 단계에서 자산유동화(증권화)가 활용됩니다. 그리고 대출기관의 대출리스크를 해결하기 위해 신탁법상의 신탁이 이용됩니다.

(1단계 프로젝트 파이낸싱(PF)기법과 2단계 자산유동화 기법에 대해서는 앞의 제14장과 제15장에서 상세하게 설명하였습니다. 다만, 여기서는 담보신탁에 대해서만 조금 더 부연설명 합니다.)

부동산 개발사업에서는 개발사업 자체의 분양수입금이 PF 대출금을 충분히 회수할 수 있느냐의 자금흐름을 기준으로 PF금융 기법이 이용됩니다. 하지만 대출기간 중에 시행사가 부도날 경우 이런 자금의 흐름에 문제가 발생할 수 있으므로(부동산이 경매되면 기분양 계약도 취소되고 새로운 분양도 불가능하여 분양대금 입금이 당초 예상과 달라짐), PF대출 금융기관은 담보를 취득하기 위해 시행사로 하여금 개발 중인 토지와 신축건물을 부동산 신탁회사에 신탁하도록 요구합니다(담보신탁).

신탁법에 의한 부동산 신탁이 이루어지면, 신탁재산의 소유권은 수탁자(신탁회사)에게로 이전되게 되어 있으므로(신탁법상의 이전), 설사 시행사가 부도가 나더라도 시행사에 대한 일반 채권자들은 이미 수탁자(신탁회사)로 이전된 신탁 부동산에 대하여는 강제집행 할 수가 없습니다(신탁의 강제집행 절연효과). 따라서 시행사 부도에도 불구하고 부동산이 신탁회사에 안전하게 보호되어 있으므로, PF 대출 금융기관은 채권회수에 아무런 문제가 없게 됩니다.

또한 시행사와 신탁회사 간에 담보신탁계약 체결 시에 PF 대출금융기관은 신탁된 부동산에 대하여 최우선 순위의 수익권자로서의 지위를 보장받는 내용으로 신탁계약이 체결되므로, 설사 시행사가 대출금을 연체하거나 부도가 나더라도 담보신탁계약상의 최우선 수익권에 의해서 신탁된 부동산을 처분하여 안전하게 채권을 회수할 수가 있습니다.

(보통 담보신탁 계약 시에 분양수입금은 PF대출금, 차순위 대출금, 시공비, 신탁수수료, 시행사 사업비 등의 순위로 상환되는 것으로 약정하여, PF 대출금이 최우선적으로 상환되도록 구조화되어 있습니다.)

그렇지만 최종적으로 건물의 분양 자체가 미진해지고 미분양이 발생한다면, 시행사가 분양을 통해 얻게 되는 수입금 자체가 절대적으로 감소하게 되어 결국 PF 대출금융기관의 채권을 전액 회수할 수 없는 문제가 발생하게 됩니다.

즉 위와 같은 구조화금융의 최종적인 성패는 개발된 부동산이 부동산 시장에서 얼마나 잘 분양되느냐에 달려 있습니다. 미분양이 발생하여 분양대금의 입금이 예상과 다르게 부족할 경우에, 그 위험은 최초의 대출기관이 아니라 유동화증권을 매입한 투자자에게로 돌아갑니다. 즉, 분양에 실패할 경우 최종 투자자는 투자원금을 회수하지 못하는 위험을 안고 있습니다. 결국 구조화금융은 구조화를 통해 대출리스크(신용위험)를 최초의 대출기관에서 최종적인 투자자에게로 전가시키는 일련의 과정인 셈입니다.

3. 맺음말

위의 부동산 개발 사례에서 본 바와 같이 금융의 구조화(특히, 부동산 금융의 구조화)는 특정 목적을 달성하기 위해 자금의 조달과 운용이라는 단순한 전통적인 금융기법 대신에, PF금융, 자산유동화, 담보신탁, 파생상품결합 등의 여러 가지 금융기법을 동원하여 자금의 조달과 운용의 구조를 단계화, 체계화, 고도화시키고 금융 Risk도 적절히 관리하는 것을 말합니다.

특히 부동산 개발사업의 경우 구조화금융 없이 단순한 전통적인 대출실행과 담보 취득만으로는 거액과 장기가 소요되는 개발사업의 진행이 원활하게 이루어지기가 매우 어렵습니다. 구조화금융을 통해서 자금의 조달과 회수가 원만하게 이루어지고, 대출 위험도 최초의 대출자에서 자발적인 위험 감수자인 투자자에게로 적절하게 이전되며, 이를 통해 개발사업이 성공적으로 종료될 수 있게 됩니다.

📖 판례

A. 구조화된 금융상품의 판매와 금융기관의 손해배상책임

대법원 2011. 7. 28. 선고 2010다101752 판결[손해배상(기)]

이 사건 제1호 펀드는 설정일을 2005. 11. 11.로, 만기를 2011. 11. 22.로 하는 장외파생상품 투자신탁인데, 그 신탁자산의 대부분을 이 사건 제1호 장외파생상품에 투자하기 때문에 그 수익구조는 이 사건 제1호 장외파생상품의 수익구조와 연계되어 있다. **이 사건 제1호 장외파생상품은 112종목의 해외 특정 주식의 가격을 기초자산으로 한 롱숏 주식디폴트스왑(long/short Equity Default Swaps 또는 long/short EDS) 포트폴리오와 담보채권을 주요자산으로 하여 손실부담 순위에 따라 발행된 합성부채담보부증권(Synthetic Collateralized Debt Obligation)인데,** 이 사건 제1호 장외파생상품의 분기별 확정수익금과 만기상환금은 그대로 이 사건 제1호 펀드의 분기별 확정수익금과 만기상환금에 반영된다. 그 결과 이 사건 제1호 펀드의 투자원금 중 만기에 상환되는 금액은 투자원금의 0%에서 100% 사이에서 결정되고, 상환금액이 얼마인지를 결정하는 것은 2008. 11. 19.부터 만기까지 약 3년간 매주 목요일에 기초자산이 되는 112개 종목의 주가를 관찰함으로써 산출되는 "펀드이벤트 수"인데, 이는 위 기간 동안의 위험포트폴리오이벤트 개수의 합에서 위 기간 동안의 보험포트폴리오이벤트 개수의 합을 공제하여 산출된다. 위험포트폴리오이벤트는 기초자산이 되는 112개 종목의 주식 중 위험포트폴리오에 편입된 56개 종목의 주식에 이벤트가 발생하는 것, 즉 기준주가(2005. 11. 18.로부터 3영업일의 종가 평균)의 35% 미만으로 주식가격이 하락하는 것을 말한다. 또한 보험포트폴리오이벤트는 위 112개 종목의 주식 중 보험포트폴리오에 편입된 56개 종목의 주식에 이벤트가 발생하는 것, 즉 기준주가의 35% 미만으로 주식가격이 하락하는 것을 말한다. 그런데 위험포트폴리오와 보험포트폴리오에 속한 1종목 당 최대 이벤트의 개수는 10회로 제한된다. 만기에 펀드이벤트 수가 58 미만일 경우에는 투자원금 전액이 회수되나, 91 이상이면 투자원금 전액을 상실하며, 58 이상 91 미만이면 "회수금액 = 원금 × [1 − (펀드이벤트 수 − 57.4) / 33.6]"의 산식에 따라 투자원금의 일부가 회수된다. 한편 이 사건 제1호 펀드는 만기에 회수되는 원금이 얼마인지에 관계없이 설정일로부터 만기일까지 매분기마다 최초투자신탁 설정일의 5년 만기 국고채금리에 연 1.2%를 더한 연 6.70%의 확정수익금을 수익자에게 지급하는데, 이 확정수익금은 이 사건 장외파생상품의 위험포트폴리오에서 발생하는 주식디폴트스왑 프리미엄과 보험포트폴리오에서 지출되는 주식디폴트스왑 프리미엄의 차익 및 담보채권의 이자를 재원으로 한다.

이 사건 각 장외파생상품에 대하여는 그 발행 당시 신용평가회사인 무디스(Moody's)로부터 A3의 투자적격 신용등급을 받았는데, **이 사건 각 장외파생상품과 같은 구조화된 채권(채권)의 신용평가는 발행회사의 원리금 지급능력을 평가하는 것이 아니라 채권의 수익구조, 발행 참여기관의 신용도, 주가변동의 시나리오에 따른 현금흐름을 종합하**

여 원리금 지급 가능성을 통계적 기법으로 평가한 것으로 그 등급평가 방법이 일반 채권(채권)과는 다르다. 이 사건 각 장외파생상품이 무디스로부터 A3의 신용등급을 받았다는 점에 대하여는 이 사건 각 투자 설명서에는 특별한 언급이 없다. 피고 우리운용이 작성하여 피고 우리은행, 경남은행 등 판매회사에게 배포한 이 사건 각 광고지나 Q&A 자료, 상품요약서, 상품제안서에는 이 사건 각 펀드가 원금손실의 가능성이 있다는 점이 기재되어 있기는 하지만 그 글자체가 작거나 상대적으로 강조가 되지 아니하여 쉽게 알아보기 어렵다. 한편 위 자료에는 이 사건 각 펀드가 매분기별로 지급하는 확정수익금의 이율이 시중고금리 상품인 시중은행 후순위채, 국민주택채권, 시중은행 특판예금과 비교하여 높고, 이 사건 각 장외파생상품이 무디스로부터 A3 등급을 받아 이 사건 각 펀드의 원금손실가능성이 대한민국 국채의 부도 확률과 유사한 수준의 안정성을 갖추고 있고 시중은행채보다 신용등급이 더 높아 안정성이 훨씬 좋으며 은행예금보다 원금보존의 가능성이 더 높다는 취지의 문구와 표현이 강조되어 있다.

이 사건 각 펀드의 주된 투자대상인 이 사건 각 장외파생상품은 매우 생소한 금융기법인 주식디폴트스왑(EDS)에 근거하여 발행된 구조화된 채권으로서 투자원금의 손실가능성의 결정요인이 일반 채권이나 은행예금과는 다르고, 주식디폴트스왑 프리미엄을 주요 재원으로 한 분기별 확정수익금도 통상의 금리와는 그 성격이 다르다는 점을 투자자들이 제대로 알기 어려웠으므로, 피고들로서는 이 사건 각 장외파생상품 투자의 수익과 위험을 정확하게 이해한 뒤, 투자자들이 합리적인 투자판단을 할 수 있도록 균형을 갖춘 올바른 정보를 제공하고 그 내용을 투자자들이 이해할 수 있도록 설명함으로써 투자자들을 보호할 의무가 있다.

이와 같이 피고들은 원고들에 대한 보호의무를 위반한 위법행위를 저질렀고, 이에 따라 원고들이 이 사건 각 펀드의 위험성을 정확하게 인식하지 못한 채 이 사건 각 펀드에 가입하게 되었으므로, 피고들은 피고들의 공동의 위법행위에 따라 원고들이 이 사건 각 펀드에 가입함으로써 입은 손해를 배상할 의무가 있다.

해설

Y1: 펀드운용회사(피고1), Y2: 펀드상품 판매회사(금융기관)(피고2), X: 투자자(원고)

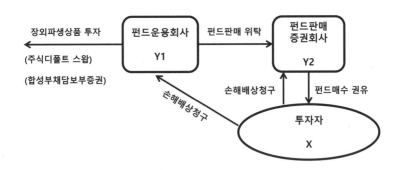

금융증권은 법으로 통한다

Y1회사(피고1)는 장외 파생상품에 투자하는 신탁형 펀드를 설정하여 운용하는 자산운용회사이고, Y2회사(피고2)는 펀드상품의 판매회사이며, X는 Y2회사(피고2)를 통해 펀드상품을 매수한 투자자입니다. Y1회사(피고1)가 설정한 펀드에 편입된 장외파생상품의 구조는 주식디폴트스왑(Equity Default Swap)과 합성부채담보부증권(Synthetic Collateralized Debt Obligation)으로 구성되어 있는데, 전자는 주식가격의 하락위험을 이벤트(event)로 하여 수익구조가 결정되며, 후자는 주식이 아닌 담보채권이 유동화된 것으로서, 이 상품은 일반 투자자가 이해하기에는 매우 어려운 구조로 되어 있었습니다.

이 장외 파생상품은 무디스(Moody's) 신용평가사로부터 A3 투자적격 신용등급을 받았는데, Y1회사(피고1)가 상품판매촉진을 위해 Y2회사(피고2)에게 배포한 상품안내자료에는 펀드의 원금손실 가능성에 대한 기재가 있기는 하나 매우 작은 글자로 되어 있어서 잘 알아보기 어려웠고, 이 사건 펀드가 무디스로부터 A3 등급을 받아 대한민국 국채의 부도 확률과 유사한 수준의 안전성을 갖추어 은행예금보다 원금보존 가능성이 더 높다는 취지의 문구가 기재되어 있었습니다. Y2 판매회사(피고2)의 직원들은 이 펀드상품의 구조에 대한 교육도 제대로 받지 못하여 이 상품의 특징이나 위험성에 대해 제대로 이해하지 못하였는데, X(원고)들에게 이 상품을 판매할 때 고정금리로 확정수익금을 일정 기간 동안 안정적으로 받을 수 있는 파생상품으로서 안전하다는 점만 강조하였습니다. 이에 X(원고)는 이 펀드상품을 매수하였으나 결국 투자손실을 보았고, Y1, Y2(피고들)을 상대로 공동불법행위를 원인으로 한 손해배상소송을 제기했습니다.

대법원은 장외 파생상품의 구조화된 수익구조의 특수성과 그 위험성에 대한 피고들의 고지의무 불이행으로 인해 투자자 보호의무를 위반한 것이라고 판시하여 X(원고)가 승소하였습니다.

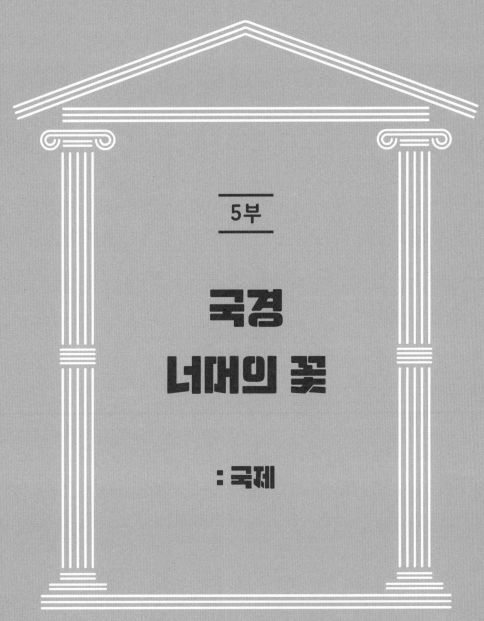

5부

국경 너대의 꽃

: 국제

FINANCE & SECURITY LAW

17장

국제채권의 종류에는
무엇이 있을까?

- 김치본드(Kimchi Bond) 등

신한금융투자, 인니 기업 2500만달러 김치본드 발행 주관

신한금융투자는 현지에서 **인도네시아 기업의 김치본드(국내에서 발행되는 외화표시채권) 발행을 주관하는 데 성공했다.** 17일 금융투자업계에 따르면 신한금융투자는 지난 14일 2500만 달러(약 280억원) 규모의 3년 만기 변동금리부 사채 발행을 대표 주관했다. 발행회사는 1972년에 설립돼 인쇄용지, 포장용지 등을 제조하는 TKIM이다. TKIM은 전세계 제지업체 중 최대 규모의 생산능력을 보유한 APP그룹의 계열사이자, 인도네시아 수도 자카르타 증권거래소에 상장된 기업이다. 신한금융투자 관계자는 "국내 증권사가 인도네시아 기업의 김치본드 발행을 주관한 것은 이번이 처음이다"며 "지난 5월 베트남 기업 회사채 발행에 이어 의미 있는 글로벌 IB 성과"라고 말했다.

2018. 9. 17. 뉴시스

1. 국제채권은 어떤 기준으로 분류되나?

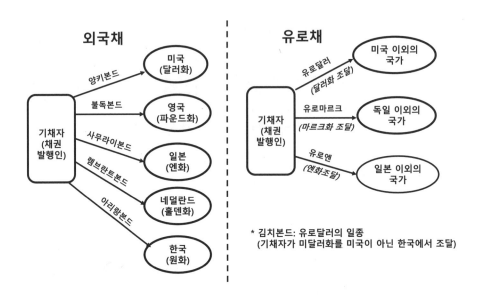

외국채

양키본드 → 미국 (달러화)

불독본드 → 영국 (파운드화)

기채자 (채권 발행인)

사무라이본드 → 일본 (엔화)

렘브란트본드 → 네덜란드 (홀덴화)

아리랑본드 → 한국 (원화)

유로채

유로달러 (달러화 조달) → 미국 이외의 국가

유로마르크 (마르크화 조달) → 독일 이외의 국가

기채자 (채권 발행인)

유로엔 (엔화조달) → 일본 이외의 국가

* 김치본드: 유로달러의 일종
(기채자가 미달러화를 미국이 아닌 한국에서 조달)

　　기업의 타인자본에 해당하는 채권(Bond)은 발행지역과 통화표시를 기준으로 크게 국내채(Domestic Bond)와 국제채(International Bond)로 구분됩니다.

　　국내채는 내국인 기채자(채권 발행자)(채무자)가 국내 자본시장에서 자국통화표시로 발행하는 채권을 의미하며 가장 흔한 형태입니다.

　　국제채는 기채자가 자국이 아닌 해외의 자본시장에서 해외의 현지 발행지의 통화표시로 발행하거나, 또는 발행지 이외의 통화로 발행하는 채권을 말합니다. 이 중에서 전자를 외국채(Foreign Bond), 후자를 유로채(Euro Bond)라고 합니다.

　　외국채는 채권이 발행되는 지역이 어느 국가이냐를 기준으로, 양키본드(Yankee Bond: 미국), 불독본드(Bulldog Bond: 영국), 사무라이본드(Samurai Bond: 일본), 렘브란트본드(Rembrandt Bond: 네덜란드), 아리랑본드(Arirang Bond: 대한민국) 등이 있습니다.

유로채는 채권의 표시통화를 기준으로, 유로달러(Euro Dollar), 유로마르크(Euro Mark), 유로스털링(Euro Sterling), 유로엔(Euro Yen) 등이 있습니다. 이 중에서 유로달러는 미국 달러가 세계통화제도의 기축통화가 된 이래, 미국에서 유럽으로 미국 달러가 과잉 공급되자 기채자(채권 발행자)들이 미국 달러를 미국이 아닌 유럽 금융시장에서 조달하는 경우를 가리키는 말로 사용되었습니다. 이후에는 위와 같이 독일의 마르크화, 영국의 스털링화, 일본의 엔화 등에 대하여 해당 국가(표시 통화국)가 아닌 지역에서 자금을 조달하는 경우에도 유로라는 용어가 사용되었습니다.

2. 김치본드는 무엇인가?

이른바 "김치본드"는 해외의 기채자(채권 발행자)가 우리나라에서 우리나라의 현지 통화인 "원화"가 아니라 "외화" 표시로 채권을 발행하는 것을 말합니다(해외 기채자가 우리나라에서 우리나라 통화인 원화표시로 채권을 발행하는 것은 아리랑 본드라고 말합니다). 이 채권은 기채자(채권 발행자)가 자국 이외의 지역에서 발행지 통화가 아닌 국가의 통화표시로 채권을 발행하는 것이므로 유로채(Euro Bond)의 일종입니다. 우리나라에서는 2006년에 미국계 투자은행인 Bear

Stearns 그룹의 지주회사인 "The Bear Stearns Companies Inc."가 국내에서 약 3억 달러의 달러표시 "김치본드"를 발행한 것이 최초 사례이며, 이후에는 국내기업의 해외법인도 우리나라에서 외화자금 조달금리가 낮아지자 김치본드를 발행하여 우리나라에서 외화를 조달하기도 하였습니다.

우리나라에서는 1995년도 이후에 ADB(Asian Development Bank)와 같은 국제금융기관들에 의해 외국채인 아리랑본드가 발행된 적은 있으나, 김치본드와 같이 유로채가 발행되기는 위 Bear Stearns 사례가 처음이었습니다(이후 Bear Stearns는 2008년 글로벌 금융위기 때 파산되었습니다). 우리나라에서 IMF 위기 이후 달러자금 확보 노력을 꾸준히 해 온 결과 오히려 우리 외환보유고가 달러 과잉공급 현상이 되어, 외환시장에서 달러환율이 연일 하락하면서 원화 강세로 인한 수출단가의 상승이라는 부작용이 발생하게 되었습니다. 이런 상황에서 우리나라에서 외화표시채권인 김치본드 채권의 발행은 우리나라의 달러 과잉공급 상태를 해소하기 위한 적절한 수단이 되기도 합니다.

우리나라에서 김치본드를 성공적으로 발행하기 위해서는 우리나라 금융시장에 달러표시채권을 충분히 소화할 수 있는 외화표시채권 인수시장 및 유통시장의 발달이 전제되어야 합니다. 뿐만 아니라 김치본드는 외국인이 발행하는 외국채무증권으로 자본시장법상의 금융투자상품에 해당하기 때문에 자본시장법이 정하는 제반 절차를 준수

금융증권은 법으로 통한다

해야 합니다. 특히 자본시장법 제3편에 규정된 증권신고절차에 따라 증권신고서를 작성·제출하고 금융감독원의 신고·수리를 받아야 합니다. 한편, 김치본드는 국내 금융시장뿐만 아니라 해외의 투자가들에게도 판매될 수 있습니다. 이와 같이 김치본드가 순조롭게 발행되기 위해서는 채권 발행 이후 채권유통시장에서 채권이 자유롭게 거래되어 채권 투자자들의 자금회수가 원활하게 이루어질 것이 전제됩니다.

채권의 원활한 유통을 위해서는 채권이 증권거래소에 상장되어 불특정 다수 투자자의 투자대상이 될 수 있어야 합니다. 이에 한국증권선물거래소는 자본시장법의 상장규정의 위임을 받아, "유가증권시장 상장에 관한 규정" 제95조(외국채무증권의 신규상장심사요건) 제3호에서 외국채무증권의 신규상장을 위해서는 등록채권이어야 한다고 규정하고 있습니다. 채권의 등록은 채권발행비용의 절감과 절차간소화를 위해 채권증서의 실물발행 없이 등록기관의 채권등록원부에 채권의 내용만을 등록하는 간편한 제도입니다.

그런데 현재 공사채 등록법 제2조 제4호는 등록가능한 공사채에 대하여 "외국법인이 발행한 채권으로서 금융위원회가 지정한 것"이라고 규정하고 있어서, 김치본드가 등록채권으로서 거래소에 상장되기 위해서는 금융위원회의 지정이 필요합니다. 자본시장법의 하위규정인 "증권의 발행 및 공시에 대한 규정" 제7-2조(등록대상채권의 지정)에서 "공사채등록법 제2조제4호에서 '금융위원회가 지정하는 것'이라 함은 외국법인 등이 국내에서 발행하는 원화표시채권 및 외화표시채권을 말한다"라고 규정하여, 김치본드와 같은 외화표시채권도 등록·발행할 수 있게 되어 증권선물거래소에의 상장이 가능하게 되었습니다.

3. 맺음말

현재 김치본드가 우리나라 유통시장에서 순조롭게 거래되기 위한 제도적 장치는 이미 마련된 상태입니다. 우리나라의 금융국제화를 위해 우리 채권시장에서 김치본드와 같은 유로채 시장이 활성화되는 것은 바람직한 현상입니다.

법령

• 한국거래소 유가증권시장 상장규정

제95조(신규상장 심사요건)
외국채무증권을 신규상장하려면 다음 각호의 요건을 모두 충족해야
한다.

1. 최근 사업연도 말 현재 신규상장신청인의 자기자본(연결재무제
   표상 자본총계에서 비지배지분을 제외한 금액으로 한다)이 100
   억원 이상이고, 자본잠식이 없을 것. 다만, 보증사채권, 담보부
   사채권, 자산유동화채권, 국제금융기구 · 외국정부가 발행한 채
   무증권을 신규상장하려는 경우에는 이 호를 적용하지 않는다.
2. 신규상장신청인이 다음 각 목의 어느 하나에 해당할 것. 다만,
   보증사채권, 담보부사채권, 자산유동화채권, 국제금융기구 ·
   외국정부가 발행한 채무증권을 신규상장하려는 경우에는 이 호
   를 적용하지 않는다.
   가. 해외증권시장에 외국주권이 상장되어 있는 법인일 것
   나. 유가증권시장 또는 코스닥시장에 외국주권등이 상장되어
       있는 법인일 것
   다. 모집 · 매출의 방법으로 증권을 발행한 법인일 것

3. **해당 외국채무증권이 등록채권일 것**

4. 해당 외국채무증권이 신용평가회사로부터 투자적격 등급(BBB 이상)을 받았을 것

5. 해당 외국채무증권이 제88조제2호의 공모 요건과 같은 조 제3 호의 액면총액 요건을 충족할 것

• 공사채등록법

제2조(정의)

이 법에서 "공사채"란 다음 각호의 유가증권을 말한다.

1. 지방자치단체가 발행한 채권

2. 특별법에 따라 법인이 발행한 채권

3. 사채권(社債券)

4. **외국정부, 외국의 공공단체 또는 외국법인이 발행한 채권으로 서 금융위원회가 지정한 것**

5. 양도성예금증서

• 증권의 발행 및 공시 등에 관한 규정)[금융위원회고시 제2018-7호, 2018.2.21., 일부개정]

제7-2조(등록대상채권의 지정)

「공사채등록법」제2조제4호에서 "금융위원회가 지정하는 것"이란 **외 국법인등이 국내에서 발행하는 원화표시채권 및 외화표시채권을 말 한다.**

18장

주식예탁증서에 투자하면
주식보다 편할까?

- 주식예탁증서(DR)

카카오, 글로벌주식예탁증서 발행으로 10억달러 투자 유치

카카오가 글로벌주식예탁증서(GDR) 발행을 통한 투자 유치에 성공했다

카카오는 10억달러(약 1조원) 규모의 해외투자 유치에 성공했다고 18일 밝혔다. 앞서 카카오는 지난해 12월 15일 **글로벌주식예탁증서(GDR)를 발행해 싱가포르 증권거래소에 상장하는 방법**으로 해외에서 10억달러 투자를 유치하겠다고 밝혔다. 카카오가 이번에 발행하는 글로벌주식예탁증서는 2월 초 싱가포르 증권거래소에 상장된다. 발행 가격은 주당 12만 9004원(미화 121.04달러)이고 총 826만 1731주가 발행된다.

2018. 1. 18. 비즈니스포스트

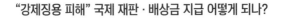

1. 주식예탁증서(Depositary Receipt)(DR)란 무엇인가?

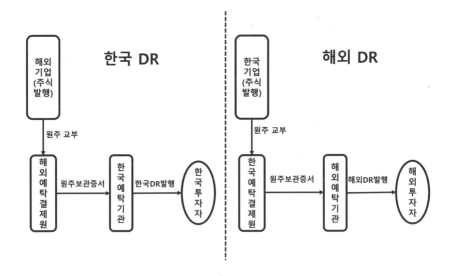

고객이 은행에 예금을 하면 은행이 그 예금에 대한 증거로 고객에게 예금증서(통장)를 발행해 주듯이, 주식 원본을 예탁받은 예탁기관이 주식예탁에 대한 증거로 발행하는 증서가 주식예탁증서입니다. 다만, 주식예탁증서의 발행절차는 아래에서 보는 바와 같이 예금과는 조금 다르게 이루어집니다. 주식 투자자가 기업이 발행한 주식에 투자하기 위해서는 자금시장과 증권시장에서 주식 매수대금을 납부하고 주식 실물을 인도받으면 됩니다. 그런데 한국의 투자자가 해외 기업이 해외에서 발행한 주식에 투자하거나(한국 DR), 해외의 투자자가 한국 기업이 한국에서 발행한 주식에 투자하는 것(해외 DR)과 같은 역외 거래의 경우에는 주식 매매대금 납부는 국제간의 은행계좌 이체를 통해서 간단히 해결될 수 있지만, 주식의 실물 인도와 주식 결제는 국제간의 거리 관계상 그리 간단히 해결되는 문제가 아닙니다.

이와 같은 국제간의 주식 실물 인도와 주식 결제의 문제를 해결하기 위해 주식예탁증서가 고안되었습니다. 주식예탁증서는 어느 국가(A국)에 소재하는 기업이 해당 국가에서 주식을 발행할 때 해당 국가가 아닌 다른 국가(B국)의 투자자들도 쉽게 투자할 수 있도록 하기 위해, A국 기업이 발행하는 주식("원주"라고 함)(Underlying Share)을 기초로 하여 B국에 소재하는 예탁기관(B국)이 투자자(B국)에게 발행하는 일종의 주식대체증서입니다.

서울행정법원은 주식예탁증서에 대하여 아래와 같이 정의하고 있습니다(2007.5.17. 선고 2006구합37301 판결).

"기업이 해외에서 주식을 발행하여 자금을 조달하고자 할 때, 국내에서와 마찬가지로 주권을 발행하게 되면 국가 간 거래관습, 법제, 언어의 차이 등으로 불편이 따르므로, 이를 제거하고 유통성을 높여 자금조달을 원활하게 할 목적으로 주권에 대체하여 발행하는 별도의 증서를 주식예탁증서라 하는데, 주식예탁증서는 '원주청구권'을 표창하는 유가증권인 점에서 직접 상법상의 권리인 '주식'을 표창하는 유가증권인 주권과 성질상 구별된다."

즉, 주식예탁증서는 원주 자체는 아니고, 원주의 발행이나 교부를 청구할 수 있는 권리(원주 발행 · 교부청구권)입니다. 자본시장법은 국내 예탁기관인 한국예탁결제원이 한국 투자자를 위해 발행하는 예탁증서(한국 DR)나 해외 예탁기관이 해외투자자를 위해 발행하는 예탁증서(해외 DR) 모두 "증권예탁증권"으로 분류하여 금융투자상품에 포함시키고 있습니다(자본시장법 제4조 제8항).

2. DR의 발행절차는 어떤가?

(1) 한국 DR의 경우

한국 DR은 해외 주식에 투자하는 한국의 투자자를 위해 한국의 예탁기관(한국예탁결제원)이 한국의 투자자에게 발행하는 주식예탁증서입니다. 그 과정을 보면, 해외에 소재하는 기업이 해외에서 주식을 발행한 후, 그 주식 실물(원주)을 해외의 보관기관(Custodian)에

금융증권은 법으로 통한다

보관합니다(주식보관은 한국의 예탁기관 명의로 보관합니다). 그 기업은 한국에 있는 투자자를 위해 한국에 있는 예탁기관(한국예탁결제원)과 예탁계약을 체결합니다. 예탁계약은 한국의 예탁기관이 해외의 주식발행기업을 대신하여 한국 내에서 한국 DR의 발행, 해지, 관리 등의 업무를 처리해 주는 것을 내용으로 하고 있습니다.

이제 한국의 예탁기관은 원주가 해외 보관기관에 한국예탁기관 명의로 안전하게 보관되어 있으므로, 해외의 주식발행 기업과의 예탁계약에 따라 한국에서 한국 투자자를 위해 주식예탁증서(DR)을 발행하여 한국 투자자에게 교부하고, 한국투자자는 그 대금을 납부합니다.

한국 DR도 증권의 일종이므로 다른 국내증권과 마찬가지로 한국에서 상장이 되어 유통시장(한국증권선물거래소)에서 거래가 되며, 이를 위해 당연히 거래증권사의 "투자자(고객)계좌", 한국예탁결제원의 "예탁계좌" 방식에 의한 예탁대체결제가 이루어집니다.

(2) 해외 DR의 경우

해외 DR은 한국 기업이 한국에서 발행하는 주식에 투자하는 해외의 투자자를 위해, 해외의 예탁기관이 해외의 투자자에게 발행하는 주식예탁증서입니다. 해외 DR의 발행절차도 한국 DR과 동일한 구조이며, 단지 주식발행기업이 한국 기업이고 투자자가 해외에 있다는 점만 다릅니다. 물론, 예탁계약은 해외의 투자자를 위해 해외 예탁기관이 한국의 주식발행기업과 체결합니다. 현재 해외 예탁기관으로는 Bank of New York Mellon, Citibank N.A., Deutsche Bank Trust Company, JP Morgan Chase Bank 등이 있습니다.

한국 기업이 발행한 원주는 한국에 소재하는 한국의 보관기관(한국예탁결제원이 보관함)에 보관되어 있기 때문에(해외 예탁기관 명의로 보관함), 해외 예탁기관은 한국에 있는 원주를 기초로 하여 해외투자자들에게 대금을 받고 주식예탁증서(DR)를 발행하여 교부합니다. 즉, 해외투자자들은 한국의 원주가 아니라, 해외에서 해외 예탁기관이 발행한 DR을 보유합니다.

또한 한국 DR이 한국의 유통시장에서 한국의 증권대체결제방식에 의해 거래가 이루어지듯이, 해외 DR도 해당 국가의 증권결제방식에 의해 거래가 이루어집니다.

3. DR의 종류에는 무엇이 있나?

발행시장을 기준으로, 미국에서 발행된 DR은 ADR(미국예탁증권 · American DR), 특정국가가 아닌 여러 나라의 증권시장에서 동시에 발행되는 DR은 GDR(글로벌예탁증권 · Global DR)이라고 합니다. 한국에서 발행되는 경우 KDR(한국예탁증권 · Korean DR), 일본에서 발행되는 경우 JDR(일본예탁증권 · Japanese DR)이라고 합니다. 신주발행인지의 여부를 기준으로, 기업이 유상증자를 통해 신주를 발행할 때는 신주 DR이라 하고, 기발행 주식에 대하여 발행기업의 동의하에 DR을 발행하는 때에는 유통 DR이라고 합니다.

금융증권은 법으로 통한다

4. DR 보유자는 어떤 권리가 있나?

(1) 원주로의 전환

앞에서 본 바와 같이 DR은 원주 자체는 아니고, 원주를 발행 및 교부할 것을 청구할 수 있는 권리(원주 발행·교부청구권)입니다. 따라서 DR의 보유자는 자신이 원할 경우 언제든지 예탁기관과의 DR 계약을 해지하고 원주로의 전환을 요청하여 자신의 대리인을 통해 원주를 보유하고 유통시킬 수 있습니다. 그러나 실제로 원주로 전환을 요청하는 경우는 원주의 가격이 DR 가격보다 높게 형성되어 그 가격 차이로 인한 재정거래(Arbitrage Transaction) 차익을 획득하고자 하는 때를 제외하고는 거의 일어나지 않습니다(역으로 원주를 보유하고 있는 투자자가 DR로 거래하고자 하는 경우, 주식발행기업의 동의를 받아 원주를 예탁기관 명의로 보관기관에 보관하고, 예탁기관으로부터 DR을 교부받을 수 있습니다).

(2) 권리행사

DR은 원주 자체는 아니고, 원주를 발행 및 교부할 것을 청구할 권리(원주 발행·교부청구권)에 불과하기 때문에, 원주에게 인정되는 공익권(주주대표소송, 주주제안권, 주총소집요구권)은 DR 자체로는 행사하지 못하며, 이를 행사하기 위해서는 원주로 전환하여 투자자가 아닌 주주의 자격에서 직접 행사하여야 합니다. 그러나 공익권이 아닌 자익권(배당청구권, 신주인수권)이나 의결권은 DR 보유자가 예탁기관을 통하여 발행기업을 상대로 간접적으로 권리를 행사할 수 있습니다(물론 한국 기업이 발행한 주식이 아니라 해외 기업이 발행한 주식에 투자하는 한국 DR의 경우, 해외 기업이 소재하는 해당 국가의 상법 규정에 따라 행사할 권리의 종류가 정해질 것임).

5. DR을 이용하면 어떤 장점이 있나?

DR 투자자는 해외 기업이 발행한 주식에 대한 투자의 증거로서 실물주식(원주) 대신에 DR 투자자가 소재하는 예탁기관이 발행한 주식예탁증서(DR)를 보유하게 됩니다. 따라서 DR 투자는 투자자 입장에서도 해외 기업이 발행한 원주가 아니라 자국에 소재하는 예탁기관이 발행한 자국통화표시의 DR에 투자하는 것이므로, 해외 통화가 아니라 자국의 통화로 투자할 수 있고 배당금도 자국의 통화로 지급되기 때문에 환전이 불필요하다는 장점이 있습니다.

또한 DR과 관련된 원주를 발행하는 주식발행기업 입장에서도 해외투자자를 위한 DR 발행을 통하여 자국 증권시장뿐만 아니라 해외에서도 DR 투자자를 모집하여 국제적으로 지명도가 올라갈 수가 있고 자금조달 비용도 낮출 수 있는 장점이 있습니다.

6. 맺음말

DR은 국가 간의 주식투자를 원활하게 하는 목적으로 고안된 투자

방법입니다. 원주 자체에 대한 투자 시에 발생하는 주식 실물 인도와 자금결제상의 문제를 효율적으로 해결해 주는 DR투자는 자본시장의 국제화에 밑바탕이 됩니다.

판례

A. DR 발행 시 해외 예탁기관에 대한 주총소집 통지와 회사의 면책

대법원 2009. 4. 23. 선고 2005다22701,22718 판결[합병철회·주주총회결의취소]〈국민은행·한국주택은행 합병 사건〉

구 증권거래법 제174조의8 제2항은 "예탁원에 예탁된 주권의 주식에 관한 실질주주명부에의 기재는 주주명부에의 기재와 동일한 효력을 가진다"고 규정하고 있으므로, 회사는 실질주주명부의 면책적 효력에 의하여 예탁원 이외에 실질주주에게 주주총회의 소집통지 등을 하면 이로써 면책된다고 할 것인바, **해외예탁기관이 국내 법인의 신규 발행주식 또는 당해 주식발행인이 소유하고 있는 자기주식을 원주로 하여 이를 국내에 보관하고 그 원주를 대신하여 해외에서 발행하는 주식예탁증서(Depositary Receipts, DR)의 경우 해외예탁기관이 발행회사의 실질주주명부에 실질주주로 기재되므로, 발행회사로서는 실질주주명부에 실질주주로 기재된 해외예탁기관에게 주주총회 소집통지 등을 하면 이로써 면책되고, 나아가 주식예탁증서의 실제 소유자의 인적 사항과 주소를 알아내어 그 실제 소유자에게까지 이를 통지할 의무는 없다고 할 것이다.**

원심판결 이유에 의하면, 원심은 그 채용증거를 종합하여, 이 사건 주식예탁증서에 관하여는 발행 당시부터 발행회사인 합병 전 국민은행과 해외예탁기관인 뉴욕은행, 그리고 이 사건 주식예탁증서의 실소유자들 사이에 이 사건 주식예탁증서를 제외하고 다른 주주들이 보유하고 있는 주식 중 의결권이 행사되는 주식수의 찬성 및 반대 비율에 따라 뉴욕은행이 주식예탁증서의 의결권을 행사하도록 하는 이른바 그림자 투표(shadow voting) 약정이 체결되었던 사실, 뉴욕은행은 이 사건 주주총회 이전인 2001. 9. 21. 자신의 상임대리인인 예탁원에 이 사건 주식예탁증서를 제외한 합병 전 국민은행의 주식 중 주주총회에 참석하여 의결권이 행사되는 주식수의 찬성 및 반대 비율에 따라 의결권을 행사할 것을 지시하였고, 예탁원은 그 지시에 따라 의결권을 행사한 사실을 인정한 다음, 해외예탁기관인 뉴욕은행이 이 사건 주식예탁증서의 실소유자들 사이에 체결된 약정에 따라 예탁원에게 의결권의 행사를 지시하고 예탁원이 그 지시에 따라 위와 같이 의결권을 행사한 것을 가리켜 무효로 볼 수는 없다는 취지로 판단하였다.

기록에 비추어 살펴보면, 위와 같은 원심의 판단은 정당한 것으로 수긍할 수 있고, 거기에 상고이유에서 주장하는 바와 같은 주식예탁증서의 법적 지위와 주식예탁증서에 관한 의결권 행사절차에 관한 법리오해 등의 위법이 없다.

📑 해설

A: 합병은행(국민은행), B: 피합병은행(주택은행), Y: 합병 후 신설은행(피고), C: 해외예탁기관(뉴욕은행), D: 해외 DR 소유자, X: A은행 주주 겸 노동조합(원고)

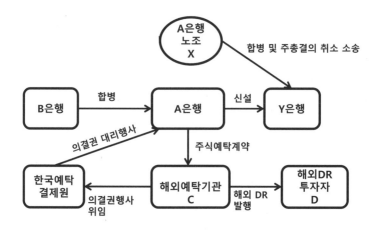

　A은행은 B은행을 합병하여 Y은행을 설립하기로 하여, 합병을 위한 임시주주총회를 개최하여 합병계약을 승인하였습니다. 그런데 이 당시 A은행은 자신이 발행한 원주식을 기초로 해외예탁기관 C(뉴욕은행)가 발행한 해외 주식예탁증서(해외 DR)를 소유한 해외의 실질주주(D)들에게는 주주총회 소집통지를 하지 않았는데, 해외 실질주주들의 의결권은 해외예탁기관(C)이 한국의 예탁원에 위임하여 예탁원이 대리행사 하였고 그것도 쉐도우 보우팅(Shadow Voting)에 의해 나머지 주주들의 찬반 비율에 맞추어 의결권을 행사하는 방식으로 이루어졌습니다. 이에 이 합병에 반대한 A은행의 노동조합(원고)이 해외 DR과 관련하여 해외의 실질주주에게 주주총회 소집통보를 하지 않은 상태에서 예탁원이 의결권을 대리행사 한 것은 무효라고 주장하며 합병 후 Y은행(피고)을 상대로 합병철회 및 주총결의 취소소송을 제기했습니다.

　대법원은 해외 DR의 경우 주식발행회사인 A은행의 실질주주명부

　　　　　　　　　　　　　金融증권은 법으로 통한다

에 주주로 기재되는 자는 해외 DR의 실제 소유자(D)가 아니라 해외 예탁기관(뉴욕은행)(C)이므로, A은행이 C해외예탁기관에게 주총소집 통지를 하기만 하면 적법하게 면책되며, A(주식발행회사), C(해외예탁기관), D(DR소유자) 간에 Shadow Voting 방식에 의한 의결권 행사를 약정한 것도 유효하다고 판시하여 X(원고)가 패소하였습니다.

B. 주식예탁증서 해외발행 시 양도소득세의 과세대상

대법원 2013. 6. 28. 선고 2011두18557 판결[양도소득세부과처분취소]

• 판결 요지

내국법인으로서 비상장법인인 갑 주식회사의 주주들인 을 등이 갑 회사의 미국 나스닥(NASDAQ) 상장 시의 구주 매출에 참여하기 위하여 자신들의 주식 매도를 갑 회사에 위임하고, **갑 회사는 위 주식을 증권예탁결제원에 인도하여 해외 예탁기관인 외국법인 병 은행 명의 계좌에 예탁하고 병 은행은 위 주식을 원주(원주)로 하여 주식예탁증서를 발행하여 해외 인수단에 인도하였는데,** 을 등이 매매대금을 지급받은 후 국내 자산인 주식을 해외 예탁기관에 양도하였음을 전제로 양도소득세를 신고·납부하자 과세관청이 을 등이 주식을 기초로 발행된 국외자산인 주식예탁증서를 해외 인수단에 양도한 것으로 보아 양도소득세 부과처분을 한 사안에서, 구 증권거래법(2007. 3. 29. 법률 제8315호로 개정되기 전의 것, 이하 "증권거래법"이라 한다)의 관련 규정 등에 비추어 알 수 있는 다음과 같은 사정, 즉 ① 위 주식이 해외 예탁기관인 병 은행 명의로 증권예탁결제원에 예탁된 이후에는 병 은행이 예탁자로서 위 주식에 대한 공유지분을 가지는 것으로 추정되는 점(증권거래법 제174조의4 제1항), ② 이에 따라 병 은행은 언제든지 증권예탁결제원에 그가 가지는 공유지분에 해당하는 위 주식의 반환을 청구할 수 있으나(제174조의4 제2항), 을 등은 그 반환을 청구할 수 없는 점, ③ 병 은행이 해외 인수단으로부터 위 주식예탁증서의 인수대금을 수령한 다음 증권예탁결제원에 예탁된 위 주식을 기초로 주식예탁증서를 발행하여 해외 인수단에 교부함으로써 해외 인수단이 주식예탁증서를 최초로 취득하였다고 보이는 점, ④ **위 주식예탁증서는 그 발행의 기초가 된 위 주식과 구별되는 별도의 유가증권에 해당하는데, 을 등이 해외 예탁기관을 통하여 주식예탁증서를 발행하거나 해외 예탁기관으로부터 주식예탁증서를 취득하여 이를 해외 인수단에 양도하였다고 볼 만한 자료도 없는 점** 등에 비추어 보면, 을 등은 위 주식예탁증서가 아니라 그 발행의 기초가 된 위 주식을 병 은행에 양도한 것으로 보아야 한다는 이유로 위 처분이 위법하다고 한 사례.

📖 해설

A: 국내 비상장회사(미국 나스닥시장 공개예정회사), X: A의 주주(원고), B: 해외예탁기관(시티은행), C: 해외 투자자(해외 예탁증서 인수자), Y: 세무서장(피고)

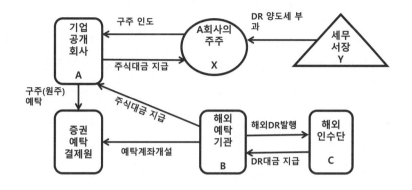

A회사는 미국 나스닥시장에 해외 DR(주식예탁증서)을 상장하는 방법으로 기업공개를 하기로 하였습니다. 이 과정에서 A회사의 구주 소유자인 X(원고)는 보유주식의 매각에 관한 업무를 A회사에게 위임하였습니다. 이후 X(원고)가 보유한 주식은 A회사에 의해 한국의 증권예탁결제원에 미국 예탁기관인 B(시티은행) 명의로 예탁되어 보관되었고, 증권예탁결제원은 미국의 예탁기관(B)에게 주식 보관사실을 통지하였습니다. 그러자 B예탁기관은 X(원고)를 포함한 주주들이 보유한 주식을 원주로 하여 미국에서 해외주식예탁증서, 즉 ADR(American Depositary Receipt) 증서를 발행하여 해외 인수단(C)에게 인도하였습니다. 이후 X(원고)는 A회사로부터 주식매매대금을 지급받았고, 그에 따라 보유주식을 해외예탁기관(B에)게 양도한 것으로 보고 10%의 양도소득세를 Y세무서장(피고)에게 신고·납부하였습니다. 이에 Y세무서장(피고)은 X(원고)가 주식이 아니라 미국 ADR을 해외의 ADR인수단(C)에게 양도한 것으로 보고 20%의 양도소득세를 X(원고)에게 부과하자, X(원고)가 이에 불복하여 과세처분

취소의 행정소송을 제기하였습니다.

대법원은 X(원고)가 보유한 주식이 A회사를 통해 한국의 증권예탁결제원에 해외 예탁기관 (B)명의의 계좌로 예탁됨으로써 B예탁기관이 그 주식에 대한 공유지분권자로 추정되므로 이 시점에서 X(원고)가 사실상 해외예탁기관(B)에게 주식을 양도한 것으로 보아야 하고, 해외 예탁증서인 ADR은 B예탁기관이 해외투자자인 C에게 발행하는 시점에서 최초로 취득자가 발생하므로 X(원고)에 의한 ADR 양도는 불가능하다는 점에 착안하여, X(원고)는 주식(원주)을 해외 예탁기관(B)에게 양도한 것이지 해외예탁증서(ADR)를 양도한 것은 아니라고 판시하여 X(원고)가 승소하였습니다.

 법령

• 자본시장과 금융투자업에 관한 법률(약칭: 자본시장법)

제4조(증권)

① 이 법에서 "증권"이란 내국인 또는 외국인이 발행한 금융투자상품으로서 투자자가 취득과 동시에 지급한 금전등 외에 어떠한 명목으로든지 추가로 지급의무(투자자가 기초자산에 대한 매매를 성립시킬 수 있는 권리를 행사하게 됨으로써 부담하게 되는 지급의무를 제외한다)를 부담하지 아니하는 것을 말한다(단서조항은 기재 생략)

② 제1항의 증권은 다음 각호와 같이 구분한다.

　1. 채무증권

　2. 지분증권

　3. 수익증권

　4. 투자계약증권

　5. 파생결합증권

　6. 증권예탁증권

⑧ 이 법에서 "증권예탁증권"이란 제2항제1호부터 제5호까지의 증권
을 예탁받은 자가 그 증권이 발행된 국가 외의 국가에서 발행한 것
으로서 그 예탁받은 증권에 관련된 권리가 표시된 것을 말한다.

19장

변동금리채권은
어느 경우에 이용될까?

- 국제변동금리채권(FRN)

"글로벌 원 신한 딜"의 상징 …… 글로벌 미디어컴

4000만弗 규모 채권 발행

신한금융투자는 국내 증권사 최초로 인도네시아 기업의 역외채권 발행 주관에 성공했다고 30일 밝혔다. 발행회사는 동남아 최대 미디어기업인 글로벌 미디어컴(Global Mediacom)이다. **발행채권은 4000만달러(약 460억원) 규모의 2년 만기 변동금리부사채(FRN)다.** 국내 IB(투자은행)가 홍콩 국제금융시장에서 인도네시아기업의 글로벌 채권 발행을 주관한 첫 사례다. 신한금융투자는 이 채권을 독일 프랑크푸르트 채권시장에 상장해 글로벌 유동성을 확보했다.

2018. 10. 30. 파이낸셜뉴스

1. 변동금리의 위험성은 무엇인가?

금융시장에서 시장금리가 너무 가파르게 상승하면 금융기관으로부터 변동금리 조건부로 대출을 받은 채무자들의 이자부담이 가중됩니다. 특히 은행의 주택담보대출 금리는 대부분 만기가 3개월짜리인 양도성예금증서(CD, Certificate of Deposit)나 국고채 금리에 연동하게 되어 있는데, 금융시장에서 이러한 기준금리가 계속 상승하면 고객에 대한 최종 대출금리도 덩달아 상승하여 부동산 담보대출의 신용 Risk가 커지고, 그에 따라 은행과 채무자 모두 금리위험에 노출됩니다.

이런 현상은 변동금리(Floating Rate) 자체에 내재되어 있는 본질적 위험으로, 변동금리부 대출을 선택한 채무자들이 당연히 부담하여야 할 몫이기도 합니다. 물론, 장래에 금리가 하락할 것이 예상된다면 채무자들의 금리부담은 반대로 그만큼 상쇄되고, 전체적으로 계산해 보면 Zero-Sum Game이 될 수도 있습니다.

2. 국제금융시장에서 변동금리채권(FRN)는 무엇인가?

국제 금융시장에서도 국내 금융시장과 마찬가지로 고정금리채권(Straight Bond)뿐만 아니라 변동금리채권(Floating Rate Note)(FRN)이 흔히 발행됩니다. 고정금리채권의 경우에는 Bond(채권)라는 이름이 붙어 있지만, 변동금리채권의 경우는 보통 단기금리를 기준으로 액면 이자율(Coupon Rate)이 정해지는 것 때문에 단기성 증권인 Note(어음)라는 이름이 붙어 있는데, 우리 금융 실무에서는 채권의 한 종류로 분류하고 있습니다.

FRN은 1970년대에 국제금융시장에서 단기금리의 변동성이 심해짐에 따라, 이러한 단기금리의 변동성을 그대로 금융상품에 반영하여 금리위험을 제거(hedge)할 목적으로 개발되었습니다. 즉, FRN을 매입하는 투자가의 입장에서는 장기 고정자금을 동원하지 않고 단기자금을 동원하여 변동금리 조건인 FRN에 투자하더라도, 어차피 FRN이 단기금리에 연동되어 있었기 때문에 금리변동 위험이 전혀 없이 일정한 마진을 안정적으로 획득할 수 있는 장점이 있었고, 이러한 장점으로 인하여 FRN이 국제금융시장에서 활성화될 수 있었습니다.

한편, FRN도 일종의 채권이기 때문에 증서 형태로 발행이 되며, 유통시장에서의 거래를 위해 자유로운 양도가 가능한 무기명 소지인 지급식 형태(Bearer Form)로 발행되는 경우가 대부분입니다. 그리고 채권의 액면에 기재된 표시통화는 미국 달러화가 일반적이며, 액면금액은 일정 금액단위로 나뉘어 유통시장에서의 거래가 잘 이루어지도록 되어 있습니다. 상환 방식도 만기일시상환(Bullet Repayment)이 보통이나, 경우에 따라서는 발행자(Issuer)가 일정 거치기간 후 FRN 만기 전에 자발적으로 상환할 수 있는 Call Option을 보유할 수도 있고, 반대로 투자자(Investor)가 만기 전에 FRN 발행인에 대하여 FRN을 매입할 수 있도록 요구할 수 있는 권리인 Put Option을 가질 수도 있습니다.

또한 FRN 발행자가 신용도가 매우 낮은 경우에는 FRN의 만기에 상환자금이 부족할 것이 예상되기 때문에, 사전 약정에 의하여 FRN 발행자가 일정 금액만큼을 FRN 만기 전에 공개시장에서 매입하도록 하거나, 정기적으로 일정 금액을 신탁은행에 감채기금(Sinking Fund) 형태로 예치하는 경우도 있습니다.

한편 FRN의 유통시장금리(유통수익률)가 너무 상승하여 FRN의 시장가격이 대폭 하락하는 경우가 있습니다. 이를 방지하고 FRN의 시세를 안정시키기 위하여, FRN의 시장가격이 일정 수준 이하로 하락할 경우 미리 약정된 비율만큼을 FRN 발행자가 매입해야 하는 경우가 있는데, 이를 매입기금(Purchase Fund)이라고 합니다. FRN은 유통시장에서 채권 형태로 거래되기 때문에 해외 증권거래소 상장규정에 의하여 사업설명서(Prospectus)가 작성되어야 하며, 투자자들은 이러한 사업설명서를 보고 FRN 발행자(Issuer)에 대한 정보를 획득하게 됩니다.

FRN 관련 계약서에는 FRN이 발행시장에서 최초에 발행될 때 FRN을 인수하는 것과 관련한 인수계약서(Subscription Agreement), FRN의 원리금 상환업무를 처리하는 재무대리인과 관련된 재무대리계약서(Fiscal Agency Agreement), 그리고 발행인(Issuer)의 채무불이행(default) 시 보증인이 그 지급을 담보하기 위하여 발행한 보증서(Deed of Guarantee)가 있습니다.

FRN을 발행하기 위해서는 제비용(Out-of-pocket expenses)으

로서 계약서 작성비, 변호사 비용, Prospectus 인쇄비, Note 인쇄비, Note 상장비용 등이 소요됩니다. 위와 같이 발행된 FRN이 정상적으로 상환이 완료되면 아무런 문제가 없으나, FRN 발행자(Issuer)가 default 상태에 빠지는 등 만일의 사태가 발생할 경우 관련 당사자들 간에 종종 분쟁이 발생하는 경우가 많습니다.

3. 우리나라 금융기관이 변동금리채권(FRN)을 편법적으로 이용한 사례는 어떤가?

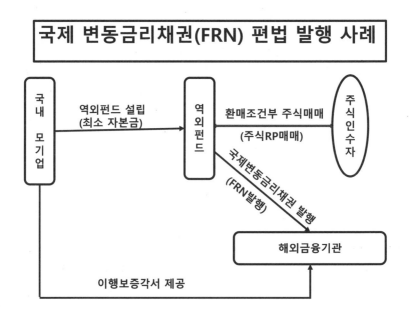

우리나라 금융기관이 국제금융시장에서 변동금리채권(FRN)을 편

법적으로 발행하여 이용하는 경우가 있습니다. 그 구조를 보면, 우리나라 금융기관이 해외에서 주식회사 형태로 역외펀드 설립을 계획합니다. 역외펀드를 설립하기 위해서는 외화에 의한 자본금의 납입이 필요한데, 일시적으로 자본금을 납입할 주식 인수자를 사전에 정하고, 역외펀드와 주식 인수자 간에 환매조건부(Re-purchase)(RP)로 주식 매매계약을 체결합니다. 주식 인수자는 주식 매매계약에 의해 주식 인수대금을 납입하여 역외펀드의 자본금이 구성됩니다. 이와 같은 주식 인수자에 의한 주식 인수대금 납입은 형식은 자본금 납입이나, 실질은 주식매매로 일종의 가장 납입입니다. 이렇게 역외펀드가 설립된 후 환매조건부 매매에서 정한 기한이 도래하면, 다시 역외펀드는 주식 인수자에게 주식 매매대금을 반환하여야 하는데, 그 반환자금을 조달하기 위해 역외펀드에서 변동금리채권(FRN)을 발행하게 됩니다.

하지만 역외펀드가 발행하는 FRN을 매입해 줄 해외 금융기관이 많지 않으므로, 역외펀드 설립을 주도한 국내금융기관(모회사)이 FRN을 매입하는 해외금융기관을 위해 이행각서를 제공하는 경우가 많습니다. 이 이행각서는 일종의 보증행위로 국내금융기관은 보증채무에 대하여 우발채무로서 회사 대차대조표각주 사항에 그 내용을 기재해야 합니다. 그럼에도 불구하고 이를 기재하지 않아 문제가 된 경우가 많습니다.

이와 같이 우리나라의 금융기관이 역외 금융시장에서 FRN을 이용해 편법적으로 역외펀드를 설립하여 운영하다가 그 임직원이 업무상 배임죄, 외부감사법 위반죄 등으로 형사처벌을 받기도 합니다.

4. 맺음말

　단기자금과 변동금리의 조합인 국제변동금리채권(FRN)은 매우 독특한 특징을 가지고 있습니다. 중도상환 option, 감채기금, 매입기금의 존재 등이 그 예입니다. 그런데 국제자금시장에서 국제변동금리채권을 편법적으로 이용하여 자금시장을 교란시키고 투자자에게 피해를 입히는 사례가 많으므로 주의가 요망됩니다.

판례

A. 변동금리부사채를 인수한 해외금융기관에 보증을 제공한 경우의 회계처리

대법원 2004. 10. 28. 선고 2002도3131 판결[특정경제범죄가중처벌등에관한법률위반(배임)·증권거래법위반 · 주식회사의외부감사에관한법률위반]
역외펀드 관련사항을 재무제표에 기재하지 않은 행위가 주식회사의외부감사에관한법률위반에 해당한다고 한 사례

피고인이 재무제표를 작성함에 있어 기준이 되는 당시의 기업회계기준 제2조에 의하면, 재무회계는 회계정보의 이용자가 기업 실체와 관련하여 합리적인 의사결정을 할 수 있도록 재무상의 자료를 일반적으로 인정된 회계원칙에 따라 처리하여 유용하고 적정한 정보를 제공하는 것을 목적으로 하고 있고, 또, 회계처리에 있어서는 형식이나 외관 또는 법적 형태보다 실질에 따르는 것이 원칙으로 되어 있다.

그런데 기록에 의하여 살펴보면, ㅇㅇ증권이 엑셀펀드와 프라임코리아펀드라는 역외펀드를 설립하면서 역외펀드가 발행한 주식을 해외금융기관에 환매조건부로 매매하고 그 대금으로 주식인수자금을 조달하는 방법으로 역외펀드를 설립 · 운영하는 것은 그 형식은 환매조건부매매이나 실질은 주식의 인수와 외화의 차입에 해당한다고 할 것

이고, ○○증권이 운영하는 역외펀드의 하나인 엑셀펀드에서 발행한 변동금리부 사채를 인수한 해외금융기관에 원심 판시와 같은 이행계약서를 작성, 교부한 것은 보증의 제공으로 우발채무에 해당한다고 할 것이므로 이러한 역외펀드 관련사항은 위 기업회계 기준에 따라 재무제표에 기재하여야 할 사항이라고 할 것이다.

따라서 ○○증권에서 설립·운영하는 위 역외펀드의 설립과정과 운영에 대하여 잘 알고 있는 피고인이 재무제표를 작성함에 있어 역외펀드 관련사항을 기재하지 않은 것은 위법이고 그것을 기재하지 않는 것이 정당하다고 믿을 만한 사유가 없는 이상, 허위의 재무제표 작성의 범의 또한 있었다고 할 것인데, 다른 증권회사들이 역외펀드 관련사항을 재무제표에 기재하지 않았다거나, 증권감독원이 이 사건 이후에야 역외펀드 관련 규정을 정비하였다는 등의 사정은 피고인이 역외펀드 관련사항을 재무제표에 기재하지 않는 것을 정당화하는 사유가 된다고 볼 수 없으며, 더구나 기록에 의하면, 피고인은 ○○증권 국제부에서 작성된 RP거래의 현황 및 향후 처리방안이라는 보고서를 보고 역외펀드 관련사항이 재무제표에 기재되어야 할 사항이라는 것을 알고 있었다고 보이므로 피고인에게 허위의 재무제표를 작성·공시한다는 범의가 없었다고 할 수 없다.

📑 해설

A: 국내 증권회사, Y: A증권사의 회계 담당 이사(피고인), B: 해외 금융기관

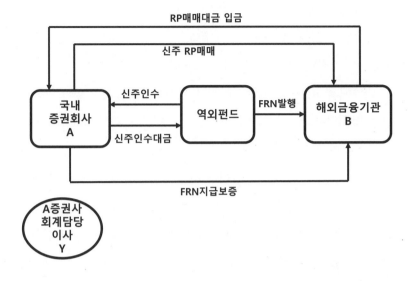

RP매매대금 입금

신주 RP매매

신주인수

국내
증권회사
A

신주인수대금

역외펀드

FRN발행

해외금융기관
B

FRN지급보증

A증권사
회계담당
이사
Y

    A증권회사는 해외에 엑셀펀드와 프라임코리아펀드라는 주식회사
형태의 역외펀드를 설립하고자 했으나 자금조달이 여의치 않았습니
다. 이에 A회사는 그 펀드설립에 필요한 자본금을 납입하기 위해 역
외펀드가 설립 시 발행하는 신주에 대해 해외금융기관(B)과 환매조건
부매매계약을 체결하였습니다. 이 계약에 의해, 역외펀드가 설립 시
에 발행하는 주식을 A증권회사가 인수하되 그 인수대금은 A증권회
사가 해당 신주를 일정 기간 동안 해외금융기관(B)에게 환매조건부
로 매도하고, A증권회사가 그 매매대금을 사용하여 역외펀드가 설립
시 발행하는 신주의 인수대금으로 납입하였습니다. 또한, 역외펀드는
변동금리부 사채를 발행하기도 하였는데, 이때 A증권회사는 이 사채
를 인수한 해외금융기관에게 사채의 원리금 지급을 약속하는 이행계
약서를 해외금융기관에게 교부하였습니다. A증권회사의 이사 Y(피고

인)는 회사의 재무제표 작성 시에 이러한 거래사실을 기재하지 않았는데, 검사가 Y(피고인)를 허위재무제표 작성으로 인한 외부감사법위반죄로 기소하였습니다.

대법원은 A증권회사가 환매조건부 매매방식으로 역외펀드를 설립한 것은 형식은 주식매매이나, 실질은 A증권회사가 해외금융기관(B)으로부터 자금을 차입하여 역외펀드의 주식을 인수하여 주주가 된 것에 불과하고, 더구나 변동금리부 사채의 지급에 대한 이행계약서를 교부한 것은 우발채무 부담행위라고 판시하고, 이러한 거래내용을 재무제표에 반영하여 작성하지 않은 Y(피고인)에 대해 외부감사법위반죄의 유죄를 인정하였습니다.

B. Paper Company가 변동금리채를 발행한 경우 실질적인 주채무자

대법원 2009. 3. 12. 선고 2006두7904 판결[법인세부과처분취소]

• 판결요지

[1] 역외펀드회사의 실질적인 운용·관리주체가 조세피난처에 설립한 서류상 회사(paper company)와 외국법인 간의 금전차입계약은 가장행위이고, 실질적인 운용·관리주체가 주채무자라고 한 사례.

[2] 법인이 당초부터 신탁재산으로서의 투자금을 조달하기 위하여 서류상 회사(paper company)의 명의로 상법과 구 외국환관리법상의 규정 및 절차와 무관하게 조세피난처인 말레이시아 법령에 따라 발행한 채권증서는 구 조세감면규제법(1998. 12. 28. 법률 제5584호 조세

특례제한법으로 전문 개정되기 전의 것) 제94조 제1항 제1호 및 구 조세특례제한법(2007. 12. 31. 법률 제8827호로 개정되기 전의 것) 제21조 제1항 제1호에 정한 "내국법인이 발행한 외화표시채권"에 해당하지 않는다.

[3] 과세처분의 근거 법령이 되는 구 법인세법(2006. 12. 30. 법률 제1841호로 개정되기 전의 것) 제93조 제1호 (가)목은 외국법인의 국내원천소득의 하나로 내국법인 등으로부터 지급받는 이자소득 등을 규정하고 있고, 제98조 제1항에서 이와 같은 국내원천인 이자소득에 대한 원천징수의무는 외국법인에게 소득의 금액을 지급하는 자가 그 지급하는 때에 부담하는 것으로 규정하고 있는 점, 소득의 발생원천에서 그 지급시점에 원천징수를 함으로써 과세편의와 세수확보를 기한다는 원천징수제도의 본질 및 기타 국내원천소득에 대한 원천징수 관련 규정의 내용이나 체계 등을 종합하면, "외국법인에게 지급되는 국내원천인 이자소득에 대하여 원천징수의무를 부담하는 같은 법 제98조 제1항에서의 소득금액을 지급하는 자"라 함은 계약 등에 의하여 자신의 채무이행으로서 이자소득의 금액을 실제 지급하는 자를 의미한다고 봄이 타당하다.

[4] 내국법인이 채권증서의 소지인에게 주채무자와 독립하여 원리금 상환의 보증책임을 부담하는 보증서를 발급하고, 채무의 이행으로서 그 소지인에게 이자를 실제 지급한 경우, 내국법인은 구 법인세법(2006. 12. 30. 법률 제1841호로 개정되기 전의 것) 제98조 제1항에서 정한 "국내원천소득인 이자소득에 대한 원천징수의무자"에 해당한다고 한 사례

🖹 해설

X: 국내 투자신탁회사(원고), A: 역외펀드회사(말레이시아 소재)(Paper Company), B: 외국 금융기관(홍콩 소재), C: 국내 시중은행(피고 보조참가인), Y: 세무서장(피고)

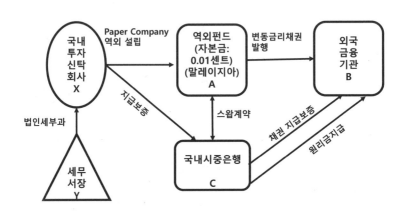

국내 투자신탁회사인 X(원고)는 역외에 형식상의 Paper Company 를 설립하여 이를 통해 차입한 외화 자금으로 X(원고)가 운용하는 외국인 전용 수익증권의 펀드에 가입시켜 외국인 투자가들의 자금을 유치했다는 홍보효과를 얻고, 또한 이 펀드 운용으로 수익을 얻을 목적으로 1997년경 말레이시아에 펀드 형태로 자본금 US 0.01달러(1센트)의 역외 Paper Company(역외펀드회사)(A)를 설립하였습니다.

설립된 역외펀드회사(A)는 미화 5,000만달러의 3년 만기 변동금리부 외화채권을 발행하였고, 이 외화채권은 홍콩에 소재하는 외국금융기관(B)이 인수하였습니다. 역외펀드회사(A)는 이렇게 조달된 자

금융증권은 법으로 통한다

금으로 X(원고)가 운용하는 외국인 전용 수익증권을 매입하였습니다. 이러한 외화 차입거래와 관련해서 역외펀드회사(A)는 차입 시점에 5,000만달러의 달러 매도와 이에 상응하는 원화 매수, 만기 시점에 5,000만달러의 달러 매수와 이에 상응하는 원화 매도로 이루어진 스왑계약을 국내 금융기관(C)과 체결하였습니다(단, 차입기간 중의 달러 이자 지급과 만기 시점의 A회사의 달러 매수거래는 A 회사가 아니라 변동금리채권의 소지자에게 이행되는 것으로 계약됨).

국내 금융기관(C)은 역외펀드회사(A)가 발행하는 위 변동금리부채권증서의 소지인(외국금융기관 B가 채권소지인이 됨)을 위해 그 원리금상환의무를 보증하였고, X(원고)는 역외펀드회사(A)가 부담하는 변동금리부채권증서 및 스왑거래상의 모든 채무를 추가 주식출자 등의 방법으로 지급·보증한다는 확약서를 국내 금융기관(C)에게 제공하였습니다. 결국 위와 같이 체결된 계약 내용대로 모든 거래의 이행이 완료되었는데, 차입기간 동안 국내 금융기관(C)이 변동금리부채권 소지자(B)에게 이자를 지급하였습니다.

이에 Y세무서장(피고)은 X(원고)가 말레이시아에 설립한 역외펀드회사(A)는 형식상의 Paper Company이므로 그 실체를 부인하고 위와 같은 구조로 이루어진 모든 거래는 실제로는 X(원고)가 홍콩의 외국 금융기관(B)으로부터 외국 자본을 차입한 거래 행위로 보아, 국내금융기관(C)이 홍콩의 외국 금융기관(B)에게 지급한 이자에 대해서는 실질적인 차입자인 X(원고)가 원천징수의무가 있는데도 이를 징수하지 않았다는 이유로 미징수된 금액에 대하여 X(원고)에 대해 법인세를 부과하였습니다. 이에 대해 X(원고)가 불복하여 법인세 부과처분 취소의 행정소송을 제기하였습니다(이 소송에서 원고 X가 원천징수의무자가 아니라는 판결이 나오면 국내 금융기관C가 원천징수의무자가 될 가능성이 높아지므로, C는 피고 Y세무서장의 승소를 위해 피고 측 보조참가인이 됨).

대법원은 역외펀드회사(A)는 조세피난처에 설립된 형식의 Paper Company로서 역외펀드회사(A)와 홍콩소재 외국금융기관(B)간의 외화차입거래는 가장행위에 불과하고, 실제 주채무자는 실질적인 운용관리 주체인 X(원고)이기는 하지만, 국내금융기관(C)가 실질적인 주채무자인 X(원고)와 독립하여 홍콩 소재 외국 금융기관(B)에게 변동금리부채권의 원리금상환에 대한 보증책임을 부담하는 별도의 보증서를 발급하고 그 보증서에 따른 채무의 이행의 일환으로 외국금융기관(B)에게 이자를 지급하여 왔다면, 원천징수의무자는 이자를 지급하는 국내 금융기관(C)에게 있다고 판시하여, X(원고)가 승소하였습니다.

6부

특이한
변종의 꽃들

: 파생상품

FINANCE &
SECURITY LAW

20장

'계약은 지금, 이행은 나중에'
하면 어떻게 될까?

- 선물(Future)

코스피 연일 연저점 추락에도 외인은 선물 매수

코스피가 연일 연중 최저치를 경신하고 있는 가운데 **외국인은 선물 매수세에 나섰다.** 증권가에선 외국인의 선물 매수가 시장의 급격한 반등에 기대를 둔 이유 있는 배팅인지 여부에 주목하고 있다. 최근 증시 조정장에서 외국인의 선물 매수세가 재개됐다는 점은 긍정적인 요소라는 분석도 나온다. 외인 3거래일간 선물 1조 순매수. 증권가에선 최근 국내 증시의 투자심리가 대폭 악화된 가운데 외국인의 선물 매수가 재개됐다는 점이 긍정적이라는 분석도 나온다.

2018. 10. 25. 한국금융신문

1. 현물거래(Spot Transaction)란 무엇인가?

계약은 쌍방 간에 서로 반대 방향의 의사표시가 합치하여 성립되며, 낙성계약과 요물계약 2가지 종류가 있습니다.

낙성계약은 계약 내용에 대한 당사자 간의 의사표시의 합치만으로 계약이 성립됩니다(합의만으로 성립). 즉, 대금 지급과 물건 인도(매매 시)와 같은 계약 내용의 이행 여부는 계약 내용에서 정해진 이행기에 이루어져야 할 문제이지 계약의 성립 자체와는 무관합니다.

요물계약은 계약 성립을 위해 계약 시점에 쌍방 합의 이외에도 현상 내용이나 보증금과 같은 일정한 이행사항도 동시에 수반되어야 하는 계약을 말합니다. 이에는 현상광고 계약이나 임대차보증금 계약이 있으며, 이처럼 특별한 경우를 빼고 대부분의 거래는 낙성계약입니다.

일상에서 흔히 보는 현물거래(Spot Transaction)는 계약이 체결됨과 동시에 계약의 이행도 이루어지는 것을 말합니다. 매매계약으로 예를 들어 봅시다. 매도인과 매수인이 물건을 사고파는 매매계약을 체결함과 동시에 그 계약의 이행으로서 매대 대금의 지급과 물건의 인도가 모두 그 시점에 완료되면 현물거래입니다. 현실매매라고도 합니다. 슈퍼에서 물건을 사고파는 거래처럼 일상용품 거래는 대부분 현물거래입니다.

현물거래(현실매매)의 성질에 대하여는 학자들의 논란이 있지만, 이론적으로는(관념적으로는) 매매하기로 하는 채권계약이 먼저 성립하고, 그 이행은 시차를 두고(물론 계약 성립과 이행 시점의 시차가 거의 없긴 하지만) 나중에 이루어지는 것이라고 보는 견해가 많습니다(채권계약설). 즉, 현물거래도 일단은 쌍방 간의 의사표시의 합치만으로 계약이 성립되는 낙성계약입니다.

증권시장에서 보통 현물주식을 매매하는 경우에 매매계약 후 3일째에 대금결제 및 주식인도가 이루어집니다(3일 결제방식). 그런데 매매계약이 먼저 성립하고 3일이라는 시차를 두고 계약이행이 이루어지기는 하지만 이러한 3일의 시차는 결제와 인도 방법의 기술적인 문제 때문에 발생하는 것이지, 매매 당사자가 계약이행 시점을 장래로 정하고자 하는 것이 아니기 때문에 현물거래(현실거래)의 한 유형에 속합니다.

2. 선도거래(Forward)와 선물거래(Futures)란 무엇인가?

선도거래(Forward)는 현물거래와 달리 당사자 간에 계약은 지금 체결(성립)하고 그 이행은 장래시점으로 하는 거래를 말합니다. 매매의 예를 들면, 물건을 사고파는 매매계약은 현재 이루어지는데, 매매대금의 지급과 물건의 인도라는 계약 이행은 현시점이 아니라 미래의 장래 시점에 이루어지는 것을 말합니다. 간단히 말하면, "계약은 지금, 이행은 장래"인 것입니다.

그렇기 때문에 선도거래도 앞에서 설명한 낙성계약의 일종입니다. 당사자 간에 의사표시만으로 계약이 성립하고, 그 이행은 장래에 이루어지는 문제이기 때문입니다. 선물거래(Futures)도 낙성계약의 일종으로서 '계약은 지금, 이행은 장래'라는 본질적인 속성은 선도거래와 동일하지만 단지 조직화되고 정형화된 거래소와 거래상품이 존재한다는 점만 다릅니다. 선물거래는 현물거래의 내용 중에서 그 이행기만을 미래 시점(장래)으로 하는 거래이기 때문에 현물거래에서 파생(derived)된 거래이며, 따라서 파생상품거래(Derivatives Transaction)의 일종입니다.

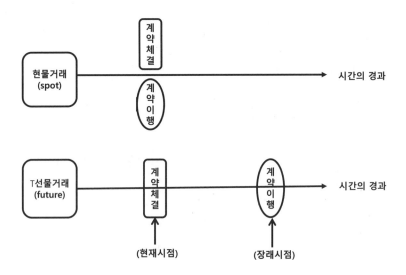

부동산 매매와의 비교

부동산 매매를 보면, 거래 금액이 크고 매매대금의 준비나 이사 등 복잡한 문제가 있어서 매매계약을 체결하는 시점과 매매대금의 지급이나 부동산 인도를 이행하는 시점이 서로 다른 경우가 대부분입니다. 이것도 계약 시점과 이행 시점이 서로 다르므로 선도거래(선물거래 포함)의 일종이라고 할 수 있습니다.

그러나 부동산 매매는 거래 금액과 실물 인도의 어려움 때문에 본질적으로 계약 시점과 이행 시점이 서로 다를 수밖에 없는 거래인 데 반하여, 금융상품에서의 통상적인 선물거래는 계약 시점과 이행 시점이 굳이 분리되지 않아도 되지만 특정 목적을 위해 이행 시점을 미래로 한다는 점에서 차이가 있습니다(또한, 부동산 매매는 장래의 최종 이행기 이전에 계약금과 중도금이 지급되는 경우가 통상이라는 점에서도 선도거래와 차이가 있음).

3. 선물거래(Futures)는 왜 하나?

부동산과 같이 특수한 경우를 빼고는 일상거래는 대부분 현물거래(현실거래)로 이루어지는데, '계약은 지금, 이행은 장래'라는 선물거래(낙성계약)를 굳이 왜 하는 걸까?

(1) Hedge(위험제거) 기능

A가 현재 시점에서 현물상품이 필요하여 현물거래를 하여 현물상품을 보유하게 되는 경우(예를 들어 100원에 매수하여 보유함), 장래

에 그 현물의 가격이 하락하면(예를 들어 80원으로 하락) 현물 보유자는 장래에는 손해를 보게 될 것입니다(100원-80원=20원 손해).

만약 현물보유자 A가 그 현물상품의 가격이 장래에 하락할 것이라는 예상이 들면, 현재 시점에서 미리 그 현물상품을 장래의 일정 가격(예를 들어 90원)으로 팔아 버리는 선물계약을 미리 체결해 놓으면 좋을 것입니다(여기서 장래가격을 정할 때 A와는 달리 장래에 가격이 상승할 거라고 반대로 예상하는 상대방이 있어야 그러한 선물거래가 성립할 수 있을 것임).

즉, A는 현재 시점에서 매도계약을 체결하는데, 그 매도계약의 이행시기는 가격이 하락할 것으로 예상되는 장래 시점으로 정하는 것입니다. 장래에 상품을 인도하고 장래에 대금을 받는 장래 이행을 하기로 하는 계약, 즉 선물매도 계약을 해 놓는 것입니다(A는 장래 이행기 이전까지는 매수상품을 이용할 수 있음).

실제로 장래시점에 상품가격이 80원으로 하락한다고 가정합시다. A는 100원에 사서 보유 중인 상품을 80원에 팔 경우에는 20원의 손해가 날 수 있었지만, 이미 90원에 팔기로 하는 선물매도 계약을 해 놓았기 때문에, 장래 이행기에 약속한 90원에 상대방에게 팔 수 있으므로, 100원-90원=10원의 손해만 보게 됩니다. 이는 애당초 계약 시점부터 확정되는 것입니다.

이렇게 A가 현물거래에서 현물매수를 하자마자 미리 정해진 가격으로 장래에 팔기로 하는 선물계약을 당장 해 놓으면(선물매도 계약),

A는 장래에 상품가격이 하락하는 위험으로부터 자유로워집니다. 선물거래의 이러한 위험방지 기능을 "Risk Hedge"라고 합니다.

물론 A의 예상과 다르게 장래에 상품가격이 상승한다면(예를 들어 150원으로 상승), A는 그러한 높은 가격에 팔 수 있는 기회를 놓치게 되므로 선물거래로 인해 손해를 볼 수 있기도 하지만(선물손해 150원-100원=50원), 이는 기회손실로서 가격이 하락할 위험을 방지하는 것에 대하여 A가 감당해야 할 어쩔 수 없는 대가라고 할 수 있습니다.

(2) Speculation(투기) 기능

선물거래의 위험 Hedge 기능은 현물거래를 하는 자(A)가 그 현물상품의 가격변동 위험을 제거하고자 하는 현실적인 필요성 때문에 이용됩니다. 반면에 Speculation(투기) 기능은 A가 현물상품을 보유하지 않고, 따라서 현물거래도 없는 상태에서, 오로지 선물거래로 인한 이득을 얻고자 하는 경우에 이용됩니다.

즉, A가 현재에는 현물을 보유하고 있지 않은데, 장래에 어떤 상품가격이 현재 가격(100원)보다 하락할 것으로 예상되면(80원으로 하락 예상), 현재 시점에서 선물매도 계약을 체결해 놓습니다(장래이행가격을 현재 정해 놓음)(예: 90원)(상대방은 장래가격이 100원보다 상승할 것으로 예상하기 때문에 거래에 응할 것임).

물론 선물계약이므로 이행기는 장래입니다. 실제로 장래에 상품가격이 하락하면(80원으로 하락), A는 장래의 이행기가 도래할 때, 하락한 상품가격(80원)으로 상품을 매수해서 미리 선물계약에서 정해 놓은 높은 장래가격(90원)으로 매도하여 그만큼 이익을 봅니다(90원-80원=10원).

물론 예상과 반대로 장래에 상품가격이 상승하면(예 120원), A는 상승한 높은 가격에 상품을 시장에서 매수해서(투기적 거래이므로 현물을 보유하고 있지 않아서 장래에 매수를 해야 함), 당초 선물계약 시에 정해 놓은 낮은 장래가격(90원)으로 매도하여야 하므로 그만큼 손실을 보게 될 것입니다(120원-90원=30원 손실).

즉, A가 현재 시점에서 Speculation(투기)을 위한 선물계약을 체결한 후 장래에 이익 또는 손실이 날지 여부는 장래의 실제 상품가격이 어떻게 움직이느냐에 따라 좌우됩니다. 이익이나 손실 여부, 그 금액 여부가 미확정적이기 때문에 투기성 거래라고 하는 것입니다.

(위험 Hedge 기능은 현물 보유자가 현물의 가격변동 위험을 제거하기 위한 것으로서 손실을 일정 범위로 확정시키는 것이지만, Speculation 기능은 현물이 없이 장래를 이행기로 하는 거래로서, 손실을 일정 범위로 확정시키는 것이 아니라 손실과 이익 중 어느 하나를 반드시 감수해야 하는 것이기 때문에 투기성이 있습니다.)

(3) Arbitrage(재정거래) 기능

선물거래는 이행기가 장래이기 때문에, 현물가격에 비하여 이행기까지의 보관비용만큼 가격이 높아야 할 것입니다. 즉, 이론적 선물가격=현물가격+이행기까지의 보관비용이라는 등식이 성립합니다. 이를 "Cost of Carry Model"이라고 합니다. 그러므로 실제 선물가격은 이론가격에 접근하는 수준에서 형성될 것입니다.

그런데 이러한 현물가격과 선물가격의 등식에 불균형이 발생하여 위 "Cost of Carry Model"과는 다른 가격 차가 발생할 경우, 당연히 시장의 거래참여자는 그로 인한 이득을 얻고자 하는 거래를 할 것입니다(선물가격이 이론가격보다 너무 낮게 형성되어 있으면, 당연히 미리 선물을 매수해 놓았다가 높은 이론가격에 매도하려고 할 것임). 이러한 거래를 재정거래라고 합니다.

(4) 요약

위에서 본 바와 같이 선물거래는 현물의 가격변동리스크를 Hedge 하는 것이 주목적이기는 하나, 경우에 따라서는 선물거래 자체로 인한 이득을 추구하는 Speculation 거래도 있으며, 선물가격이 이론적인 선물가격과 다르게 형성될 경우 그로 인한 이득을 누리려는 Arbitrage 거래도 있습니다.

어떻게 보면 이와 같은 기능을 수행하는 선물거래시장이 존재하기 때문에 현물거래에서 현물의 가격변동 위험을 적극 감수하고 현물거래를 더 확대할 수가 있으므로, 현물시장의 유동성을 더욱 확대시키는 긍정적인 효과가 있습니다. 또한 선물시장에서 선물거래자의 경쟁적인 가격협상에 의해 형성되는 선물가격은 장래의 현물에 대한 가격을 미리 나타내는 정보제공 기능을 수행하기도 합니다.

4. 선물거래(Futures)의 종류에는 무엇이 있나?

선물거래는 기초가 되는 현물거래의 상품 종류(기초자산)(Under-lying Assets)에 따라 크게 실물상품에 대한 선물거래와 금융상품에 대한 선물거래로 분류됩니다. 특히 금융상품에 대한 선물거래는 주식선물, 채권선물, 통화선물 등이 있으며, 주식선물은 개별주식에 대한 선물거래와 주가지수에 대한 선물거래가 있습니다. 우리나라는 1990년대 경제개방화 정책으로 인해 금융시장에서 금리, 환율, 주가의 변동 폭이 커지자, 이런 가격변동위험을 효율적으로 관리하는 방편으로 파생금융상품시장이 개설되었습니다. 1996년 5월에 주가지수 선물시장이 개설되었고, 1997년 7월에는 주가지수 옵션시장이 개설되었습니다.

개별주식 선물거래는 코스피 시장이나 코스닥 시장의 대표적인 기업의 현물주식을 대상으로 하여 선물거래를 하는 것이며, 주가지수 선물거래는 개별주식이 아니라 복수의 개별주식을 일정한 방법으로 가중 평균한 가격(즉, 주가지수)을 기준으로 선물거래 하는 것을 말합니다.

주가지수 선물거래에서는 개별주식의 상품을 장래에 인도 및 결제하는 것이 아니라(실물인수도 방식), 현재 시점에서 장래의 예상 주가지수를 기준으로 선물가격을 정하여(선물가격은 장래의 예상 주가지수임), 그 선물가격으로 계약 수량만큼 대금결제를 하는 것입니다(대금결제방식). 실제로 우리나라 선물시장에서는 주가지수선물이 가

금융증권은 법으로 통한다

장 활발하게 거래되고 있습니다.

5. 선물거래(Futures)는 어떻게 이루어지나?

현물거래는 현재 시점에서 계약과 이행이 모두 완료되므로 미리부터 계약의 이행을 담보하기 위한 필요성이 별로 없습니다. 그러나 선물거래에서는 계약체결은 현재이지만 그 이행은 장래에 이루어지는 것이기 때문에, 시간의 경과에 따라 장래에 손해를 보는 측에서 선물계약을 이행하지 않을 위험성이 항상 있게 마련입니다.

즉, 선물매도를 한 당사자는 장래 이행기에 현물가격이 떨어지면 이익이 발생하지만, 역으로 그 상대방은 그만큼 손해가 발생할 것이므로 상대방이 계약을 이행하지 않을 위험성이 존재합니다. 반대로 장래 이행기에 현물가격이 상승하면 선물 매도자가 손해를 보게 되므로 선물 매도자 스스로가 계약을 이행하지 않을 위험성이 존재합니다.

따라서 선물거래에서는 선물보유자를 대상으로 일일정산제도(marking to market)를 시행합니다. 즉 선물 보유자에 대해 매일의 선물거래소의 선물종가를 기준으로 선물보유분(선물 Position)에 대해 일일평가를 하여 그 손익을 정산합니다. 일일평가를 한 결과 선물보유자에게 평가손이 발생하면 그 손해액을 매일 채워 놓고, 반대로 이익이 나면 매일 이익금을 추가합니다(차금정산).

이와 같은 일일정산제도에 의해 선물 보유자는 선물보유분(선물

Position)에 대하여 반대매매로 청산할 때까지 매일마다 평가손익을 계속해서 정산하므로, 마지막 청산일에는 최종일 1일분에 대하여만 손익을 정산하면 됩니다.

만약 이러한 일일정산제도가 없다면 장래 이행기(만기일)에 가서 한꺼번에 이행해야 하므로 계약 당사자가 계약을 불이행할 위험이 그만큼 높아질 가능성이 있게 됩니다. 이와 같은 일일정산기능이 제대로 기능하기 위해서 선물거래에서는 증거금 제도(margin)를 시행합니다. 즉, 선물계약 개시시점에 선물 거래자는 선물거래에 참여하기 위해 일정한 증거금을 거래기관에 예치해야 합니다(Initial Margin) (개시 증거금).

한편, 선물거래자가 선물거래로 인해 손해가 계속 발생하면 일일정산제도의 시행으로 인해 초기 증거금이 계속해서 감소할 것이므로 그 감소폭을 일정 한도로 정해서 그 한도까지는 최소한의 증거금이 계속 유지되도록 합니다(maintenance margin)(유지 증거금).

선물거래자는 선물거래를 계속하기 위해서는 일일정산이 되더라도 최소한의 유지 증거금은 계속해서 확보해 놓아야 하며, 일일정산에 의해 증거금이 그 아래로 하락하기 전에 다시 유지증거금 수준으로 채워 넣어야 합니다. 만약 증거금이 그 이하로 떨어지면 바로 그 시점에서 거래소에서 선물거래에 대하여 강제로 반대매매를 실시하여 선물거래를 청산시켜 손익이 확정되도록 합니다(Margin Call: 마진콜이 실시되면 장래의 이행기까지 가지 않고 도중에 선물거래가 청

금융증권은 법으로 통한다

산되어 손익이 그 시점에서 확정됩니다).

6. 선물(Futures)의 가격은 어떻게 정해지나?

이론적인 선물가격은 앞에서 설명한 Carry Model에 의해 정해지지만, 실제 선물가격은 선물거래 시장에서 선물에 대한 수요와 공급에 의해 결정됩니다.

예를 들면, 선물거래시장에서 선물거래 대상이 되는 기초자산의 가격이 장래에 상승할 것으로 예상하는 자가 많아지면, 선물매수 거래를 하여 이득을 얻고자 하는 자가 많아질 것이므로 선물매수가 증가하여 선물가격이 상승할 것입니다.

반대로, 기초자산의 상품가격이 장래에 하락할 것으로 예상하는 자가 많아지면, 선물매도를 통해 이익을 보고자 하는 자가 많아질 것이므로 선물매도가 증가하여 선물가격이 하락할 것입니다. 이러한 선물매수와 선물매도 간의 경쟁을 통해 선물가격이 정해집니다.

이와 같이 선물시장에서 매수한 선물가격이 매수일 이후에 상승하게 되면, 선물 매수자는 이전에 매수했던 선물을 높은 선물가격에 매도하여 그 가격 상승분만큼 매매익을 얻게 됩니다(반대로, 선물 매도자는 선물시장에서 선물가격이 하락하여야 매매익이 발생함).

··

선물거래시장에서 선물가격 결정 사례

예를 들어, 선물시장에서 2018년 1월 1일 현재 기초상품인 코스피200(코스피의 대표종목 200개의 주식을 가중평균한 주가지수임)의 종가가 300원이고, 동 기초상품의 2018년 3월 인도물(즉, 장래 이행기가 3월 말임을 의미)의 선물가격이 305원으로 공시되어 있다고 가정할 때, 그 의미를 살펴봅시다.

2018년 1월 1일 현재 기초상품(여기서는 코스피200의 주가지수)의 가격은 300원인데, 선물매수를 하고자 하는 A가 장래이행을 전제로 하는 선물매수계약을 305원에 상대방인 B와 체결하고자 합니다(B는 선물매도자가 됨).
여기서 선물가격 305원으로 한다는 것은 A가 현재부터 3개월 후인 2018년 3월 말에 305원의 대금을 B에게 지급하고 기초상품을 인도받는 것을 내용(그러나 거래대상이 주가지수이므로 실제 현물인도 없이 지수가격으로만 결제함)으로 장래이행 계약을 하는 것입니다.

다시 말하면, A는 현재 기초상품의 가격을 근거로 장래인 3개월 후의 가격을 예상하여 3개월 후에는 기초상품의 가격이 305원 이상으로 상승할 거라고 예상을 하여, 3개월 후인 장래에 305원으로 기초상품을 매수하겠다고 현재 시점에서 B와 선물매매계약을 체결하는 것입니다.
결국 장래 3월 말 이행 예정물(3월 인도물)의 선물가격이 현재 305원이라는 것은 A가 장래인 3개월 후에 이행하겠다는 매매금액을 나타내는 것입니다.

한편, A가 2018년 1월 1일에 선물매수 한 지 하루 만인 2018년 1월 2일이 되자, 장래 3월 말에 기초상품을 305원보다 더 높은 가격에 매수(이행)하겠다는 자가 많아지면

금융증권은 법으로 통한다

그만큼 선물가격은 상승할 것입니다.

A는 2018년 1월 1일 현재 시점에 장래 3월 말에 305원에 매수를 이행하겠다고 선물매수를 하였는데(선물가격 305원), 2018년 1월 2일 현재 장래 3월 말에 308원에 매수(선물가격 308원)하겠다는 사람(C)이 새로 나타났으므로, A는 장래 3월 말에 308원에 매수하겠다는 C에게 308원에 매도하겠다고 계약을 하여(즉, 선물매도), 308원-305원=3원의 선물매매차익을 얻게 되고, A는 선물거래시장에서 빠져나옵니다. 즉, A의 선물포지션은 청산(제로)이 됩니다.

반면에, A의 선물매도에 응한 C가 선물매수자로서 장래 3월 말에 선물가격 308원으로 매수하겠다고 이행 약속을 하면서 새롭게 선물거래 시장에 등장하게 됩니다.

●●●

7. 선물거래(Futures)의 위험성은 무엇인가?

투기적인 선물거래(Speculation)는 현물의 보유가 없이 단지 선물계약 시에 미리 정해 놓은 장래 이행기를 기준으로 장래의 예상 가격으로 결제가 이루어지는 것이기 때문에, 장래의 예상 가격이 실제 가격과 어떻게 달라지느냐에 따라 손실 또는 이익이 확정됩니다.

또한 선물거래에서 이익을 보는 자는 반드시 그 상대방이 그만큼의 손해를 입는 것을 전제로 하여 이익을 보는 것이기 때문에, 선물거래시장 전체에서는 zero-sum game의 거래입니다.

이와 같은 상황에서 선물 거래자는 단지 증거금만을 지급하고 선물거래를 하게 되는데, 선물거래로 인한 손익은 계약 수량이나 장래의 현물가격의 수준에 따라서 증거금 액수보다 훨씬 큰 금액이 발생할 수 있으므로 leverage 효과가 매우 높다는 위험성을 안고 있습니다.

8. 선물거래(Futures)의 회계처리는 어떻게 하나?

이와 같이 선물거래는 계약은 현재 시점에 체결되지만 그 이행기는 장래이므로, 선물거래를 하는 시점에서는 계약의 이행이 일어나지 않는다는 특징이 있습니다. 그렇기 때문에 과거의 회계기준(K-GAAP)에서는 선물거래 내용을 대차대조표상에 계상하지 않고 우발채무로서 단지 부외거래(off-balance sheet)로서만 계상하였습니다. 그 후 2002년 미국의 엔론 회사의 대규모 회계분식 사태를 계기로 2011년부터 우리나라 상장기업의 회계기준이 미국식 기업회계기준에서 유럽연합의 국제회계기준(IFRS)방식으로 변경되면서 대차대조표상의 자산·부채 항목으로 직접 계상하게 되었습니다.

9. 맺음말

'계약은 지금, 이행은 장래'라는 특징을 갖는 선물(Future)거래는 비록 현물(Spot)시장에서 파생된(derived) 시장이기는 하지만 현물시장과는 다른 독특한 특징을 가지고 있습니다. 선물거래가 등장하게 된 이유인 헷지(Hedge)거래에서 시작하여 투기(Speculation)거래로 그 형태가 발전하게 되면서, "현물을 위한 선물"이 아닌 "선물을 위한 선물" 거래의 양상을 보이기도 합니다. 따라서 투자자는 파생상품의 공통의 문제점인 "투자원금을 초과하는 leverage 손실 가능성"에 항상 유의할 필요가 있습니다.

금융증권은 법으로 통한다

📖 판례

A. 주가지수 선물거래의 위험성과 증권사의 고객보호의무

대법원 2001. 4. 27. 선고 2000다30943 판결[예탁금반환]

• 판시 사항

주가지수 선물거래에 있어서 증권회사 직원의 부당권유행위 및 과당매매행위로 인한 불법행위의 성립을 인정하고 고객의 잘못을 과실상계사유로 삼은 사례

• 판결 요지

고객이 증권회사 직원의 권유로 **주가지수 선물거래 계좌**를 개설하고 증권회사 직원에게 선물거래에 관한 권한을 포괄적으로 위임한 후, 그 직원이 약 2주간의 선물거래를 한 결과 원금의 90% 이상 손실을 입은 경우, 그 직원은 선물거래상담사 자격도 없었고, 선물거래에 대한 경험이나 지식이 없는 고객에게 주가지수 선물거래의 특성과 위험성에 대한 충분한 설명을 하지 않았으며, 여유자금을 확보해 두지 않은 채 예탁금의 거의 전부를 담보로 하여 매우 큰 위험을 초래하는 대규모의 거래를 수회 반복하였고, 도중에 손실이 발생하자 고객의 요구로 원금을 복구할 것을 약속하고도 **일시적으로 평가금액이 원금을 상회하였는데도** 미결제약정을 해소하는 등으로 원금보전에 주력하지 아니하고 이 사실을 고객에게 알리지도 않은 채 다음날 또다시 대규

모의 신규매수를 하고 그 후 선물지수가 대폭 하락함으로써 고객에게 손실을 입힌 것이라면, 선물거래의 위험성과 외환위기 직전인 당시의 사정을 고려한다고 하더라도 직원의 고객에 대한 계좌개설 권유행위나 거래권한 위임에 의한 선물거래행위는 경험이 부족한 일반투자자인 고객에게 거래행위에 필연적으로 수반되는 위험성에 대한 올바른 인식형성을 방해한 부당권유행위 및 고객에 대한 충실의무 내지 보호의무, 위험회피의무에 위반하여 고객의 이익을 고려하지 않은 과당매매행위로서 불법행위가 성립되고, 한편 고객으로서도 증권회사 직원의 말만 믿고 선물거래를 시작했고, 초기에 이익을 얻자 대용증권을 지정하여 무리하게 거래규모를 확대시켰으며, 도중에 손해를 보고서도 증권회사 직원을 계속 믿고 무리한 거래를 하도록 방치한 잘못이 있으므로 50% 과실상계함이 상당하다고 한 사례.

📑 해설

X: 선물 투자자(원고), A: X의 대리인, Y1: 증권회사(피고1), Y2: 증권회사의 직원(피고2)

X(선물투자자)(원고)는 그 대리인 A를 통해 1997년 10월 12일 Y1 증권회사(피고1) 직원인 Y2(피고2)의 권유로 Y1 증권회사 ○○지점에 주가지수 선물거래 계좌를 개설하고 Y2(피고2)에게 선물거래에 관해 포괄적 위임을 한 후 그 계좌에 1억 5천만원을 입금하고, 상당수의 주식을 증거금 납입으로 대신할 수 있는 대용증권으로 지정하였습니다.

Y2(피고2)가 계좌개설 2일 후부터 선물거래를 시작하여 23일 후 예탁금 잔액이 9백만원만 남는 손실을 입게 되어, X(원고)가 Y1 증권회사에 대하여 사용자 책임에 의한 불법행위 책임을 Y2(피고2)와 연대하여 부담할 것을 청구하는 손해배상 소송을 제기했습니다.

대법원은 투자자 X(원고)가 선물거래에 대해 전문적인 경험이나 지식이 없는 일반 투자자라는 점, 그럼에도 불구하고 선물거래 상담사 자격도 없는 직원 Y2(피고)가 선물거래의 위험성에 대한 충분한 설명의무를 이행하지 않았고, 선물거래 도중 손실 발생 시 미결제약정을 해소하여 원금보전에 주력해야 할 의무를 위한 노력을 하지 않은 점 등을 인정하여 X(원고)가 승소하였습니다(단, 투자의 자기책임 원칙상 원고의 과실 50%를 상계함).

B. 선물거래에서 위탁증거금 부족으로 인한 선물포지션의 청산과 증권사의 의무

대법원 2003. 1. 10. 선고 2000다50312 판결[채무부존재확인등]
증권거래법 제46조는 증권회사는 대통령령이 정하는 바에 따라 고객의 주문에 의한 매매 기타 거래내용 등을 당해 고객에게 통지하여야 한다고 규정하고 있고, 이에 근거한 금융감독위원회의 구 증권회사의 선물·옵션거래업무에관한규정(2000. 12. 29. 증권업감독규정의 제정에 의하여 폐기된 것) 제12조 제1항은 **위탁증거금의 추가징수에 관하여 증권회사는 고객의 선물거래 또는 옵션거래와 관련하여 위탁증거금의 추가징수사유가 발생하는 경우 지체 없이 당해 고객과 사전에**

합의한 연락방법 등으로 위탁증거금의 추가납부를 요구하고 그 요구 사실 및 내용을 증빙할 수 있는 자료를 유지하여야 한다고 규정하고 있는바, 일일정산을 하고 그에 따른 위탁증거금의 추가납부나 초과를 결정함으로써 손익이 매일매일 발생할 수 있는 선물계좌의 특성상, 선물계좌에 거래 포지션을 보유하고 있는 고객으로서는 자신의 계좌에서 위탁증거금이 부족하게 되었다는 사유를 통보받는 경우에는 위탁증거금을 추가 납부하여 거래를 계속하거나 혹은 보유하고 있는 선물포지션을 처분함으로써 자신의 이익을 극대화하거나 손실을 최소화할 수 있는 기회를 가진다고 할 것이므로, 증권회사가 고객의 계좌에서 위탁증거금을 추가로 납부할 사유가 발생하였음에도 이를 통보하지 않음으로써 고객으로부터 그러한 기회를 박탈하였다면 이는 증권회사로서 고객보호의무를 위반한 것이라고 할 것이나, 고객이 어떠한 경위로 이미 위탁증거금의 부족 사유를 알게 된 경우에는 비록 증권회사가 위탁증거금의 추가납부 통지를 게을리하였다고 할지라도 그로 인하여 고객에게 어떠한 손해가 발생하였다고는 할 수 없을 것이므로, 고객은 증권회사에 대하여 이를 이유로 손해배상을 청구할 수 없다.

📑 해설

X: 선물 투자자(원고), Y1: 증권회사(피고1), Y2: 증권회사 직원(피고2)

X(원고)는 과거에 선물거래뿐만 아니라 이보다 훨씬 위험성이 큰

옵션투자를 해 본 경험이 있는 투자자입니다. X(원고)는 Y1 증권회사(피고1)에서 선물옵션거래 계좌를 개설하고 금 7천만원을 입금하였고, Y1 증권회사 직원 Y2(피고 2)는 X(원고) 계좌를 이용하여 1주일 동안 주가지수 선물거래를 하였습니다. 그 결과 X(원고)는 최종적으로 16계약의 선물 매도포지션을 보유하게 되었는데, 이즈음 선물가격이 크게 상승하여 선물거래 평가손실이 발생하게 되어 위 계좌의 위탁증거금이 크게 부족하게 되었는데도 불구하고 X(원고)가 추가납부 의무를 이행하지 않자, Y1증권회사(피고1)는 반대매매를 통해 미결제 상태의 매도포지션을 정리하였고, 이에 따라 X(원고) 계좌에 55백만원 정도의 미수금이 발생하게 되었습니다. 이에 X(원고)는 위탁증거금에 대한 추가납부 통지의무를 정식으로 받지 못했다면서 Y1증권회사(피고1)에 대해 사용자 책임에 의한 불법행위로 인한 손해배상책임을, 증권회사 직원인 Y2(피고2)에 대해서는 개인 불법행위로 인한 손해배상 책임을 연대하여 구하는 민사소송을 제기했습니다.

대법원은 비록 Y1, Y2(피고들)의 직접적인 통지사실은 없다고 하더라도, 선물거래 당시 X(원고)가 수시로 Y1증권회사(피고1) 사무실에 들러 선물거래 내역과 진행상황을 확인하고 Y2(피고2)와 상의하기도 했고, 위 계좌의 위탁증거금이 부족하던 당시에는 Y1 증권회사(피고1)에 직접 방문하여 위탁증거금의 부족 사실을 인지하기도 했으므로, Y1, Y2(피고들)이 통지의무를 위반한 것은 아니며, 따라서 X(원고)는 이러한 인지 당시에 스스로 반대매매를 지시하거나 필요한 조치를 취했어야 한다고 판시하여X(원고)가 패소하였습니다.

• 자본시장과 금융투자업에 관한 법률(약칭: 자본시장법)

제3조(금융투자상품)

① 이 법에서 "금융투자상품"이란 이익을 얻거나 손실을 회피할 목적으로 현재 또는 장래의 특정(特定) 시점에 금전, 그 밖의 재산적 가치가 있는 것(이하 "금전등"이라 한다)을 지급하기로 약정함으로써 취득하는 권리로서, 그 권리를 취득하기 위하여 지급하였거나 지급하여야 할 금전등의 총액(판매수수료 등 대통령령으로 정하는 금액을 제외한다)이 그 권리로부터 회수하였거나 회수할 수 있는 금전등의 총액(해지수수료 등 대통령령으로 정하는 금액을 포함한다)을 초과하게 될 위험(이하 "투자성"이라 한다)이 있는 것을 말한다.

② 제1항의 금융투자상품은 다음 각호와 같이 구분한다.
  1. 증권
  2. 파생상품
    가. 장내파생상품
    나. 장외파생상품

제5조(파생상품)

① 이 법에서 "파생상품"이란 다음 각호의 어느 하나에 해당하는 계

약상의 권리를 말한다. 다만, 해당 금융투자상품의 유통 가능성, 계약당사자, 발행사유 등을 고려하여 증권으로 규제하는 것이 타당한 것으로서 대통령령으로 정하는 금융투자상품은 그러하지 아니하다.

1. 기초자산이나 기초자산의 가격 · 이자율 · 지표 · 단위 또는 이를 기초로 하는 지수 등에 의하여 산출된 금전등을 장래의 특정 시점에 인도할 것을 약정하는 계약

2. 당사자 어느 한쪽의 의사표시에 의하여 기초자산이나 기초자산의 가격 · 이자율 · 지표 · 단위 또는 이를 기초로 하는 지수 등에 의하여 산출된 금전등을 수수하는 거래를 성립시킬 수 있는 권리를 부여하는 것을 약정하는 계약

3. 장래의 일정 기간 동안 미리 정한 가격으로 기초자산이나 기초자산의 가격 · 이자율 · 지표 · 단위 또는 이를 기초로 하는 지수 등에 의하여 산출된 금전등을 교환할 것을 약정하는 계약

4. 제1호부터 제3호까지의 규정에 따른 계약과 유사한 것으로서 대통령령으로 정하는 계약

21장

계약을 할까? 말까?

- 옵션(Option)

"도이치증권 옵션 쇼크" 개인 피해자들 8년 만에 배상받아

2010년 "도이치 옵션 쇼크" 사태로 피해를 본 개인투자자들이 8년 만에 배상금을 받았다. 1일 법조계에 따르면 도이치은행·증권은 최근 도 모 씨 등 개인투자자 17명에게 원금과 이자 등 34억원의 배상금을 지급했다. 도 씨 등 투자자들이 도이치은행과 증권을 상대로 낸 손해배상 소송의 파기환송심에서 재판부가 양측에 화해 권고 결정을 내린 데 따른 조치다. 도이치증권은 2010년 11월 11일 장 마감 10분 전에 2조 4천 400억원어치 주식을 대량 처분했다. 이로 인해 코스피 주가가 폭락해 투자자들은 예기치 못한 큰 손실을 봤다.

2018. 11. 1. 연합뉴스

롤렉스 "살 수 있는 권리"까지 거래된다고?

백화점에서 명품시계 롤렉스를 살 수 있는 권리가 거래되고 있다. 롤렉스가 지난 7월 예약제도를 폐지한 뒤 중고시계 가격이 신상품보다 비싸지는 이상 현상이 나타난 데 이어 **자본시장의 "옵션" 같은 거래가 명품시계 시장에도 등장한 것이다.** 최근 명품 시계 중고거래 사이트엔 롤렉스의 "서브마리너 데이트" 검은색 모델을 판다는 글이 올라왔다. 상품 사진은 없이 "국내 백화점 스탬핑 제품"이라는 설명이 달려 있다. 이 판매자는 "1년 전 백화점에 웨이팅(예약)을 걸어 놨는데, 상품이 방금 입고됐다고 전화가 왔다"며 "같이 대구의 백화점에 가면 살 수 있다"고 적었다. 판매 가격은 1250만원으로 돼 있다. 이 시계의 신상품 가격은 1000만원. 살 수 있는 권리(옵션)에 250만원을 붙인 셈이다.

2018. 11. 1. 한국경제

1. 옵션(option)거래란 무엇인가?

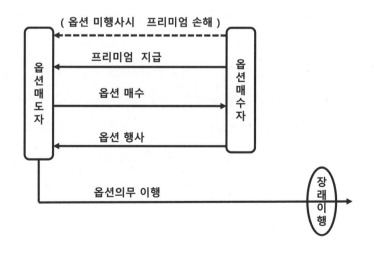

옵션은 법률 용어로 선택권이라고 합니다(민법 제380조). 선택권을 가진 자는 계약의 내용을 선택할 수 있는 권리를 가집니다. 예를 들어 매매계약에서 여러 개의 물건 중에서 어느 하나를 매매 대상으로 선택하는 것도 선택권의 한 모습입니다. 계약 내용의 선택 이외에도, 계약이행 여부의 선택을 하는 것이나, 아예 계약 자체의 체결 여부를 선택하는 것도 선택권의 내용입니다. 파생상품 중의 하나인 옵션거래는 계약의 체결 여부를 선택할 수 있는 권리를 말합니다.

예를 들면 매수옵션(call option)은 장래에 매수계약의 체결 여부를 선택할 수 있는 권리이고, 매도옵션(put option)은 장래에 매도계약의 체결 여부를 선택할 수 있는 권리입니다.

매수옵션을 보유한 자(buyer, owner, holder)가 매수 선택권을 행사하면 선택권의 내용에 따라 장래에 매수계약이 체결되면서, 옵션 보유자는 장래 일정 시점에 일정 가격으로 일정 상품을 매수할 권리를 얻고(매수권리), 반대로 그 상대방(옵션 seller)은 그에 상응하여 계약 이행을 할 의무(즉, 매도의무)가 생깁니다(매도옵션을 행사한 경우는 반대 방향으로 거래가 이루어짐). 즉, 옵션은 보유자에게는 권리만을 부여하고 그 상대방은 의무만을 부담하므로, 쌍무계약이 아니라 편무계약의 일종이라고 할 수 있습니다.

이와 같이 옵션거래에서는 장래에 매수계약 또는 매도계약을 체결할지의 여부를 옵션을 보유한 선택권자가 선택하는 것이기 때문에, 선택권을 행사하기 전까지는 장래의 매수계약 또는 매도계약의 체결 여부가 미확정적입니다.

즉, 옵션 보유자가 선택권(옵션)을 행사하여야만 비로소 옵션에서 정하는 매수계약(콜옵션의 경우) 또는 매도계약(풋옵션의 경우)이 체결되는 것입니다.

선물거래(Futures)에서는 계약은 현재 시점에서 이미 체결되어 존재하고 있고 다만 그 이행만 장래에 이루어지는 것임에 반하여, 옵션거래에서는 계약의 체결 여부 자체가 현재 시점에서 미확정적이며 옵션 보유자의 선택권 행사 여부에 따라 비로소 확정됩니다.

한편 옵션거래에서 선택권 행사 시의 매매계약의 내용 자체는 옵션을 부여한 현재 시점에서 미리 정해지고, 옵션행사에 따른 기초상품의 매매계약의 이행은 장래 시점에 이루어지므로, 선택권 행사 후의 계약이행과 손실 여부는 장래이행을 특징으로 하는 선물거래와 동일합니다.

자본시장법에서는 옵션에 대하여 "당사자 어느 한쪽의 의사표시에 의하여 기초자산이나 기초자산의 가격·이자율·지표·단위 또는 이를 기초로 하는 지수 등에 의하여 산출된 금전 등을 수수하는 거래를 성립시킬 수 있는 권리(즉, 옵션)를 부여하는 것을 약정하는 계약"이라고 정의하고 있습니다(자본시장법 제5조 제1항 제2호).

2. 옵션(option)거래의 특징은 무엇인가?

옵션에서는 옵션을 대상으로 하는 옵션 자체의 매매단계(제1단계), 옵션을 행사한 이후에 비로소 옵션계약의 내용으로써 매수계약 또는 매도계약이 체결되는 매매계약(제2단계)이라는 두 단계의 절차가 존재합니다.

제1단계인 옵션 자체의 매매단계에서는 옵션을 매수한 자(buyer)가 옵션을 매도한 자(seller)에게 매매 대상물인 옵션 자체에 대하여 매수대금, 즉 프리미엄(Premium)을 지급하고 옵션을 보유합니다. 옵션 매도자는 옵션 프리미엄을 수취하는 대신에 옵션 매수자가 옵션을 행사할 때 그 옵션에 따르는 의무를 이행할 부담을 집니다.

제2단계인 옵션 보유자가 실제로 옵션을 행사하는 단계에서는 매수옵션(call option)의 경우에는, 매수옵션의 행사로 인해 매수옵션 보유자는 장래의 이행기에 정해진 예정가격(행사가격)(Striking Price)으로 매수계약을 체결하여 매수할 권리를 갖고(선물매수를 한 것과 동일함), 그 상대방은 옵션 보유자의 행사에 상응하여 그 행사 가격으로 매도할 의무를 부담합니다(따라서 선물매도를 한 것과 동일함)(의무는 옵션 매도자만 부담하므로 편무계약임). 매도옵션(put option)은 매수옵션과 반대 방향으로 이루어집니다.

이와 같이 제2단계의 과정은 옵션을 행사하는 경우에 그 결제 과정으로서 비로소 발생하며, 옵션 미행사 시에는 제2단계의 과정 없이 제1단계로만 마치게 됩니다(선물거래의 경우에는 선물 매수자나 선물 매도자는 모두 반드시 장래 이행기 전에 반대매매를 하여 청산하든지, 아니면 장래 이행기까지 가서 실제로 기초자산의 매수계약 또는 매도계약을 체결할 의무를 부담합니다. 따라서 선물거래는 계약단

금융증권은 법으로 통한다

계와 그 결제단계라는 두 단계가 반드시 존재해야 하지만, 옵션은 옵션 행사 시에만 그와 같은 두 단계의 절차가 존재한다는 점에서 차이가 있습니다).

3. 옵션(option)거래의 종류에는 무엇이 있나?

실물상품에 대한 옵션을 "Commodity Derivatives Option"이라고 하고, 주식이나, 주가지수 등 금융상품을 대상으로 하는 옵션을 "파생금융옵션(Financial Derivatives Option)"이라고 합니다. 현재 유가증권선물 거래소에서 거래되는 옵션은 선택의 대상인 기초자산(Underlying Asset)의 종류에 따라 구분됩니다. 주가지수를 대상으로 하는 KOSPI200 옵션과 KOSDAQ50 옵션이 있으며, 유가증권시장에 상장된 개별 보통주식을 대상으로 하는 개별주식 옵션이 있습니다.

한편 앞에서 설명한 바와 같이 옵션에는 Call Option(매수옵션)과 Put Option(매도옵션)이 있습니다. Call Option은 옵션 보유자가 일정한 상품을 사전에 약정한 일정한 가격(행사가격, Striking Price)으로 장래에 매수할 권리(Call to buy)를 의미하고, Put Option은 위와 반대로 매도할 권리(Put to sell)를 의미합니다.

4. 옵션(option) 자체의 가격은 어떻게 정해지나?

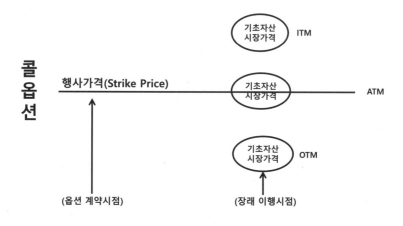

옵션 자체의 가격(즉, Premium)은 내재가치(intrinsic value)와 시간가치(time value)의 합계로 정해집니다. 내재가치는 옵션의 행사가격(Striking Price)(장래 이행기의 기초상품의 예정가격)과 기초자산의 시장가격의 차이를 말하며, 시간가치는 옵션 만기일까지 시간의 경과에 따라서 기초자산의 시장가격이 옵션 보유자에게 유리하게 변동할 가능성이 있는 경우를 말합니다. 옵션 만기일이 가까울수록 기초자산의 시장가격이 변동할 기회가 적어지므로 옵션의 시간가치는 0원으로 수렴하고, 옵션의 내재가치만 남게 됩니다.

여기서 옵션 만기일에 옵션의 내재가치가 옵션 보유자에게 유리할지 여부는 당연히 옵션의 행사가격을 얼마로 예정하였는지, 그리고 만기일에 기초자산의 시장가격이 어떻게 변동하였는지에 따라 좌우됩니다. 그 내용은 다음과 같습니다.

(1) In The Money(ITM)

Call Option 보유자(매수자)가 Call Option(매수선택권)을 행사하는 장래 시점에(옵션만기일에) 기초자산의 시장가격(120원)이 옵션의 행사가격(100원)보다 높다고 가정합시다("In the Money" 상태에 있다고 함). 이 경우에 그는 옵션을 행사하여 매수계약을 성립시켜 낮은 행사가격을 지불하고 기초자산을 취득하는 매수를 한 후, 이를 다시 높은 시장가격에 시장에 매각함으로써 시장가격과 행사가격의 차이를 매매차익으로 취득합니다.

따라서 In the Money 상태에서 Call Option 매도자는 기초자산의 시장가격과 옵션 행사가격의 차이만큼을 옵션 매도대가(Premium)로서 옵션매수자에게 요구할 것이므로, 그 금액이 Call Option의 가격이라고 할 수 있습니다.

한편 Call Option 매도자는 옵션매도 대가로서 프리미엄을 취득하기는 했지만, 높은 시장가격(120원)에 기초자산을 매입하여 이를 Option 매수자에게 낮은 행사가격(100원)에 매도할 의무를 부담하므로 Call Option 매수자와는 정반대의 매매손이 발생하게 됩니다.

(2) Out of The Money(OTM)

물론 상황을 달리하여 기초자산의 시장가격(100원)이 옵션 행사시점(옵션만기일)에 옵션의 행사가격(120원)보다 낮을 경우("Out of the Money"상태에 있다고 함), Call Option 매수자는 높은 행사가격(120원)에 기초자산을 매수한 후 낮은 시장가격(100원)에 매도할 이유가 없으므로 옵션을 행사하지 않게 됩니다. 따라서 옵션 매수자에게는 결국 자신이 지불한 Premium 만큼 손해가 발생하고, 옵션 매도자는 Premium을 이익으로 취득하게 됩니다(Put Option의 경우는 위와 정반대임).

(3) At The Money(ATM)

옵션의 행사가격이 장래 옵션행사 시점의 기초자산의 시장가격과 동일한 경우를 "At the money" 상태에 있다고 합니다. 이 상태에서는 옵션 보유자가 옵션을 행사하더라도 옵션 행사로 인해 손익이 발생할 여지는 없고, 단지 옵션 프리미엄을 지불한 손해가 발생합니다. 즉, 옵션행사 만기일이 다가올수록 옵션 행사가격은 기초자산의 시장가격에 수렴하는 "At the money" 상태가 됩니다.

···**참고**··

한편 옵션 만기일이 아니라 옵션 보유기간 중의 옵션가격은 어떻게 결정되느냐에 대하여는 많은 학자들의 연구가 이루어져 있습니다(그중에서 블랙과 숄즈 교수의 가격 모델이 유명합니다). 콜옵션 프리미엄의 가격결정요인을 보면, 당연히 옵션에 정해진 행사가격이 낮을수록 기초자산의 행사가격과 시장가격의 차이가 커져 프리미엄 가격이 상승합니다. 그리고 만기가 길수록 옵션을 행사할 기회가 더 많아지므로 이 경우에도 프리미엄 가격이 상승합니다. 또한 주식의 변동성이 클수록, 그리고 이자율이 높을수록 기초자산의 장래 시장가격이 올라갈 가능성이 높으므로 프리미엄의 가격이 상승합니다.

···

5. 옵션(option)거래는 구체적으로 어떻게 이루어지나?

옵션 거래자는 위에서 본 바와 같은 다양한 요인에 의해 결정되는 옵션 자체를 대상으로 매수, 매도거래를 합니다. 옵션의 가격은 위에서 설명한 요인을 반영하여 옵션거래 시장에서 옵션 자체의 수요와 공급에 따라 결정될 것입니다.

옵션을 매수한 자는 옵션 거래시장에서 옵션에 대한 수요가 증가하여 옵션 자체의 가격이 상승하면 옵션 만기일까지 옵션을 보유하지 않고 도중에 옵션을 매도하여 그 차액을 이득으로 취득하고 옵션 포지션을 청산할 수 있습니다.

옵션을 부여한 자(옵션 매도자)는 옵션 대가(Premium)를 받는 대신에 옵션 매수자(옵션 행사자)가 장래에 옵션을 행사하면 그에 상응하여 정해진 행사가격(Striking Price)으로 기초자산을 매수 또는 매도계약을 이행할 의무를 부담합니다. 그에 따라 옵션 매도자에게는 옵션의 행사가격과 장래 기초자산의 시장가격의 차이에 따라 반드시 손실 또는 이익이 발생할 수밖에 없습니다.

따라서 옵션 매도자는 선물거래와 마찬가지로 개시증거금, 유지증거금, 마진콜 등의 증거금을 납부해야 합니다(단, 선물거래와는 달리 옵션에서는 옵션 보유자가 옵션을 행사하지 않을 수도 있으므로 일일정산은 하지 않습니다).

그러나 옵션 매수자의 경우 옵션 행사가격(장래이행 예정가격)과 장래의 기초자산의 시장가격을 비교하여 옵션 행사 시 손실이 날 경우에는, 옵션을 행사하지 않고 옵션 프리미엄만 손해를 보면 되므로 증거금을 납부할 필요가 없습니다.

옵션의 행사기간도 만기일 이내에 언제든지 옵션을 행사할 수 있게 하는 미국형 옵션(American Option)과 만기일에만 옵션을 행사할 수 있는 유럽형 옵션(European Option)으로 나누어지며, 우리나라는 유럽형을 따르고 있습니다.

하지만 실제 옵션거래에서 옵션을 만기일까지 가지고 가는 경우는 거의 없고, 만기일 이전에 옵션 보유자가 옵션의 반대매매를 통해서 손익을 실현시키는 경우가 대부분입니다.

만약 옵션 보유자가 옵션을 만기일까지 가지고 간다면 옵션 보유자는 만기일에 옵션을 행사하여 계약 내용대로 기초자산의 매매계약을 체결시켜 실제로 기초자산의 인수도를 하거나(인수도 결제방식), 아니면 만기일의 기초자산의 시장가격과 옵션 행사가격의 차액을 결제하여야 합니다(차액결제방식). 그중 우리나라 유가증권선물거래소는 차액결제방식을 택하고 있습니다.

특히 주가지수 옵션은 지수 그룹에 포함된 기초자산들의 가중평균값을 대상으로 행사가격과 만기일 시장가격이 정해지는 것이기 때문에, 옵션 만기일에 인수도를 할 주식상품이 없습니다. 단지 옵션의 행사가격과 만기일 주가지수의 차이에 의해 결제하는 것만이 문제가 되므로, 본질상 당연히 만기일에 차액결제방식으로 결제될 수밖에 없기도 합니다.

옵션거래시장에서 옵션가격 결정 사례

예를 들어 옵션시장에서 2018년 1월 1일 현재 기초상품인 코스피200(코스피의 대표종목 200개의 주식을 가중평균한 주가지수임)의 종가가 300원이고, 동 기초상품의 2018년 3월 인도물(장래 이행기가 3월 말임을 의미)의 행사가격(Striking Price)이 305원이며(행사가격은 장래 이행기에 이행하여야 할 예정가격), 이때 그 옵션 자체의 시장가격이 1원으로 공시되어 있다고 가정합시다.

Call Option(매수옵션)을 매수하는 A는 옵션 대가(프리미엄) 1원을 옵션매도자 B에게 지급하고 옵션을 매수합니다(옵션의 내용은 장래 3월 말의 이행 예정가격, 즉 행사가격이 305원이므로, 305원에 일종의 선물매수계약을 하는 것과 동일합니다). (매수옵션이 선물거래와 다른 점은 옵션매수자가 옵션을 행사할 때만 선물계약이 이루어진다는 것입니다.)

여기서 Call Option의 행사가격을 305원으로 한다는 것은, A가 옵션을 행사하는 경우 현재부터 3개월 후인 2018년 3월 말에 305원의 대금을 B에게 지급하고 기초상품을 인도받는 것을 내용(그러나 거래대상이 주가지수이므로 실제 현물인도 없이 지수가격으로만 결제함)으로 장래이행 계약을 하겠다는 뜻입니다.

다시 말하면 A는 현재의 기초상품의 가격을 근거로 장래인 3개월 후의 가격이 305원 이상으로 상승할 거라고 예상을 하여, 3개월 후인 장래에 예정가격 305원으로 기초상품을 매수할 수도 있음을 전제로, 현재 시점에서 B에게 1원을 지급하고 Call Option 자체의 매수계약을 체결하게 됩니다.

한편 A가 2018년 1월 1일에 1원의 프리미엄을 주고 옵션을 매수한 지 하루 만인 2018년 1월 2일이 되자, 장래 3월 말에 기초상품을 행사가격 305원보다 더 높은 가격에

매수(이행)하겠다는 자가 많아진다고 가정합시다. 다시 말해 장래 3월 말에 기초상

품의 가격이 305원보다 더 상승할 것으로 예상된다면, 콜옵션 매수자는 콜옵션을 행

사하여 이미 고정된 행사가격 305원보다 더 높은 가격에 기초상품을 매도하여 매매

차익을 얻을 수 있으므로, 옵션시장에서 콜옵션을 서로 매수하려고 할 것이며 콜옵션

자체의 가격이 상승할 것입니다(예를 들어 2원으로 상승).

이 경우 A는 1원짜리 옵션을 2원에 C에게 매도하여(옵션 자체의 매도), 2원-1원=1원

의 옵션 매매차익을 얻은 후 옵션거래시장에서 빠져나옵니다. 즉, A의 옵션포지션은

청산(제로)이 됩니다.

반면에 A의 옵션매도에 응한 C는 옵션 매수자로서 이제 2원의 옵션 프리미엄을 주고

새로 콜옵션을 매수한 자가 되어, 장래 3월 말에 행사가격 305원의 이행 약속을 하면

서 새롭게 옵션거래시장에 등장하게 됩니다.

6. 옵션(option)거래의 회계처리는 어떻게 하나?

한편, 옵션거래에서 옵션을 매수한 자는 옵션 Premium을 지급하

기는 하였으나, 옵션을 행사할지 여부는 만기일까지 미확정이고 옵션

을 행사하는 시점에 비로소 매수계약(call option) 또는 매도계약(put

option)의 체결 여부와 손익이 확정됩니다(물론, 반대매매에 의해 도

중에 손익이 확정될 수도 있지만 이를 논외로 함). 따라서 옵션계약은

만기일 이전에는 기업의 대차대조표에 계상되지 않고 부외거래(off

balance sheet)로만 계상되었습니다. 그런데 2002년 미국의 엔론 회

사의 대규모 회계분식 사태를 계기로 우리나라 상장기업의 회계기준

이 2011년부터 미국식 기업회계기준에서 유럽연합의 국제회계기준 (IFRS) 방식으로 변경되면서 대차대조표상의 자산, 부채 항목으로 직접 반영되기 시작했습니다.

7. 맺음말

"계약을 체결할까? 말까?"를 특징으로 하는 옵션(Option)은 반드시 계약의 체결을 전제로 하는 선물(Futures)과는 다른 특징이 있습니다. 만약 옵션을 행사하지 않을 경우 계약이 체결되지 않을 수도 있기 때문에 선물거래보다는 직관적인 이해가 어려운 측면이 있습니다. 옵션을 행사할 경우에는 그 이행은 장래 이행을 특징으로 하는 선물거래와 동일한 방식으로 이루어지기 때문에, 이 측면에서는 선물거래와 일맥상통한다고 볼 수 있습니다. 이런 옵션거래도 선물처럼 파생상품 거래의 일종이기 때문에 "원금을 초과하는 손실 가능성"이라는 leverage 위험성에 투자자는 항상 유의할 필요가 있습니다.

판례

A. KIKO 통화옵션계약과 옵션 판매자의 책임

대법원 2013. 9. 26. 선고 2013다26746 전원합의체 판결[부당이득반환
등]〈키코 사건(모나미)〉

• **판결 요지**

[1] 갑 주식회사가 을 은행과 체결한 **키코(KIKO) 통화옵션계약**이 불
공정행위인지 문제 된 사안에서, 여러 사정에 비추어 **옵션의 객관적
가치**에 현저한 불균형이 존재한다고 보기 어렵다는 등의 이유로, 통
화옵션계약이 불공정행위에 해당하지 않는다고 한 원심판단을 정당
하다고 한 사례.

[4] 갑 주식회사가 을 은행과 체결한 **키코(KIKO) 통화옵션계약**이 약
관의 규제에 관한 법률의 규율대상인지 문제 된 사안에서, **위 통화옵
션계약의 구조**는 다른 장외파생상품들과 마찬가지로 을 은행이 고객
의 필요에 따라 구조나 조건을 적절히 변경하여 사용하기 편하도록
표준화하여 미리 마련해 놓은 것일 뿐, 구조만으로는 거래당사자 사
이에 아무런 권리의무가 발생하지 않고 거기에 개별적 교섭에 의해서
결정된 계약금액, 행사환율 등 구체적 계약조건들이 결부됨으로써 비
로소 전체 계약의 내용으로 완결되는 것이므로, 그 구조 자체는 따로
약관에 해당하지 않는다고 한 사례.

　　　　　　　　　　　金융증권은 법으로 통한다

[5] 일반적으로 재화나 용역의 판매자가 자신이 판매하는 재화나 용역의 판매가격에 관하여 구매자에게 그 원가나 판매이익 등 구성요소를 알려 주거나 밝혀야 할 의무는 없다. 이러한 이치는 은행이 고객으로부터 별도로 비용이나 수수료를 수취하지 아니하는 이른바 **제로 코스트(zero cost) 구조의 장외파생상품 거래를 하는 경우**에도 다르지 않다. 또한 은행이 장외파생상품 거래의 상대방으로서 일정한 이익을 추구하리라는 점은 시장경제의 속성상 당연하므로 누구든지 이를 예상할 수 있다. 따라서 달리 계약 또는 법령 등에 의하여 가격구성요소의 고지의무가 인정되는 등의 특별한 사정이 없는 한 은행은 고객에게 **제로 코스트의 장외파생상품 구조 내에 포함된 옵션(option)의 이론가, 수수료 및 그로 인하여 발생하는 마이너스 시장가치에 대하여 고지하여야 할 의무**가 있다고 할 수 없고, 이를 고지하지 아니하였다고 하여 그것이 고객에 대한 기망행위가 된다거나 고객에게 당해 장외파생상품 거래에서 비용이나 수수료를 부담하지 않는다는 착오를 일으킨다고 볼 수도 없다.

[6] 사정변경을 이유로 한 계약 해제는 계약 성립 당시 당사자가 예견할 수 없었던 현저한 사정의 변경이 발생하였고 그러한 사정의 변경이 해제권을 취득하는 당사자에게 책임 없는 사유로 생긴 것으로서, 계약 내용대로의 구속력을 인정한다면 신의칙에 현저히 반하는 결과가 생기는 경우에 계약준수 원칙의 예외로서 인정된다. 그리고 여기서 말하는 사정이라 함은 계약의 기초가 되었던 객관적인 사정으로서, 일방 당사자의 주관적 또는 개인적인 사정을 의미하는 것은 아니

다. 따라서 계약의 성립에 기초가 되지 아니한 사정이 그 후 변경되어 일방 당사자가 계약 당시 의도한 계약 목적을 달성할 수 없게 됨으로써 손해를 입게 되었다 하더라도 특별한 사정이 없는 한 그 계약 내용의 효력을 그대로 유지하는 것이 신의칙에 반한다고 볼 수 없다. 이러한 법리는 계속적 계약관계에서 사정변경을 이유로 계약의 해지를 주장하는 경우에도 마찬가지로 적용된다.

[7] 은행은 **환 헤지(hedge) 목적을 가진 기업과 통화옵션계약**을 체결함에 있어서 해당 기업의 예상 외화유입액, 자산 및 매출 규모를 포함한 재산상태, 환 헤지의 필요 여부, 거래 목적, 거래 경험, 당해 계약에 대한 지식 또는 이해의 정도, 다른 환 헤지 계약 체결 여부 등 경영상황을 미리 파악한 다음, 그에 비추어 해당 기업에 적합하지 아니하다고 인정되는 종류의 상품 또는 그러한 특성이 있는 통화옵션계약의 체결을 권유해서는 아니 된다. 은행이 그러한 의무를 위반하여 해당 기업의 경영상황에 비추어 과대한 위험성을 초래하는 통화옵션계약을 적극적으로 권유하여 이를 체결하게 한 때에는, 이러한 권유행위는 이른바 적합성의 원칙을 위반하여 고객에 대한 보호의무를 저버리는 위법한 것으로서 불법행위를 구성한다. 특히 장외파생상품은 고도의 금융공학적 지식을 활용하여 개발된 것으로 예측과 다른 상황이 발생할 경우에는 손실이 과도하게 확대될 위험성이 내재되어 있고, 다른 한편 은행은 그 인가요건, 업무범위, 지배구조 및 감독 체계 등 여러 면에서 투자를 전문으로 하는 금융기관 등에 비해 더 큰 공신력을 가지고 있어 은행의 권유는 기업의 의사결정에 강한 영향을 미칠

금융증권은 법으로 통한다

수 있으므로, 은행이 위와 같이 위험성이 큰 장외파생상품의 거래를 권유할 때에는 다른 금융기관에 비해 더 무거운 고객 보호의무를 부담한다고 봄이 타당하다. 다만 은행 등 금융기관과 금융상품 거래를 하는 고객은 그 거래를 통하여 기대할 수 있는 이익과 부담하게 될 위험 등을 스스로 판단하여 궁극적으로 자기의 책임으로, 그 거래를 할 것인지 여부 및 거래의 내용 등을 결정하여야 하고, 이러한 자기책임의 원칙은 장외파생상품 거래와 같이 복잡하고 위험성이 높은 거래라고 하여 근본적으로 달라지는 것이 아니다. **따라서 기업이 환 헤지 목적이 아니라 환율변동을 이용하여 환차익을 얻고자 하는 등 투자 내지 투기적 목적으로 통화옵션계약을 체결하고자 할 경우에는, 금융기관이 고객에게 그 계약에 내재된 위험성 등을 충분히 고지하여 인식하게 한 이상 그러한 목적의 계약 체결을 저지하거나 거부하지 않았다고 하여 곧 적합성의 원칙을 위반하고 고객보호의무를 다하지 아니한 것이라고 단정할 수는 없다.** 이는 은행이 다른 금융기관에 비해 더 큰 공신력을 가지고 있다는 점을 고려하더라도 마찬가지이다.

[8] 금융기관이 일반 고객과 사이에 전문적인 지식과 분석능력이 요구되는 장외파생상품 거래를 할 경우에는 고객이 그 거래의 구조와 위험성을 정확하게 평가할 수 있도록 거래에 내재된 위험요소 및 잠재적 손실에 영향을 미치는 중요인자 등 거래상의 주요 정보를 적합한 방법으로 명확하게 설명하여야 할 신의칙상 의무가 있으나, **고객이 이미 그 내용을 충분히 알고 있는 경우에는 그러한 사항에 대하여서까지 금융기관에 설명의무가 인정된다고 할 수 없다.**

[9] 환리스크 관리팀과 환위험관리규정 등을 두고 여러 은행과 다수의 통화옵션계약을 체결하여 녹아웃(Knock-out)과 녹인(Knock-in) 조건의 성취를 경험한 적이 있는 갑 주식회사가 이미 이른바 오버헤지(over-hedge)에 이른 상태에서 을 은행과 **키코(KIKO) 통화옵션계약**을 체결하였다가 환율 급등으로 손해를 입게 되자 을 은행을 상대로 적합성 위반 등을 이유로 손해배상을 구한 사안에서, 갑 회사가 **장차 유입될 외환현물의 규모를 염두에 두고 환위험을 회피하기 위한 환 헤지(hedge) 목적으로 을 은행과 키코 통화옵션계약을 체결한 것이 아니라, 현물환 취득액과 상관없이 환율 변동에 따른 환차익을 획득하려는 환투자 내지 환투기 목적으로 위 통화옵션계약을 체결한 것으로 볼 수 있고,** 키코 통화옵션계약을 체결하는 과정에서 을 은행이 환율 급등으로 인한 위험이나 그로 인한 손실의 정도 등에 관한 설명의무를 다하지 아니하였다고 볼 만한 사정을 찾아볼 수 없는데도, 을 은행이 적합성 원칙과 설명의무를 위반하였다고 본 원심판결에 법리오해의 위법이 있다고 한 사례.

📑 해설

X: 문구류 제조판매 회사(키코상품 가입자)(원고), Y: 국내 소재 외국계은행(키코상품 판매자)(피고)

1) X(원고)는 문구류 제조판매사인데 회사 매출에서 수출이 상당한 비중을 차지하고 있었습니다. X(원고)는 IMF 당시에 미달러 환율

의 급격한 상승으로 인해 외화환산 손실을 경험하였고, 이후에 환리스크 방지를 위해 많은 노력을 기울이고 있었습니다. 그런데 2007년이 사건 당시에는 IMF 때와는 정반대로 우리나라 외환시장에서 미달러 환율이 계속 하락하는 추세여서, X(원고)와 같은 수출기업은 달러가치 하락으로 인한 환차손이 문제가 되었습니다. 그러던 중에 X(원고)는 Y은행(피고)으로부터 키코(KIKO) 통화옵션상품을 소개받았습니다.

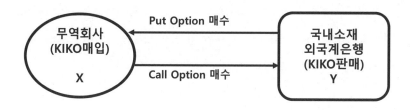

Knock In 조건 : 옵션효력 발생조건 (정지조건)

Knock Out 조건: 옵션효력 소멸조건 (해제조건)

2) 이 상품도 기본적으로 옵션상품이기 때문에 풋옵션(Put Option)과 콜옵션(Call Option)으로 구성되어 있었습니다. 즉, X(원고)는 환율하락 위험에 대비할 수 있는 풋옵션(Put Option)을 Y은행(피고)으로부터 매수하고, 역으로 Y은행(피고)는 환율상승 시에 이익을 볼 수 있는 콜옵션(Call Option)을 X(원고)로부터 매수하여 보유하는 구조였으며, 서로가 옵션을 교환하여 보유하는 것이기 때문에 각자 상대방에 대하여 옵션대가(Premium)를 지급할 필요가 없었습니다(Zero

Cost 조건).

그런데 문제는 이러한 단순한 옵션구조에 부가된 여러 조건들에서 비롯되었습니다.

3) 먼저 이 상품에 부가된 "키코"(KIKO)(Knock In Knock Out)라는 조건을 보면 다음과 같습니다. "Knock-In" 조건은 기초자산(미달러)의 시장가격(환율)이 미리 설정해 놓은 일정 수준(barrier)에 도달할 경우에 옵션의 효력이 발생하는 것이며, 반대로 "Knock-Out" 조건은 그 경우에 옵션의 효력이 소멸되는 조건이었습니다. 따라서 법률적으로는 "Knock-In" 조건은 일종의 정지조건이며, "Knock-Out" 조건은 해제조건입니다.

4) 위 조건을 더 상세히 살펴보면, 다음과 같습니다.

첫째, 일정 기간(관찰기간)(Window Period) 동안 미달러의 시장환율이 단 1회라도 최하단으로 정한 환율(Knock-Out 환율) 수준 이하로 하락할 경우에는 당해 구간에 관한 옵션계약은 실효되는 것으로 합니다(Knock-Out 조건)(해제조건의 성취).

이 경우 환율하락 위험에 대비하기 위해 풋옵션(Put Option)을 매수하여 보유 중인 X(원고)는 풋옵션(Put Option)의 효력이 소멸되었기 때문에 옵션을 행사할 수 없고, 따라서 환율하락 위험에 고스란히 노출될 수밖에 없습니다.

둘째, 관찰기간 동안 시장환율이 최하단을 정한 환율 수준 이하로 떨어지지 않은 채 1회라도 최상단으로 정한 환율 이상으로 상승한 경우에는 옵션계약의 효력이 발생됩니다(Knock-In 조건)(정지조건의 성취).

이 경우 X(원고)가 보유한 풋옵션(Put Option)과 Y은행(피고)가 보유한 콜옵션(Call Option) 모두가 효력이 발생합니다.

따라서 옵션만기일의 실제 시장환율이 옵션에서 정한 행사환율(Strike Price)보다 낮은 경우에는 당연히 풋옵션(Put Option)을 가진 X(원고)가 시장환율보다 높은 행사환율로 달러를 매도할 수 있으므로 환차익을 얻을 수 있습니다. 반대로, 옵션만기일의 실제 시장환율이 옵션에서 정한 행사환율(Strike Price)보다 상승한 경우에는 콜옵션(Call Option) 보유자인 Y은행(피고)가 시장환율보다 낮은 행사환율로 미달러를 매입하여 높은 시장환율에 매도할 수 있으므로 환차익을 얻을 수 있습니다.

여기에서 추가적으로 부가된 조건은 Y은행의 콜옵션(Call Option) 계약금액은 X(원고)의 풋옵션(Put Option) 계약금액의 2배가 되는 것이었습니다(leverage 조건).

셋째, 관찰기간 동안 시장환율이 최하단과 최상단의 사이에서 움직인 경우에는 X(원고)의 풋옵션(Put Option)만 효력이 발생하고 (Knock-In 조건), Y은행(피고)의 콜옵션(Call Option)은 효력이 발생하지 않습니다(Knock-Out 조건)(결국, X에게는 정지조건, Y에게는 해제조건의 성취).

따라서 이 경우에는 옵션 만기일의 시장환율이 행사환율보다 하락한 경우에, 풋옵션(Put Option)을 보유한 X(원고)가 옵션을 행사하여 미달러를 시장환율보다 높은 행사환율로 매도하여 환차익을 얻을 수 있고, 역으로 시장환율이 행사환율보다 상승한 경우에는 옵션을 행사하지 않은 대신에 현물시장에서 미달러를 높은 시장환율에 매각하여 환차익을 얻을 수 있습니다.

이 당시에 Y은행(피고)이 X(원고)에게 판매한 통화옵션상품은 위와 같은 복잡한 조건들이 부가된 "조건부 옵션" 상품이었습니다(barrier option).

5) 위 조건들을 종합해서 분석해 보면, 시장환율이 최하단으로 정한 환율 수준 이하로 하락하여 Knock-Out 조건 성취 시에 X(원고)는 풋옵션(Put Option)을 행사할 수 없어서 환차손 위험에 처하고, 시장환율이 최상단으로 정한 환율 수준 이상으로 상승하여 Knock-In 조건 성취 시에도 Y은행(피고)이 콜옵션(Call Option)을 행사하여 환차익을 얻는 대신에 X(원고)는 손실을 보게 되어 있습니다(단, 옵션 만기일의 시장환율이 옵션 행사환율보다 높은 경우).

6) 이와 같이, Y은행(피고)이 X(원고)에게 판매한 KIKO 통화옵션 상품은 일정 관찰기간 동안의 실제 시장환율이 어떻게 변동하느냐에 따라 누가 더 손해를 보게 되느냐에 대해서 일의적으로 판단할 수 없는 복잡한 구조였습니다.

7) 그런데 2008년에 글로벌 금융위기가 발생하여 우리나라의 미달러 환율은 X(원고)의 예상과는 달리 매우 높게 상승하게 되어, 결국 KIKO 통화옵션 상품의 "Knock In" 조건(최상단으로 정한 기준보다 상승)이 성취되어, Y(은행이) 2배의 레버리지를 보유한 상태에서 콜옵션(Call Option)을 행사하여 환차익을 얻고, 역으로 X(원고)는 그에 상응하는 환차손을 입게 되었습니다.

8) 이에 X(원고)가 Y은행(피고)을 상대로 손해배상소송을 제기하였습니다.

이 소송에서 X(원고)는 KIKO 통화옵션상품 매매계약에 대해, ① 민법 제104조에 정한 불공정한 행위로서 무효라는 주장(당사자의 궁박, 경솔, 무경험을 원인으로 함), ② 약관규제법 제6조에 정한 불공정한 약관에 해당하여 무효라는 주장(신의성실원칙 위반 원인), ③ 민법 제109조와 제110조에 정한 착오 내지 사기를 원인으로 한 계약취소 주장, ④ 사정변경에 의한 민법 제543조의 계약해제 주장, ⑤ 고객보호의무 위반을 원인으로 한 민법 제390조에 의한 채무불이행으로 인한 손해배상 주장, ⑥ 적합성 원칙과 설명의무 위반 등을 근거로 내세웠습니다.

9) 이에 대해, 대법원은 Y은행(피고)이 판매한 KIKO 옵션상품에서 계약금액 대비 마진율이 통상적인 일반 금융상품의 수수료율과 비교하여 현저하게 차이가 나지 않아 불공정하지 않으며, 상품판매계약은 개별합의로 이루어진 계약으로서 불특정 다수에게 적용되는 약관

이 아니며, 옵션상품의 구체적인 개별내용에 대한 고지의무 위반사실이 없어서 기망이나 착오가 성립되지 않으며, 환율의 변동성은 통화옵션상품의 본질적인 속성이므로 사후적으로 환율이 예상과 다르게 변동한 것이 사정변경에 의한 계약해제 사유가 될 수 없으며, 환헤지 목적이 아닌 투기적 목적으로 KIKO 상품을 매수한 X(원고)에 대해 Y은행(피고)이 고객보호의무나 적합성 원칙, 설명의무를 위반한 것이라고 볼 수 없다고 판시하여, 결국 X(원고)가 패소하였습니다.

위 사건은 당시에 우리나라의 많은 중소기업들이 KIKO 상품으로 인해 큰 손실을 입게 되어 사회적인 이슈가 되었습니다. 그런데 KIKO 상품도 파생상품의 하나로서 파생상품의 특징인 원본초과 손실가능성이 있고, 이런 파생상품을 판매하는 계약에도 민법상의 매매계약에 적용되는 일반 원칙이 그대로 적용되기 때문에, 대법원에서는 매우 엄격한 기준을 적용하여 이 사건을 판결한 것으로 보입니다.

법령

• 자본시장과 금융투자업에 관한 법률(약칭: 자본시장법)

제3조(금융투자상품)
① 이 법에서 "금융투자상품"이란 이익을 얻거나 손실을 회피할 목적으로 현재 또는 장래의 특정(特定) 시점에 금전, 그 밖의 재산적

가치가 있는 것(이하 "금전등"이라 한다)을 지급하기로 약정함으로써 취득하는 권리로서, 그 권리를 취득하기 위하여 지급하였거나 지급하여야 할 금전등의 총액(판매수수료 등 대통령령으로 정하는 금액을 제외한다)이 그 권리로부터 회수하였거나 회수할 수 있는 금전등의 총액(해지수수료 등 대통령령으로 정하는 금액을 포함한다)을 초과하게 될 위험(이하 "투자성"이라 한다)이 있는 것을 말한다.

② 제1항의 금융투자상품은 다음 각호와 같이 구분한다.

  1. 증권

  2. 파생상품

    가. 장내파생상품

    나. 장외파생상품

제5조(파생상품)

① 이 법에서 "파생상품"이란 다음 각호의 어느 하나에 해당하는 계약상의 권리를 말한다. 다만, 해당 금융투자상품의 유통 가능성, 계약당사자, 발행사유 등을 고려하여 증권으로 규제하는 것이 타당한 것으로서 대통령령으로 정하는 금융투자상품은 그러하지 아니하다.

  1. 기초자산이나 기초자산의 가격 · 이자율 · 지표 · 단위 또는 이를 기초로 하는 지수 등에 의하여 산출된 금전등을 장래의 특정

시점에 인도할 것을 약정하는 계약

2. **당사자 어느 한쪽의 의사표시에 의하여 기초자산이나 기초자산의 가격·이자율·지표·단위 또는 이를 기초로 하는 지수 등에 의하여 산출된 금전등을 수수하는 거래를 성립시킬 수 있는 권리를 부여하는 것을 약정하는 계약**

3. 장래의 일정 기간 동안 미리 정한 가격으로 기초자산이나 기초자산의 가격·이자율·지표·단위 또는 이를 기초로 하는 지수 등에 의하여 산출된 금전등을 교환할 것을 약정하는 계약

4. 제1호부터 제3호까지의 규정에 따른 계약과 유사한 것으로서 대통령령으로 정하는 계약

금융증권은 법으로 통한다

22장

계약을 서로 맞바꾸면 어떻게 될까?

- 스왑(Swap)

연준 금리인상 충격에 3분기 **통화스왑거래 역대 최대**

미국 연준(Fed)의 9월 금리인상 충격에 3분기(7~9월) 중 외국환은행의 통화스왑 (CRS) 거래가 역대 최대치를 경신한 것으로 나타났다. 통화스왑이란 거래 양 당사자가 현재의 계약환율에 따라 서로 다른 통화를 교환하는 것으로 계약기간 동안 상대통화의 이자를 교환한 후 만기시점에 당초의 원금을 재교환하는 거래를 말한다. 만기는 1년물 이상이다. 반면 외환스왑은 통화스왑과 같지만 계약기간 동안 이자를 교환하지 않는다는 점과 만기가 1년물 이하라는 점에서 차이가 있다. 한은 관계자는 "원·달러 환율이 2분기말 급등 후 안정적 흐름을 보이면서 전반적인 거래량이 줄었다"며 "다만 통화스왑 거래는 급증했다. 9월 연준 금리인상 충격에 이자율(채권금리) 리스크가 부각되면서 이를 헷지할 수 있는 수단인 통화스왑 거래를 비거주자와 거주자 모두 늘렸기 때문"이라고 설명했다.

2018. 10. 24 이투데이

1. 스왑(Swap)거래란 무엇인가?

스왑거래(Swap Transaction)란 장래 특정일 또는 특정 기간에 자신의 금융자산이나 금융부채(또는 미래의 현금흐름)를 상대방의 것과 교환하는 거래입니다. 다르게 표현하면, 스왑거래는 자기가 보유하고 있는 대출계약 또는 차입계약의 일정 내용을 상대방과 서로 맞교환하는 것입니다.

흔히 보는 "매매"계약은 상대방에게 금전 아닌 재산권(비금전 재산권)을 이전해 주는 대신에 상대방으로부터 그 대가로 "금전"을 받는 것을 말합니다(민법 제563조). 반면에 "교환계약"은 상대방과 "금전 아닌 재산권(비금전 재산권)"을 서로 맞교환하는 것을 말합니다(민법 제596조).

금융스왑거래는 금융자산이나 금융부채(또는 미래의 현금흐름)를 상대방과 교환하는 것으로, 서로 간에 금전채권이나 금전채무(정확하게는 미래현금의 흐름)를 상호 "교환"하는 것이라는 점에서 매매계약이 아니라 교환계약에 속합니다.

스왑거래를 통해 스왑거래 당사자는 상대적 비교우위의 이점을 활용하여 각자의 차입비용을 줄일 수 있고, 금리, 환율의 위험을 헷지(hedge)할 수도 있습니다. 그리고 선물이나 옵션만으로 충분히 커버가 되지 않은 부분을 스왑거래에 의해 해결하기도 합니다.

스왑거래는 기초자산(Underlying Asset)이 존재하고 이를 대상으로 하여 교환계약을 체결하는 것이기 때문에, 기초자산에서 유래되는(derived) 파생상품(derivatives)의 일종입니다.

2. 스왑(Swap)거래에는 어떤 종류가 있나?

스왑거래에는 금리스왑(Interest Rate Swap), 통화스왑(Currency Swap), 외환스왑(Foreign Exchange Swap) 등이 있습니다.

(1) 금리스왑(Interest Rate Swap)

이자율 스왑(Interest Rate Swap)

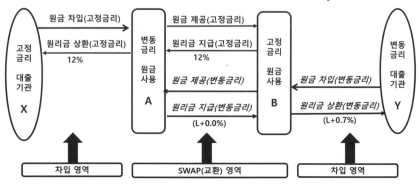

"금리스왑"은 일정 기간 동안 서로가 부담하는 금리를 상대방과 교환하는 것을 말합니다(스왑거래 중 가장 흔한 전형적인 것이라는 의미에서 "generic swap" 또는 "plain vanilla swap"이라고 함). 특히 고정금리(fixed rate) 형태의 이자채무를 부담하는 채무자와 변동금리(floating rate) 형태의 이자채무를 부담하는 채무자가 서로 합의하에 자신들의 필요에 따라 그 이자부담 형태를 상호 교환합니다. 금리스왑은 금융시장에서 채무자가 금리변동 위험을 헷지(hedge)하거나 차입비용을 낮추기 위한 목적으로 이용됩니다.

◆금리스왑의 사례

예를 들어 채무자 A는 신용도가 높기 때문에 고정금리 시장이나 변동금리 시장 모두에서 채무자 B보다 더 저렴하게 자금을 차입할 수 있습니다. 즉, A는 두 시장 모두에서 B보다 절대적 비교우위에 있습니다. 그렇지만, A가 불필요하게 두 시장 모두에서 자금을 차입할 필요는 없는데, A는 변동금리 시장에서 차입하길 원하고(즉 변동금리 이자 지급을 선호), 반면에 B는 고정금리 시장에서 차입하길 원한다 (즉 고정금리 이자 지급을 선호)고 가정합시다.

(A)

고정금리 12% 차입 가능, 변동금리: Libor+0.3% 차입 가능

(단, 변동금리로 이자를 지급하는 것을 더 선호함)

(B)

고정금리 13% 차입 가능, 변동금리: Libor+0.7% 차입 가능

(단, 고정금리로 이자를 지급하는 것을 더 선호함)

이때 A, B가 동등한 이익을 얻을 수 있는 스왑이 어떻게 이루어지는지 생각해 봅시다. 앞에서 가정한 것처럼 A는 두 자금시장 모두에서 B보다 더 저렴하게 차입할 수 있습니다. 그렇지만 A는 B보다 고정금리시장에서 1% 더 저렴하게 차입이 가능한 반면, 변동금리시장에서는 0.4% 더 저렴하게 차입이 가능하므로 상대적으로 고정금리시장이 변동금리시장보다 비교우위에 있습니다. 반면에 B는 A보다 고정금리시장에서 1% 더 높게 차입해야 하지만, 변동금리시장에서는 0.4%(0.7%−0.3%) 높게 차입이 가능하므로, 상대적으로 변동금리시장에서 비교우위에 있습니다.

따라서 A는 상대적 비교우위에 있는 고정금리시장에서 12%로 차

입을 하고(차입한 이자는 스왑계약에 의해 고정금리를 선호하는 B
가 지급하기로 함), B는 상대적 비교우위에 있는 변동금리시장에서
Libor+0.7%로 차입을 합니다(차입한 이자는 스왑계약에 의해 변동
금리를 선호하는 A가 지급하기로 합니다).

그 결과 고정금리시장에서는 13%-12%=1%의 이익이 발생하고,
변동금리시장에서는 0.7%-0.3%=0.4%의 손실이 발생합니다. 이를
합산하면 1%-0.4%=0.6%의 이익이 발생합니다. 이를 A와 B가 0.3%
씩 동등하게 나누어 갖는 방법으로 서로 이자를 조정하면 됩니다.

즉 B는 고정금리 이자지급에서 13%-12%=1%의 이익을 얻었으므
로, A로부터 변동금리 이자를 수취할 때 최대 0.7%의 손실이 나더라
도 최종적으로는 1%-0.7%=0.3%의 이익이 발생하게 됩니다. 따라서
B는 A로부터 Libor+0%로 변동금리 이자를 수취한 후 Libor+0.7%
로 변동금리 대출자에게 이자를 지급하면 됩니다(역으로 보면 A는 변
동금리에서 B에게 Libor+0.3%로 이자지급 해야 할 것을 Libor+0%
로 지급하게 되었으므로 역시 0.3%의 이익이 발생합니다).

결국 이러한 스왑계약에 의해 스왑계약이 없었을 경우보다 A:
0.3%, B: 0.3%의 이자 비용절감효과를 각각 얻게 됩니다.

만약에 A와 B 간의 교환계약을 중개하는 중개금융기관(inter-
mediary bank)이 존재한다면 그 중개기관에게 중개수수료를 지급해
야 하므로, 그 중개수수료를 제외한 나머지를 A와 B가 서로 나누어
갖습니다(예를 들어, 중개수수료가 0.2%라면, 0.6% 비용절감효과는
0.4%로 줄어들고, 이를 A와 B가 균등하게 나누어 갖는다면 각자의

비용절감효과는 0.2%씩으로 감소하게 될 것입니다).

(2) 통화스왑(Currency Swap)

"통화스왑"은 원화와 달러, 엔화와 마르크화같이 서로 다른 통화 (이종통화)로 차입한 두 당사자가 그 이종통화의 차입 채무(원금 및 이자)를 서로 맞교환하는 것입니다. "금리스왑"은 고정금리와 변동금리라는 이자 간의 교환이지만, "통화스왑"은 원금을 포함하여 통화가 다른 차입채무 전체를 서로 맞교환하는 것입니다.

통화스왑도 금리스왑과 마찬가지로 외화 차입시장에서 비교우위에 있는 통화의 채무를 차입하여 비용 절감하는 효과를 위한 목적으로 이용되며, 이외에도 접근하기 어려운 다른 통화국의 자본시장에 간접적으로나마 접근할 수 있는 수단으로도 이용됩니다.

◆통화스왑의 사례

예를 들어 채무자 A는 신용도가 높기 때문에 원화 자금시장이나 달러화 자금시장 모두 모두에서 채무자 B보다 더 저렴하게 자금을 차입할 수 있습니다. 즉, A는 두 시장 모두에서 B보다 절대적 비교우위에 있습니다. 그런데 A는 달러화 차입을 선호하고, B는 원화 차입을 더 선호한다고 가정합시다.

(A)

원화: 8% 차입 가능, 달러화: 11.6% 차입 가능

(단, 달러화 차입을 더 선호함)

(B)

원화: 10% 차입 가능, 달러화: 12% 차입 가능

(단, 원화 차입을 더 선호함)

이후의 전개 과정은 앞에서 본 금리스왑과 동일한 방식으로 설명할 수 있으므로 여기에서는 더 이상 기술하지 않기로 합니다.

(3) 외환스왑(Foreign Exchange Swap)

"외환스왑"은 서로 다른 통화에 대하여 현물과 선물을 동시에 반대 방향으로 매매하는 것을 말합니다. 예를 들어 현물환(Spot Exchange)을 매입하는 동시에 선물환(Forward Exchange)을 매도하는 거래를 하는 것입니다(그 반대도 마찬가지임).

••• 참고 •••

선물환(Forward Exchange)

"선물환"이란 선물거래의 일종으로서 선물거래의 대상이 달러화, 엔화, 마르크화처럼 외환입니다. 상품이나 주식 등 다른 선물계약과 마찬가지로, 현재 시점에서 외환을 대상으로 매매계약을 체결하되 그 이행 시점은 장래입니다. 장래에 이행될 외환매매의 대금(즉, 환율)은 현재 계약 시점에서 정합니다.

결국, 선물환이란 현재 시점에서 장래에 이행될 환율을 정하여 외환매매계약을 체결하고, 실제로 장래에 그 약정된 환율로 외환매매를 이행하는 것입니다.

(예: 3개월 달러선물 매입거래)(환율: 1달러당 1,000원)

(달러선물환 매입을 한 자는 3개월 후에 상대방에게 1,000원을 주고 1달러를 매입하

는 것을 이행하여야 한다.)

참고

현물환(Spot Exchange)

"현물환"이란 장래가 아니라 현재 시점에서 외환매매계약을 체결하고 매매의 이행도 현재 시점에서 이루어지는 것을 말합니다. 슈퍼에서 돈을 주고 바로 물건을 사는 현실매매(현물매매)를 하듯이, 외환을 대상으로 현실매매(현물매매)를 하는 것입니다. 예를 들어 달러현물 매입자는 현재 시점에서 원화를 주고 달러를 인도받습니다.

이와 같은 외환스왑은 외화자금에 의한 입출금 거래가 많은 무역업체가 환율변동 리스크를 헷지하기 위해 은행과 선물환계약을 체결하는 경우에, 은행이 그 선물환 포지션을 해소하기 위해 반대 방향으로 현물환 매매를 하는 경우에 많이 이용됩니다.

"통화스왑"은 서로 다른 통화의 원리금 채무를 상대방과 교환하는 것이며 "외환스왑"은 원리금 채무의 교환이 아니라 통화 자체를 대상으로 하는 현물과 선물의 교환입니다.

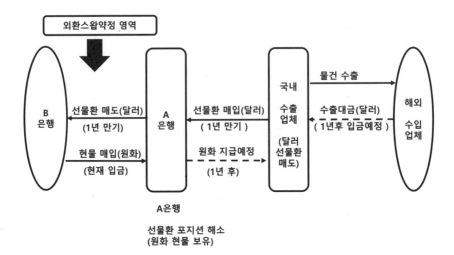

예를 들어 국내의 수출업체가 상품을 미국에 수출하여 1년 후에 달러를 받을 예정에 있다고 가정합시다. 만약 1년 후에 달러환율이 현재보다 하락하면 수출업체는 그만큼 적은 원화자금을 환전받는 손해를 입게 됩니다. 따라서 수출업체는 수출하는 현재 시점에서 달러환율을 고정시키고 그 환율로 1년 후에 달러화를 매도하는 1년 만기 달러선물환 매도계약을 A은행과 체결합니다.

이제 반대로 A은행은 수출업체로부터 1년 만기 달러선물환 매입을 하는 상황이 되었습니다. 즉 A은행은 1년 만기 달러선물환 매입에 의해서 무역업체와 현재의 약정 환율로 1년 후에 달러를 받고, 대신에 원화를 수출업체에 지급할 의무를 지게 됩니다. 결과적으로 A은행은 1년 후에 불필요한 달러자금을 보유하게 되는 상황에 처하고, 원화도 지급할 준비를 해야 하는 부담을 안게 됩니다.

따라서 A은행은 1년 후에 수출업체로부터 들어올 달러에 대한 환리스크를 헷지하기 위해 B은행과 달러선물환 매도와 원화현물 매입이라는 외환스왑 약정을 체결합니다.

이 외환스왑 약정에 의해 A은행은 현재 시점에 B은행으로부터 원화를 매입하여 보유하고 있다가 1년 후에 그 원화를 수출업체에게 지불할 준비를 할 수 있게 되고, 반대로 1년 후에 수출업체로부터 받을 달러를 현재 약정환율로 B은행에게 매도할 수 있게 됩니다. 이렇게 A은행은 달러선물환 포지션을 해소하였고(달러선물환 매입 및 달러선물환 매도), 달러환율 변동 리스크도 헷지하게 되었습니다.

이와 같은 외환스왑 거래를 보면 A은행은 원화의 현물보유, 1년 만기 달러선물환 매도에 의해 현재 시점에서 원화를 매입하고 1년 후에 달러를 매도하게 되므로, 사실상 1년 후의 환전(달러매각)을 B은행과 미리 약정하게 되는 셈입니다. 따라서 현물환과 선물환의 조합을 통한 외환스왑은 원화나 외화의 과부족이 발생하는 경우(위 사례에서는 A은행의 원화 부족, 달러 과잉), 외환 포지션의 변동 없이(위 사례에서는 달러화선물 매입 및 매도를 통해 달러선물환 포지션 제거) 그 과부족을 해소하는 목적으로 활용됩니다.

은행 입장에서는 무역업체들과 다수의 선물환계약을 하게 되는데, 그와 같은 선물환 포지션을 즉시 해소하기가 쉽지 않으므로 현물환과 선물환을 조합한 외환스왑계약을 이용하여 선물환 포지션을 해소하게 됩니다.

3. 엔화스왑예금은 어떤가?

엔화 스왑예금 구조(A+B)

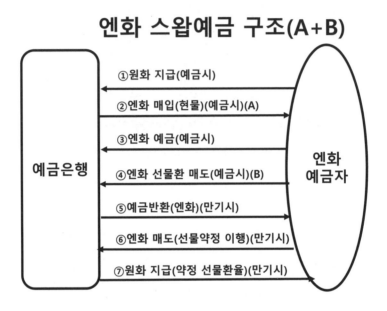

엔화스왑예금 거래(Swap: 바꾸다, 교환하다)는 고객들이 보유 중인 원화를 은행에서 엔화로 환전한 후(엔화 매입), 이를 엔화예금 형태로 다시 은행에 예치합니다(엔화예금). 이와 동시에 장래 엔화예금의 만기일에 은행으로부터 상환받을 엔화에 대하여 예금 당시보다 더 높은 환율로 다시 원화로 환전하는 엔화 선물환 매도약정(예금 계약일에 미리 엔화 매도 여부 및 매도 시 적용 환율을 사전 약정함)을 예금 당시에 은행과 체결하게 됩니다.

즉 엔화 예금 당시 엔화 현물환율이 100엔당 1,000원이라면

금융증권은 법으로 통한다

1,000원을 보유한 고객은 은행에 1,000원을 지급하고 100엔을 매입한 후(엔화 매입) 이 100엔을 다시 은행에 예치하고(엔화예금), 이와 동시에 예금 만기일에 은행으로부터 상환받을 엔화를 예금 때보다 높은 100엔당 1,200원의 선물환율로 다시 은행에 매도하기로 미리 예금 당시부터 사전에 약정하였다고 가정합시다(엔화 선물환 매도약정). 그렇다면 고객은 실제로 예금 만기 시 1,200원의 원화를 은행으로부터 환전받음으로써 엔화스왑예금 거래로부터 200원의 환산차익을 추가로 획득하게 됩니다.

과거에 엔화 금리가 매우 낮았을 때 국내 시중은행들은 "엔화스왑예금"이라는 이러한 신종 금융상품을 만들어 고액 예금자들에게 판매하였습니다. 이 예금상품은 과세 면에서 많은 혜택이 있는 것으로 알려져 그 예금 잔액이 몇조원에 달할 정도로 인기가 있었습니다.

금융기관들은 위에서 설명한 환산차익은 이자소득이 아니라 자본이득이며 소득세법 제94조에 의하여 상장주식 양도차익이 비과세되는 것처럼 과세대상이 아니라고 보고 이 상품을 판매하였습니다.

그런데 이 환산차익의 성질이 이자소득인지의 여부가 문제가 되었습니다. 이 예금과 관련하여 국세청은 명목상의 엔화예금 이자소득(그 당시 예금이자율이 0.05% 내외였음) 이외에, 위의 환산차익(약 4%의 차익이 발생하도록 사전에 약정되었음)에 대하여도 소득세법 제16조(이자소득) 제1항 제13호(제1호 내지 제12호의 소득과 유사한 소득으로서 금전의 사용에 따른 대가의 성격이 있는 것)를 적용하여 과세하기로 방침을 정하고, 이를 고객으로부터 원천징수 하지 않은 은행들에 대하여 원천징수 수정신고를 통보하여 문제가 발생하였습니다. 이에 대하여 은행들은 가산세의 부담 등으로 고객들을 대신해서 먼저 세금을 납부한 후, 위 수정신고 과세처분에 대하여 국세청을 상대로 과세처분 무효확인소송을 제기하였습니다.

위에서 설명한 엔화스왑예금은 현물매입(엔화 매입) 및 선물환 매도(엔화 선물환매도)를 조합한 형태이므로 "외환스왑"에 해당하는 거래에 해당합니다. 이는 환위험(Foreign Exchange Risk) 없이 외화자금 수급을 조절하는 목적으로 이용되는 것이 보통인데, 이를 은행들이 예금상품으로 만들어 판매한 것입니다.

엔화 스왑거래로부터 발생하는 외환 환산차익을 스왑거래로서의 측면을 강조하여 비과세인 자본이득에 해당하는 것으로 보는 은행 측 주장과 당초에 엔화를 보유하고 있지 않아 환리스크 부담이 없는 예금자들에 대한 관계에서는 실질적으로 예금이자소득으로 보아야 한다는 과세관청의 주장이 팽팽하게 대립하였는데, 결국 대법원은 은행 측 주장을 받아들였습니다.

대법원 2011. 5. 13. 선고 2010두3916 판결[법인원천징수이자소득세부과처분취소]

• 판시 사항

[1] 납세자의 거래행위를 그 형식에도 불구하고 조세회피행위라고

하여 효력을 부인하려면, 법률에 개별적이고 구체적인 부인규정이 있어야 하는지 여부(적극)

[2] 갑은행이 고객들과 엔화 현물환 매도계약, 엔화 정기예금 계약과 엔화 선물환 매수계약으로 이루어진 엔화스왑 예금거래를 한 사안에서, **엔화 선물환 거래를 구성하는 엔화 현물환 매도계약과 엔화 정기예금계약 및 엔화 선물환 매수계약이 서로 다른 별개의 법률행위로서 유효하게 성립하므로,** 그로 인한 조세의 내용과 범위는 그 법률관계에 맞추어 개별적으로 결정될 뿐 그 거래가 가장행위에 해당한다거나 실질과세의 원칙을 내세워 유기적으로 결합된 하나의 원화예금 거래라고 보기 어려우므로, **엔화스왑 예금거래를 통하여 고객이 얻은 선물환 차익은 구 소득세법 제16조 제1항 제3호의 예금의 이자 또는 이와 유사한 소득으로 볼 수 없어, 같은 항 제13호의 이자소득세의 과세대상에 해당하지 않으며,** 구 소득세법 제16조 제1항 제9호는 채권 또는 증권을 환매조건부로 매매함으로써 계약시부터 환매조건이 성취될 때까지 금전사용의 기회를 제공하고 환매시 대가로 지급하는 일정한 이익을 이자소득으로 보아 과세하는 것인데, 위 선물환차익은 채권 또는 증권의 환매조건부 매매차익 또는 그와 유사한 것으로 보기 어렵다고 한 원심판단을 수긍한 사례

4. 스왑계약의 회계처리는 어떻게 하나?

과거에는 스왑계약을 체결한 거래 당사자의 재무제표에는 스왑거래 당사자가 대외적으로 제3자와 체결한 채권, 채무에 관한 거래만 기재되었습니다. 스왑거래 상대방과 체결한 스왑계약의 내용은 재무제표에 기재되지 않고 실제로 스왑계약의 내용이 이행되는 시점이나 차액만 결제하기로 경우 차액이 발생한 시점에 각자의 재무제표에 기재되기 때문에 부외거래(off balance sheet)로서만 계상되었습니다. 그 후 2002년 미국의 엔론 회사의 대규모 회계분식 사태를 계기로 2011년부터 우리나라 상장기업의 회계기준이 미국식 기업회계기준에서 유럽연합의 국제회계기준(IFRS) 방식으로 변경되면서 대차대조표상의 자산 · 부채 항목으로 직접 계상하게 되었습니다.

5. 맺음말

각자의 계약을 상대방과 서로 맞바꾸는 스왑거래는 서로에게 이익이 된다면 언제든지 발생할 수 있는 경제 거래의 한 모습이고, 그 형태도 각양각색입니다. 그렇기 때문에 스왑거래는 선물이나 옵션과는 달리 정형화된 거래시장이 존재하지 않습니다. 결국 경제에서의 필요성에 따라 금리, 통화, 외환 분야에서 다양한 스왑거래가 형성되고 발전됩니다. 스왑거래도 이미 존재하는 원래의 계약에서 파생된 파생상품의 하나로서 "원본을 초과하는 leverage 손실 가능성"이 있으므로 투자자는 이에 항상 유의할 필요가 있습니다.

📔 판례

A. 스왑거래의 실질

대법원 1997. 6. 13. 선고 95누15476 판결[법인세등부과처분취소]

• 판결 요지

[1] 국제금융거래에서 스왑거래라 함은 이른바 신종 파생금융상품의 하나로 외국환 거래에 있어서 환거래의 당사자가 미래의 이자율 또는 환율변동에서 오는 위험을 회피하기 위하여 채권이나 채무를 서로 교환하는 거래로서, 그 종류로는 크게 보아 이자율 변동으로 인한 고객의 위험을 회피하기 위하여 고객이 부담할 변동이자율에 의한 이자지급채무를 미리 약정된 시기에 고정이자율이나 다른 변동이자율에 따른 이자지급채무로 교환하여 부담하는 이자율스왑(Interest Rate Swap)과, 차입비용을 절감하고 구성통화의 다양화를 통한 환율변동의 위험을 회피하기 위하여 계약당사자간에 서로 다른 통화표시 원금과 이자를 미리 약정된 시기에 교환하여 부담하기로 하는 통화스왑(Currency Swap)이 있다. 이러한 스왑거래를 통하여 고객의 입장에서는 미래의 이자율이나 환율의 변동으로 인하여 입을 수 있는 불측의 손해를 방지할 수 있고, 은행의 입장에서는 고객의 위험을 인수하게 되지만 이자율 변동, 환율변동 등 제반 여건의 변화를 사전에 고려하여 계약조건을 정하고 은행 스스로도 위험을 방어하기 위한 수단으로 다시 다른 은행들과 2차 커버거래를 하거나 자체적으로 위험분산

대책을 강구하게 되는데, 국내에는 이러한 스왑거래에 따르는 외국환은행들의 위험을 흡수할 수 있는 금융시장의 여건이 형성되는 단계에 있어 주로 해외의 은행들과 커버거래를 하게 되며, 이러한 스왑거래과정을 통하여 은행은 일정한 이윤을 얻게 된다. 한편 외국은행 지점이 국내기업과 위와 같은 스왑거래를 할 때에는 거래목적에 따라 변형거래가 행하여지고 있는데, 이자율스왑의 변형에 해당하는 것으로는 이자율 스왑계약과 동시에 국내기업이 외국은행 지점으로부터 변동금리부 이자에 해당하는 이자금액을 선취하고 계약만기에 외국은행 지점은 고정금리에 해당하는 이자금액을 후취하는 형태의 거래가 있고, 통화스왑의 변형에 해당하는 것으로는 외국은행 지점이 국내기업이 부담하기로 하는 것보다 높은 고금리 통화의 원금을 지급하기로 하는 통화스왑계약을 체결함과 동시에 이자를 교환하여 기업이 정산이자 차액만큼 외화자금을 선취하고 계약만기에 원금을 계약시의 약정환율로 역교환하는 형태의 거래 등이 있고, 그 밖에도 여러 가지 모습의 변형된 스왑거래가 있으며 그 거래목적도 외국환거래에 있어서의 위험회피, 외화대부, 투기적 이익도모 등 다양하게 이루어지고 있다.

[2] 외국은행 국내지점이 계약일 또는 이자지급 약정일에 변동금리에 해당하는 이자금액과 고정금리에 해당하는 이자금액을 서로 주고받지 아니하고 변동금리에 해당하는 이자상당액을 국내고객에게 선지급하고 만기에 고정금리에 해당하는 이자상당액을 후취하고 있는 형태의 스왑거래를 행하고 다시 외국에 있는 본점이나 다른 외국지점과 국내 스왑거래로부터 입을 수 있는 손실에 대비하기 위한 커버거래를

금융증권은 법으로 통한다

하였다면, 그 국내 스왑거래는 일종의 스왑거래에 해당하기는 하지만 실질에 있어서는 이자율 차액에 해당하는 금액의 외화대부에 해당한 다고밖에 할 수 없을 것이므로, 그로 인한 국내 지점의 수익은 국내의 거래기업으로부터 받은 이자금액에서 커버거래로 인하여 외국의 본점 등에 지급한 이자지급금과의 차액이라고 할 것이고, 본점 등은 커버거래로 인한 이자를 지급받은 이상 국내 지점의 소득에 기여한 바는 없다고 할 것이므로, 그로 인한 수익이 모두 국내 지점에 귀속되어야 한다.

해설

A: 외국은행 서울지점, B: 국내 기업, X: 외국은행 외국 본점(원고), Y: 세무서장(피고)

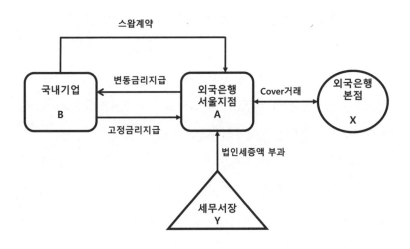

외국은행 서울지점(A)은 국내 기업(B)과 스왑(SWAP) 거래를 하였는데, 그 내용은 변동금리에 해당하는 이자금액과 고정금리에 해당하는 이자금액을 계약일 또는 이자지급 약정일에 서로 주고받는 대신에, "계약체결일"에 외국은행 서울지점(A)이 국내 기업(B)에게 변동금리에 해당하는 이자 상당액을 선지급하고 "만기일"에 고정금리에 해당하는 이자 상당액을 국내 기업(B)으로부터 후취하는 형태를 취한 것이었습니다. 즉, 국내 기업(B) 입장에서는 실질적으로 변동금리와 고정금리의 차액만큼 외화대출을 받은 것이었습니다. 여기에서 외국은행 서울지점(A)은 이 스왑거래로부터 입을 수 있는 손실에 대비하기 위해 외국은행 외국 본점(X)(원고)과 커버(Cover)거래를 하였습니다.

이 스왑거래를 더 구체적으로 살펴보면, 국내 기업(B) 입장에서는 계약 시점에 모든 조건이 확정되어 이자율 또는 환율변동에 따른 위험이 따르지 아니한 상태에서, 계약일에 일정 금액의 외화 자금을 먼저 수취한 후, 만기일에 동 외화 자금의 원금과 이자금액을 외국은행 서울지점(A)에게 상환하는 것이나 마찬가지이고, 외국은행 서울지점(A)은 이와 같은 외화 대부에 필요한 자금조달을 위해 그 금액만큼의 자금을 외국은행 외국 본점(X)(원고)으로부터 스왑거래(Cover거래)의 형식으로 차입하는 형태였습니다.

이후에 외국은행 서울지점(A)은 국내 원천소득을 계산할 때, 위 Cover 거래로 인한 외국은행 외국 본점(X)(원고)의 기여 비율을 50%로 산정하고 그 비율에 해당하는 금액은 외국은행 외국 본점(X)(원고)에 귀속되는 일종의 외국 원천소득이라고 주장하면서, 이 부분은 국내 원천 소득이 아니므로 외국은행 서울지점(A)의 소득액에서 제외되어야 한다면서 국내에서 법인세신고 금액을 적게 산정하였습니다.

이에 국내 세무서장(Y)(피고)이 본 스왑거래에서 외국은행 본점(X)(원고)의 관여 부분(기여 부분)은 전혀 없다고 보고, 본 스왑거래로 인한 소득 전체에 대하여 법인세 증액경정처분을 내렸습니다. 그러자 외국은행 외국 본점(X)이 원고가 되어 법인세 증액경정처분의 취소소송을 제기한 것입니다.

대법원은 이 사건 스왑거래는 실질에 있어서는 이자율 차액에 해당하는 금액의 외화 대출에 해당한다고 보고, 이 스왑거래로 인한 외국은행 서울 지점(A)의 수익은 국내 기업(B)으로부터 받은 이자금액에서 Cover거래를 위해 외국은행 외국 본점(X)에게 지급한 이자금액과의 차액이며, 외국은행 외국 본점(X)은 본 Cover 거래로 인한 이자를 외국은행 서울지점(A)으로부터 지급받은 것이지 서울 지점(A)의 소득증가에 기여하는 것은 아니고, 따라서 본 스왑거래로 인한 수익은 모두 외국은행 서울지점(A)에게 귀속되어 국내원천소득으로서 전부가 법인세부과대상이 된다고 판시하여, Y세무서장(피고)이 승소하였습니다.

법령

• 자본시장과 금융투자업에 관한 법률(약칭: 자본시장법)

제3조(금융투자상품)

① 이 법에서 "금융투자상품"이란 이익을 얻거나 손실을 회피할 목적으로 현재 또는 장래의 특정(特定) 시점에 금전, 그 밖의 재산적 가치가 있는 것(이하 "금전등"이라 한다)을 지급하기로 약정함으로써 취득하는 권리로서, 그 권리를 취득하기 위하여 지급하였거나 지급하여야 할 금전등의 총액(판매수수료 등 대통령령으로 정하는 금액을 제외한다)이 그 권리로부터 회수하였거나 회수할 수 있는 금전등의 총액(해지수수료 등 대통령령으로 정하는 금액을 포함한다)을 초과하게 될 위험(이하 "투자성"이라 한다)이 있는 것을 말한다.

② 제1항의 금융투자상품은 다음 각호와 같이 구분한다.
　1. 증권
　2. 파생상품
　　가. 장내파생상품
　　나. 장외파생상품

제5조(파생상품)

① 이 법에서 "파생상품"이란 다음 각호의 어느 하나에 해당하는 계

약상의 권리를 말한다. 다만, 해당 금융투자상품의 유통 가능성, 계약당사자, 발행사유 등을 고려하여 증권으로 규제하는 것이 타당한 것으로서 대통령령으로 정하는 금융투자상품은 그러하지 아니하다.

1. 기초자산이나 기초자산의 가격 · 이자율 · 지표 · 단위 또는 이를 기초로 하는 지수 등에 의하여 산출된 금전등을 장래의 특정 시점에 인도할 것을 약정하는 계약

2. 당사자 어느 한쪽의 의사표시에 의하여 기초자산이나 기초자산의 가격 · 이자율 · 지표 · 단위 또는 이를 기초로 하는 지수 등에 의하여 산출된 금전등을 수수하는 거래를 성립시킬 수 있는 권리를 부여하는 것을 약정하는 계약

3. **장래의 일정 기간 동안 미리 정한 가격으로 기초자산이나 기초자산의 가격 · 이자율 · 지표 · 단위 또는 이를 기초로 하는 지수 등에 의하여 산출된 금전등을 교환할 것을 약정하는 계약**

4. 제1호부터 제3호까지의 규정에 따른 계약과 유사한 것으로서 대통령령으로 정하는 계약